Grundlagen des besonderen Wirtschaftsrechts

Management Basics –
BWL für Studium und Karriere

Herausgegeben von
Werner Pepels

Band 12

Jürgen Reese

Grundlagen des besonderen Wirtschaftsrechts

2. Auflage

BWV · BERLINER WISSENSCHAFTS-VERLAG

Bibliografische Information der Deutschen Nationalbibliothek

Die Deutsche Nationalbibliothek verzeichnet diese Publikation in der Deutschen Nationalbibliografie; detaillierte bibliografische Daten sind im Internet über http://dnb.d-nb.de abrufbar.

ISBN 978-3-8305-3328-3

© 2016 BWV • BERLINER WISSENSCHAFTS-VERLAG GmbH,
Markgrafenstraße 12–14, 10969 Berlin
E-Mail: bwv@bwv-verlag.de, Internet: http://www.bwv-verlag.de
Druck: docupoint GmbH, Barleben
Printed in Germany. Alle Rechte, auch die des Nachdrucks von Auszügen, der photomechanischen Wiedergabe und der Übersetzung, vorbehalten.

Herausgebervorwort

Die Kurzlehrbuchreihe „Management Basics – BWL für Studium und Karriere" besteht aus 26 Bänden. Diese decken alle gängigen Inhalte im Lehrbereich Wirtschaft/Wirtschaftswissenschaften ab. Jeder Band ist dabei auf die Kerninhalte des jeweiligen Fachs konzentriert und schafft somit eine knappe, aber aussagefähige Darstellung der relevanten Lehrinhalte. Die Autorinnen und Autoren der Reihe haben Professuren an Hochschulen inne und verfügen ausnahmslos über langjährige Vorlesungs- und Prüfungserfahrung. Sie haben eine wissenschaftliche Ausbildung absolviert und weisen eigene fachpraktische Berufserfahrung vor. Daher sind sie in der Lage, in ihren Darstellungen sowohl akademischen wie auch anwendungsbezogenen Anforderungen zu genügen.

Jeder Band enthält zudem zahlreiche unterstützende didaktische Hilfsmittel wie:

- Übungsaufgaben mit Lösungsverweisen,
- kommentierte Literaturhinweise,
- umfassende Verzeichnisse zu Abkürzungen, Abbildungen, Stichwörtern,
- zahlreiche Praxisbeispiele,
- verständliche Formulierungen mit erklärten Fachbegriffen.

Jeder Band der Reihe vereint damit die Kennzeichen eines guten Lehrbuchs mit denen von Skripten. Vom Lehrbuch hat er die systematische, analytische Strukturierung, von Skripten seine anschauliche Aufmachung.

Diese Kurzlehrbuchreihe eignet sich damit hervorragend für alle BWL-/WiWi-Studierenden an Hochschulen für angewandte Wissenschaften und wissenschaftlichen Hochschulen, aber auch Berufsakademien, Verwaltungs- und Wirtschaftsakademien, IHK-Aufstiegsfortbildungen, HWK-Aufstiegsfortbildungen, Berufskollegs etc. Ihnen wird hiermit eine fundierte Vor- und Nachbereitung aller gängigen Veranstaltungen sowie eine abgesicherte Prüfungsvorbereitung zugänglich. Die Reihe eignet sich weiterhin bestens für Fach- und Führungskräfte in Industrie und Verwaltung, und zwar sowohl zur Aktualisierung des Wissensstandes als auch zur betriebswirtschaftlichen Fundierung für Quereinsteiger.

Damit eine solche komplexe Reihe entstehen kann, bedarf es vielfältiger Unterstützung. In erster Linie sei daher den beteiligten Autorinnen und Autoren gedankt. Ohne ihre kooperative Mitwirkung wäre diese Reihe gar nicht möglich gewesen.

Vorwort zur 2. Auflage

Das vorliegende Lehrbuch ist die 2. Auflage des unter dem Titel „Besonderes Wirtschaftsrecht" in der Reihe KIT (Klausuren – Intensiv – Training) im Verlag Kohlhammer 2001 erschienen Buchs, das von meinem Kollegen Udo Beer und mir verfasst worden ist. Das bisherige Konzept wurde weitgehend beibehalten. Ich danke Udo Beer für seine umfangreiche Vorarbeit und für sein Einverständnis, dass dieses Werk neu unter meiner Bearbeitung erscheinen kann.

Das bisherige Konzept wird in der Neuauflage weitgehend beibehalten.

Dieser Band befasst sich mit dem Handels- und Gesellschaftsrecht, dem Wettbewerbsrecht und den Grundzügen des Insolvenzrechts. Die Schwerpunkte liegen dabei – wie an den meisten Hochschulen – im Bereich des Handels- und Gesellschaftsrechts.

Vorwort zur 1. Auflage

Die Autoren haben versucht, das für Betriebswirte zum Bestehen der wirtschaftsrechtlichen Klausuren erforderliche Minimalwissen aufzubereiten. Um dem Leser die Mitarbeit zu erleichtern, befinden sich nach jedem größeren Abschnitt Checklisten mit Hinweisen auf den gerade gelesenen Stoff. Über das Buch verteilt, befinden sich eine Reihe von Übungsfällen, die so oder ähnlich in Klausuren erscheinen können. Die Bearbeiter sollten versuchen, sich jeweils 15 bis 20 Minuten Zeit für die Lösung der Aufgaben zu nehmen. Am Ende des Buches geben wir Hinweise, worauf wir die Lösung stützen. All denen, die dieses Buch durcharbeiten, möchten wir quasi außerhalb der Tagesordnung einige wichtige Hinweise im Umgang mit dem Klausurtext geben. Geben Sie sich ausreichend Zeit, den Sachverhalt richtig wahrzunehmen. Lesen Sie ihn mehrfach durch, machen Sie sich eine Skizze mit den Beteiligten. Stellen Sie fest, wer was von wem will. Nehmen Sie anschließend das Gesetz zur Hand und suchen Sie die einschlägigen Anspruchsgrundlagen, notfalls über das Stichwortverzeichnis der Gesetzessammlung. Hüten Sie sich davor, den Sachverhalt zu verbiegen, um erlerntes Wissen an den Mann bzw. die Frau zu bringen. Die Sachverhalte sind in der Regel auf eine bestimmte Lösung hin konzipiert, so dass nichts Überflüssiges in ihnen steht.

Wenn Ihnen inhaltlich nicht sonderlich viel zur Lösung einfällt, achten Sie wenigstens darauf, dass die Arbeit einen sauberen, geordneten Eindruck macht. Da wir selbst jedes Semester zahlreiche Klausuren korrigieren, wissen wir, wovon wir reden. Es ist heute leider keine Regel mehr, die Arbeit gut leserlich und sauber zu verfassen. Ein Rand erleichtert es dem Prüfer oder die Prüferin, Bemerkungen anzubringen. Eine Klausur ist auch ein Stück Kommunikation mit dem Prüfer. Warum sollen Sie ihn gegen sich einnehmen? Wenn er den Text nicht lesen kann, das Papier dreckig und zerknickt ist, befinden Sie sich psychologisch im roten Bereich und müssen sich durch eine besondere Leistung erst wieder „beliebt" machen. Als BWL'er sollten Sie genügend Verständnis für diese Art der Kundenbeeinflussung haben. Denn der Prüfer ist nichts anderes als der Kunde Ihres Werkes!

In diesem Sinne wünschen wir Ihnen viel Erfolg bei Ihren Bemühungen.

Udo Beer					Jürgen Reese

Inhaltsverzeichnis

Abbildungsverzeichnis	XVII
Abkürzungsverzeichnis	XIX

I. Handelsrecht

Lernziele	1

1.	Einführung		3
	1.1	Stellung des Handelsrecht in der Rechtsordnung	3
		1.1.1 Handelsrecht und bürgerliches Recht	3
		1.1.2 Handelsrecht und Wirtschaftsrecht	4
		1.1.3 Handelsrecht und Steuerrecht	4
	1.2	Rechtsquellen des Handelsrechts	5
	1.3	Aufbau des HGB	5
2.	Kaufmann, Handelsgewerbe		7
	2.1	Gewerbe	8
		2.1.1 Gewerbefreiheit	9
		2.1.2 Gewerbeanmeldung und Gewerbeerlaubnis	10
	2.2	Handelsgewerbe	11
		2.2.1 Ist-Kaufmann	11
		2.2.2 Kann-Kaufmann	12
		2.2.3 Land- und Forstwirtschaft	13
		2.2.4 Kaufmann kraft Rechtsform	13
		2.2.5 Scheinkaufmann	15
3.	Handelsregister		17
	3.1	Allgemeines	17
	3.2	Eintragungspflichtige Tatsachen	17
	3.3	Wirkung der Eintragung	18
	3.4	Publizität des Handelsregisters	18
4.	Firma		21
	4.1	Begriff	21
	4.2	Firmengrundsätze	21

	4.3 Schutz der Firma	24
	4.4 Die Haftung des Erwerbers bei Firmenfortführung	24
5.	Hilfspersonen des Kaufmanns	27
	5.1 Unselbständige Hilfspersonen	27
	5.1.1 Prokurist	28
	5.1.2 Handlungsbevollmächtigte	29
	5.2 Selbständige Hilfspersonen des Kaufmanns	31
	5.2.1 Handelsvertreter	31
	5.2.2 Handelsmakler	33
	5.2.3 Kommissionär	34
	5.2.4 Kommissionsagent	35
	5.2.5 Vertragshändler	36
6.	Transportrecht	37
	6.1 Frachtgeschäft	37
	6.2 Speditionsgeschäft	40
	6.3 Lagergeschäft	42
7.	Besonderheiten bei Handelsgeschäften	43
	7.1 Begriff	43
	7.2 Handelsbräuche	44
	7.2.1 Kaufmännisches Bestätigungsschreiben	44
	7.2.2 Handelsklauseln	45
	7.2.3 Weitere Handelsbräuche	45
	7.3 Kaufmännische Sorgfalt	46
	7.4 Besonderheiten bei der Vertragsstrafe	46
	7.5 Besonderheiten bei der Bürgschaft	46
	7.6 Zinsen	47
	7.7 Ein Kaufmann macht nichts umsonst	47
	7.8 Schweigen	48
	7.9 Sonstige Besonderheiten für Kaufleute	49
8.	Besonderheiten beim Handelskauf	51
	8.1 Handelsrechtliche Besonderheiten bei der Gewährleistung	52
	8.2 Internationaler Warenverkehr	53

II. Gesellschaftsrecht

Lernziele		61
Vorbemerkung		63
1. Personengesellschaften		67
1.1	Gesellschaft bürgerlichen Rechts (GbR)	67
	1.1.1 Gesellschafter	69
	1.1.2 Entstehung, Bezeichnung	70
	1.1.3 Geschäftsführung und Vertretung	71
	1.1.4 Haftung	72
	1.1.5 Ausscheiden eines Gesellschafters	74
	1.1.6 Gesellschaftsvermögen	75
	1.1.7 Gewinn und Verlust	76
	1.1.8 Auflösung	76
	1.1.9 Liquidation	77
1.2	Offene Handelsgesellschaft	78
	1.2.1 Wesen der OHG	78
	1.2.2 Innenverhältnis der Gesellschafter	79
	1.2.2.1 Gewinn- und Verlustverteilung	80
	1.2.2.2 Wettbewerbsverbot	81
	1.2.2.3 Kontrollrecht	81
	1.2.3 Außenverhältnis	81
	1.2.4 Haftung der Gesellschafter	83
	1.2.5 Auflösung der Gesellschaft	83
1.3	Kommanditgesellschaft (KG)	84
1.4	Mischform: GmbH & Co. KG/AG & Co. KG	85
1.5	Partnerschaftsgesellschaft (PartG)	85
1.6	EWIV	87
1.7	Stille Gesellschaft	87
1.8	Betriebsaufspaltung	87

2. Körperschaften ... 91
Vorbemerkung ... 91
  2.1 Verein ... 93
    2.1.1 Allgemeines ... 93
    2.1.2 Gründung, Erlangung der Rechtsfähigkeit ... 94
    2.1.3 Organe des Vereins ... 94
    2.1.4 Haftung ... 96
    2.1.5 Auflösung des Vereins ... 97
  2.2 Gesellschaft mit beschränkter Haftung (GmbH) ... 98
    2.2.1 Allgemeines ... 98
    2.2.2 Gründung ... 99
    2.2.3 Organe der GmbH ... 101
    2.2.4 Einmann-GmbH ... 103
    2.2.5 Haftung ... 104
    2.2.6 Kapitalerhaltung ... 104
    2.2.7 Deregulierung des Eigenkapitalersatzrechts ... 106
    2.2.8 Unternehmergesellschaft (haftungsbeschränkt) ... 106
    2.2.9 Besteuerung ... 107
    2.2.10 Beendigung ... 107
  2.3 Aktiengesellschaft (AG) ... 109
    2.3.1 Allgemeines ... 109
    2.3.2 Gründung ... 111
    2.3.3 Firma ... 113
    2.3.4 Organe ... 113
      2.3.4.1 Vorstand (§§ 76 ff. AktG) ... 113
      2.3.4.2 Aufsichtsrat (§§ 95 ff. AktG) ... 115
      2.3.4.3 Hauptversammlung (§§ 118 ff. AktG) ... 115
    2.3.5 Auflösung der AG ... 116
  2.4 Kommanditgesellschaft auf Aktien (KGaA) ... 117
  2.5 Eingetragene Genossenschaft (e.G.) ... 118
    2.5.1 Überblick ... 118
    2.5.2 Gründung der Genossenschaft ... 118
    2.5.3 Mitgliedschaft ... 119
    2.5.4 Organe ... 119
    2.5.5 Haftung ... 120
  2.6 „Limited" (Private Company Limited by Shares) ... 120
  2.7 Europäische Aktiengesellschaft (SE) ... 122

3. Rechtsformübergreifende Probleme ... 125
   3.1 Kontrolle und Transparenz, Compliance ... 126
   3.2 Managerhaftung ... 129
      3.2.1 Innenhaftung ... 130
      3.2.2 Außenhaftung ... 131

4. Verbundene Unternehmen ... 135
   4.1 Mehrheitsbeteiligung ... 136
   4.2 Abhängige Unternehmen ... 136
   4.3 Konzern ... 136
   4.4 Wechselseitig beteiligte Unternehmen ... 137
   4.5 Unternehmensverträge ... 138

5. Umwandlungen ... 139

III. Gewerblicher Rechtsschutz und Wettbewerbsrecht

Lernziele ... 145

1. Allgemeines ... 147

2. Wettbewerbsrecht ... 149
   2.1 Kartellrecht ... 149
      2.1.1 Kartelle ... 151
      2.1.2 Missbräuchliches Wettbewerbsverhalten ... 154
      2.1.3 Zusammenschlusskontrolle ... 160
      2.1.4 EU-Kartellrecht ... 161
   2.2 Unlauterer Wettbewerb ... 161
      2.2.1 Generalklausel ... 162
      2.2.2 Regelbeispiele ... 163
      2.2.3 Irreführung ... 169
      2.2.4 Irreführung durch Unterlassen ... 171
      2.2.5 Vergleichende Werbung ... 172
      2.2.6 Unzumutbare Belästigungen ... 176
      2.2.7 Ansprüche aus dem UWG ... 177

3. Gewerblicher Rechtsschutz und Urheberrecht (GRUR) ... 181
   3.1 Schutzrechte im technischen Bereich ... 182
      3.1.1 Patent ... 182
      3.1.2 Gebrauchsmuster ... 186
      3.1.3 Geschmacksmuster ... 186
      3.1.4 Marke ... 187
   3.2 Urheberrecht ... 195
      3.2.1 Allgemeines ... 195
      3.2.2 Entstehung, Übertragung und Schutzdauer ... 199
      3.2.3 Schutzinhalt ... 199
      3.2.4 Schranken des Urheberrechts ... 200
      3.2.5 Ansprüche bei Rechtsverletzungen ... 200

IV. Insolvenzrecht

Lernziele ... 203

1. Einführung ... 205

2. Aufbau der InsO ... 207

3. Wichtige Begriffe des Insolvenzrechts ... 209

4. Ablauf des Insolvenzverfahrens (Übersicht) ... 213

5. Einleitung des Insolvenzverfahrens ... 215
   5.1 Insolvenzgründe ... 215
   5.2 Eröffnungsverfahren ... 217
   5.3 Vorläufiger Insolvenzverwalter ... 218
   5.4 Abschluss des vorläufigen Insolvenzverfahrens ... 219

6. Eröffnung des Insolvenzverfahrens ... 221
   6.1 Der Insolvenzverwalter ... 223
   6.2 Wirkungen des Eröffnungsbeschlusses ... 224

7. Ablauf des Insolvenzverfahrens ... 227
   7.1 Forderungsanmeldungen ... 227

7.2	Bestehende Verträge in der Insolvenz	228
7.3	Arbeitsverhältnisse in der Insolvenz	228
7.4	Aussonderungsrechte	229
7.5	Absonderungsrechte	230
7.6	Insolvenzanfechtung	231
	7.6.1 Kongruente Deckung	231
	7.6.2 Inkongruente Deckung	231
	7.6.3 Vorsätzliche Benachteiligung	232
	7.6.4 Gesellschafterdarlehen	232

8. Organe der Gläubiger — 235

    8.1 Gläubigerversammlung — 235
    8.2 Gläubigerausschuss — 235

9. Berichtstermin — 237

10. Verwertung und Verteilung — 239

11. Aufhebung des Insolvenzverfahrens — 241

12. Restschuldbefreiung — 243

13. Insolvenzplanverfahren — 245

14. Verbraucherinsolvenz — 247

Lösungshinweise zu den Übungsfällen — 249
    Handelsrecht — 249
    Gesellschaftsrecht — 258
    Gewerblicher Rechtsschutz und Wettbewerbsrecht — 265
    Insolvenzrecht — 267

Literaturhinweise — 269
    Lehrbücher — 269
    Kommentare — 269

Autorenhinweis — 271
Stichwortverzeichnis — 273

Abbildungsverzeichnis

Abb. 1:	Modifikation der Vorschriften des BGB durch das HGB	4
Abb. 2:	Kaufmann	16
Abb. 3:	§ 15 HGB	19
Abb. 4:	Kaufmännische Hilfspersonen	27
Abb. 5:	Handlungsvollmacht	29
Abb. 6:	Handelsvertreter	32
Abb. 7:	Handelsmakler	34
Abb. 8:	Kommission	35
Abb. 9:	Frachtvertrag	38
Abb. 10:	Speditionsvertrag, Frachtgeschäft	41
Abb. 11:	Vorteile/Nachteile CISG	55
Abb. 12:	Tabellarische Übersicht BGB – HGB	56
Abb. 13:	Gesellschaftsformen	66
Abb. 14:	Zahl der Unternehmen nach Rechtsform (2012)	66
Abb. 15:	Nachhaftung bei Ausscheiden	75
Abb. 16:	Betriebsaufspaltung	87
Abb. 17:	Vergleich GbR/OHG u. KG	89
Abb. 18:	Übersicht Körperschaften	92
Abb. 19:	GmbH-Gründungsphasen	101
Abb. 20:	Vor- und Nachteile der GmbH	108
Abb. 21:	AG-Gründung	112
Abb. 22:	Vor- und Nachteile AG	117
Abb. 23:	Managerhaftung	129
Abb. 24:	Verbundene Unternehmen	135
Abb. 25:	Mehrheitsbeteiligung	136
Abb. 26:	Beherrschung	136

Abb. 27:	Unterordnungskonzern	137
Abb. 28:	Gleichordnungskonzern	137
Abb. 29:	Wechselseitig beteiligte Unternehmen	137
Abb. 30:	Wechselseitig beteiligte Unternehmen mit Beherrschung	138
Abb. 31:	Wechselseitig beteiligte Unternehmen mit wechselseitiger Beherrschung	138
Abb. 32:	Verschmelzung	139
Abb. 33:	Verschmelzung durch Neugründung	140
Abb. 34:	Gewerblicher Rechtsschutz und Wettbewerbsrecht	147
Abb. 35:	GWB	149
Abb. 36:	Missbräuchliches Wettbewerbsverhalten	155
Abb. 37:	Marktbeherrschung	156
Abb. 38:	EUR/GWB	161
Abb. 39:	Unlautere Handlungen	163
Abb. 40:	Belästigungen	177
Abb. 41:	Ansprüche aus dem UWG	178
Abb. 42:	Gewerblicher Rechtsschutz und Urheberrecht	181
Abb. 43:	Patenterteilung	184
Abb. 44:	Marken	189
Abb. 45:	Relative Schutzhindernisse	191
Abb. 46:	Markenschutz	194
Abb. 47:	Urheber	196
Abb. 48:	Werkbegriff im Urheberrecht	197

Abkürzungsverzeichnis

a.a.O.	am angegebenen Ort
a.F.	alte Fassung
Abs.	Absatz
AEUV	Vertrag über die Arbeitsweise der Europäischen Union
AG	Aktiengesellschaft oder Amtsgericht
AGB	Allgemeine Geschäftsbedingungen
AktG	Aktiengesetz
AnfG	Anfechtungsgesetz
Anm.	Anmerkung
AO	Abgabenordnung
BAG	Bundesarbeitsgericht
BetrVG	Betriebsverfassungsgesetz
BFH	Bundesfinanzhof
BGBl.	Bundesgesetzblatt
BGH	Bundesgerichtshof
BGHSt	Entscheidungen des Bundesgerichtshofs in Strafsachen
BGHZ	Entscheidungen des Bundesgerichtshofs in Zivilsachen
BT-Drucks.	Bundestagsdrucksache
BVerfG	Bundesverfassungsgericht
BVerfGE	Entscheidungen des BVerfG
DB	Der Betrieb (Zeitschrift)
DStR	Deutsches Steuerrecht (Zeitschrift)
DZWIR	Deutsche Zeitschrift für Wirtschafts- und Insolvenzrecht
e.G.	eingetragene Genossenschaft
e.V.	eingetragener Verein
EG	Europäische Gemeinschaft
EGBGB	Einführungsgesetz zum BGB
EStG	Einkommensteuergesetz
EU	Europäische Union
EWIV	Europäische Wirtschaftliche Interessenvereinigung
FG	Finanzgericht
GbR	Gesellschaft des bürgerlichen Rechts
GebrMG	Gebrauchsmustergesetz

GenG	Genossenschaftsgesetz
GeschMG	Geschmacksmustergesetz
GewStG	Gewerbesteuergesetz
GG	Grundgesetz
GKG	Gerichtskostengesetz
GmbH	Gesellschaft mit beschränkter Haftung
GmbHG	GmbH-Gesetz
GVG	Gerichtsverfassungsgesetz
GWB	Gesetz gegen Wettbewerbsbeschränkungen (Kartellgesetz)
HGB	Handelsgesetzbuch
hM	herrschende Meinung
HR	Handelsregister
i.d.R.	in der Regel
InsO	Insolvenzordnung
i.S.v.	im Sinne von
i.V.m.	in Verbindung mit
KG	Kommanditgesellschaft
KGaA	Kommanditgesellschaft auf Aktien
LG	Landgericht
Ltd.	Private Limited Company
MarkenG	Markengesetz
NJW	Neue Juristische Wochenschrift
NJW-RR	NJW-Rechtsprechungs-Report (Zeitschrift)
OHG	Offene Handelsgesellschaft
OLG	Oberlandesgericht
OVG	Oberverwaltungsgericht
PartG	Partnerschaftsgesellschaft
PatG	Patentgesetz
RegE	Regierungsentwurf
RN (Rn)	Randnummer
Rom I	Verordnung (EG) Nr. 593/2008 über das auf vertragliche Schuldverhältnisse anzuwendende Recht
Rom II	Verordnung (EG) Nr. 864/2007 über das auf außervertragliche Schuldverhältnisse anzuwendende Recht
SE	Societas Europaea (Europäische AG)

SE-RL	SE-Richtlinie
SEVO	SE-Verordnung
SPE	Societas Privata Europaea (Europäische GmbH)
StbGebV	Steuerberatergebührenverordnung
stGes	stille Gesellschaft
UG	Unternehmergesellschaft (haftungsbeschränkt)
UrhG	Urhebergesetz
UStG	Umsatzsteuergesetz
ZPO	Zivilprozessordnung

I. Handelsrecht

Lernziele

Dem Leser werden die wichtigsten handelsrechtlichen Besonderheiten (spezielle Regelungen, die nur für den Kaufmann [= kaufmännische Unternehmen i.S. der §§ 1 ff. HGB] vermittelt. Zu diesen Besonderheiten gehören insbesondere die speziellen handelsrechtlichen Vollmachten (Prokura und Handlungsvollmacht), die für Handelsgeschäfte geltenden Sonderregelungen (z. B. beim Handelskauf), die sogenannten kaufmännischen Hilfspersonen (z. B. Handelsvertreter, Handelsmakler, Kommissionäre) und das Transportrecht.

Grundlegende Kenntnisse des Handelsrechts sind für den Betriebswirt (früher: Diplom*kaufmann*!) unabdingbar.

 Ergänzende Literaturhinweise

Führich, Ernst	Wirtschaftsprivatrecht, 11. Aufl., München 2012 [Verlag Vahlen]
Wörlen, Rainer/ Axel Kokemoor	Handelsrecht, 10. Aufl., Köln u. a. 2012 [Carl Heymanns Verlag]
Baumbach, Adolf/ Klaus J. Hopt	HGB (Kommentar), 35. Aufl., München 2012 [C.H. Beck]

1. Einführung

Das Handelsrecht ist ein *Sonderprivatrecht der Kaufleute*. Es beinhaltet außerdem das kaufmännische Organisationsrecht (Firma, Handelsregister, kfm. Buchführung).

Das Handelsrecht betont die **Selbstverantwortlichkeit des Kaufmanns** (der Kaufmann ist weniger geschützt als der Nichtkaufmann), dient der **Einfachheit und Schnelligkeit des Handelsverkehrs** durch Verzicht auf Formalitäten, den Zwang zur raschen Äußerung und Disposition, gewährleistet **Publizität und Vertrauensschutz** und ist geprägt durch **Internationalität** (Rechtsvereinheitlichung durch internationale Übereinkommen, international vereinheitlichte Geschäftsbedingungen [Incoterms® 2010]).

1.1 Stellung des Handelsrecht in der Rechtsordnung

Das Handelsrecht ist (überwiegend) Privatrecht. Es beinhaltet aber auch einige öffentlich-rechtliche Regelungen, insbesondere:

- Anmeldepflichten zum Handelsregister (§§ 14, 29 HGB)
- Buchführungspflicht (§ 238 HGB)

1.1.1 Handelsrecht und bürgerliches Recht

Das Handelsrecht unterscheidet sich in einigen wichtigen Regelungen vom allgemeinen Zivilrecht. Da das HGB lex specialis ist, treten die Bestimmungen des BGB zurück, Die Vorschriften des HGB gehen im Kollisionsfall denen des BGB vor. Soweit keine speziellen handelsrechtlichen Normen eingreifen, gilt (subsidiär) das BGB (vgl. Art. 2 EGHGB). Das HGB beinhaltet keine in sich abgeschlossene Regelung des im Handelsverkehr anzuwendenden Rechts.

Beispiel: Auch für den Handelskauf gelten die Vorschriften der §§ 433 ff. BGB. Allerdings sind zusätzlich die §§ 373 ff. HGB zu beachten; soweit ihr Regelungsbereich reicht, werden die Vorschriften des BGB verdrängt.

Gegenstand	BGB §§	HGB §§
Auslegung von Verträgen	133, 157	346
Schweigen auf ein Angebot	146, 151, 663	362
Vertretung	164 ff.	48 ff.
Haftungsmaßstab	276, 278	347, 431
Verzinsung	246, 288	352 f.
Zinseszins	248	355
Kauf/Handelskauf	433 ff.	373 ff.
Bürgschaft	765 ff.	349 f.
Gutgläubiger Erwerb	932 ff.	366 f.
Vertragsstrafe	343	348
Zurückbehaltungsrecht	273	369
Makler/Handelsmakler	652 ff.	93 ff.
Fixgeschäft	323 I Nr. 2	376
Geschäftsbesorgung	662, 675	354
Hinterlegung	372	373

Abbildung 1: Modifikation der Vorschriften des BGB durch das HGB

1.1.2 Handelsrecht und Wirtschaftsrecht

Das Handelsrecht regelt die individuellen Beziehungen zwischen Kaufleuten.

Das Wirtschaftsrecht gibt den gesamtwirtschaftlichen Ordnungsrahmen (Wirtschaftsverfassung), regelt die Wirtschaftsverwaltung (z. B. Gewerberecht, Subventionsrecht) und steuert die marktwirtschaftliche Ordnung (Wettbewerbsrecht [UWG, GWG]). Eine klare Trennung zwischen Handels- und Wirtschaftsrecht ist nicht möglich, nach richtiger Ansicht wird das Handelsrecht als Teil des Wirtschaftsrechts angesehen.

1.1.3 Handelsrecht und Steuerrecht

Hier ist die Abgrenzung unproblematisch, jedoch ist eine enge Wechselbeziehung zwischen beiden Rechtsgebieten gegeben: Vgl. z. B. §§ 140 AO – §§ 238 ff. HGB. Gesellschaftsrechtliche Gestaltungen sind immer auch unter steuerlichen Gesichtspunkten zu sehen.

1.2 Rechtsquellen des Handelsrechts

- HGB von 1897, das zusammen mit dem BGB am 1.1.1900 in Kraft getreten ist. Es besteht – wie das BGB – aus 5 Büchern.

Handelsrechtliche Nebengesetze sind insbesondere:

- EGHGB,
- CISG,
- DepotG, BörsG, Wertpapierhandelsgesetz, Kreditwesengesetz,
- AktG,
- GmbHG,
- GenG,
- Wettbewerbsrecht (GWB, UWG),
- das Patent- und Urheberrecht (PatentG, MarkenG, UrhG),
- Gewohnheitsrecht, Handelsbräuche.

1.3 Aufbau des HGB

1. Buch: Handelsstand
2. Buch: Handelsgesellschaften (wird in LO 2 „Gesellschaftsrecht" behandelt)
3. Buch: Handelsbücher (wird in diesem Modul nicht behandelt)
4. Buch: Handelsgeschäfte
5. Buch: Seehandel (Spezialmaterie, wird hier nicht behandelt)

2. Kaufmann, Handelsgewerbe

Das HGB ist grundsätzlich[1] nur anwendbar, wenn Kaufleute oder Handelsgesellschaften beteiligt sind. Es reicht im Regelfall aus, wenn nur *ein* Beteiligter „Kaufmann" i.S. des HGB ist (vgl. § 345 HGB). In einer Reihe von Fällen müssen allerdings beide Beteiligte Kaufleute sein (z. B. §§ 346, 352 f., 369, 377 HGB). Ausnahmsweise sind Vorschriften des HGB auch auf Nichtkaufleute anzuwenden (z. B. §§ 84 Abs. 3, 383 Abs. 2, 407 Abs. 3 S. 2, 467 Abs. 3 HGB).

Der Begriff „Kaufmann" ist unternehmensbezogen, Kaufmann ist der Unternehmensträger (Einzelperson, Personengesellschaft oder Körperschaft); eine besondere persönliche Qualifikation ist hierfür weder erforderlich noch ausreichend. Die Vorschriften des HGB gelten auch für Handelsgesellschaften (§ 6 HGB).

Klausurhinweis: In handelsrechtlichen Fällen ist praktisch immer auch zu prüfen, ob der (die) Beteiligten „Kaufmann" sind.

Ausgangsfall:[2]

> Der Wirtschaftsinformatik-Studenten *Lars Windig* (W) möchte neben seinem Studium etwas dazu verdienen und seine frisch erworbenen Kenntnisse gewinnbringend anlegen. Daher beschließt er, sich selbständig zu machen. Schwerpunkt seiner Tätigkeit soll die Erstellung von Internetseiten, Beratung über Hard- und Softwareprobleme und der Vertrieb von Hard- und Software über das Internet sein.
> Da W an der Wirtschaftsrechtsvorlesung nur sporadisch teilgenommen hat, fragt er Sie, ob er bei Aufnahme seiner Tätigkeit irgendetwas beachten muss. Insbesondere möchte er wissen, ob sein Start-Up Unternehmen ein Gewerbebetrieb ist, ob er Kaufmann ist, ob das HGB für ihn gilt und ob er sich in das Handelsregister eintragen lassen kann oder muss.

§ 1 HGB bestimmt: **„Kaufmann im Sinne dieses Gesetzbuchs ist, wer ein Handelsgewerbe betreibt. Handelsgewerbe ist jeder Gewerbebetrieb..."**

Die Kaufmannseigenschaft setzt demnach voraus, dass ein *Gewerbe* betrieben wird.

---

[1] Wenn Juristen „grundsätzlich" sagen, bedeutet das, Ausnahmen sind wahrscheinlich!

[2] Auf diesen Fall wird im Weiteren zurückgekommen.

Was aber ist ein Gewerbe? Eine Definition sucht man im HGB vergebens. Auch die GewO schweigt sich hierzu aus.

2.1 Gewerbe

Das Bundesverwaltungsgericht definiert Gewerbe als „jede nicht sozial unwertige, auf Gewinnerzielung gerichtete und auf Dauer angelegte selbständige Tätigkeit, ausgenommen Urproduktion, freie Berufe und bloße Verwaltung eigenen Vermögens"[3].

 Nach § 15 Abs. 2 EStG ist Gewerbe eine

(1) *selbständige, nachhaltige* Betätigung, die

(2) mit der *Absicht, Gewinn zu erzielen* unternommen wird und

(3) sich als *Beteiligung am allgemeinen wirtschaftlichen Verkehr* darstellt und

(4) *nicht* als Ausübung eines *freien Berufes* anzusehen ist.

Selbständig ist, wer nach außen im eigenen Namen auftritt, auf eigene Rechnung und Gefahr handelt, im Innenverhältnis eigene Verantwortung trägt und dem in persönlicher und sachlicher Hinsicht im Wesentlichen keine Weisungen erteilt werden können (vgl. § 84 Abs. 1 Satz 2 HGB).

Nachhaltigkeit setzt Wiederholungsabsicht voraus; der Unternehmer muss mit seiner Tätigkeit eine ständige Erwerbsquelle anstreben.

Gewinnerzielungsabsicht liegt vor, wenn der Unternehmer anstrebt, auf längere Sicht sein Betriebsvermögen zu mehren. Nicht erforderlich ist, dass tatsächlich sofort Gewinn erzielt wird.

Beteiligung am allgemeinen wirtschaftlichen Verkehr setzt voraus, dass die betrieblichen Leistungen der Allgemeinheit angeboten werden (Marktteilnahme). Dieses Merkmal erfordert, dass die Tätigkeit gegen Entgelt am Markt erbracht und für Dritte äußerlich erkennbar angeboten wird. Erkennbar angeboten wird die Tätigkeit auch dann, wenn sie nur einem einzigen Marktteilnehmer angeboten wird. Maßgeblich ist dabei allein die Erkennbarkeit für einen oder mehrere Auftraggeber.

---

[3] BVerwG NJW 1977, S. 727.

Gewerbe ist von der reinen *Vermögensverwaltung* abzugrenzen: Die bloße Verwaltung eigenen Vermögens ist regelmäßig keine gewerbliche Tätigkeit. Eine Vermögensverwaltung liegt vor, wenn Vermögen genutzt, zum Beispiel Kapitalvermögen verzinslich angelegt oder unbewegliches Vermögen vermietet oder verpachtet wird.

Freiberufliche Tätigkeit liegt bei der Ausübung eines „Katalogberufs" i. S. d. § 18 EStG vor, z. B. Arzt, Steuerberater, Rechtsanwalt, Wirtschaftsprüfer, Architekt.

Für Land- und Forstwirtschaft gelten im HGB Sonderregelungen (§ 3 HGB).

2.1.1 Gewerbefreiheit

Nach Artikel 12 Abs. 1 GG haben alle Deutschen das Recht, Beruf und Arbeitsplatz frei zu wählen, wobei die Berufsausübung durch Gesetz oder aufgrund eines Gesetzes geregelt werden kann. Zur Berufsausübung zählt auch die Ausübung eines Gewerbes. Die Freiheit, einen Gewerbebetrieb zu errichten, ist außerdem in Artikel 2 GG (allgemeine Handlungsfreiheit) geschützt; die unternehmerische Handlungsfreiheit fällt nach ständiger Rechtsprechung des Bundesverfassungsgerichtes[4] unter Artikel 2 Abs. 1 GG. Weiterhin bestimmt § 1 GewO: *„Der Betrieb eines Gewerbes ist gem. jedermann gestattet, soweit nicht durch dieses Gesetz [= GewO] Ausnahmen oder Beschränkungen vorgeschrieben oder zugelassen sind."*

Nach der „*Drei-Stufen-Theorie*" des Bundesverfassungsgerichtes (sog. Apothekenurteil vom 11.06.1958)[5] erstreckt sich die Regelungsbefugnis des Gesetzgebers zur Berufsausübung sowohl auf die Berufsausübung als auch auf die Berufswahl.

1. Stufe: Die *Freiheit der Berufsausübung* kann beschränkt werden, „soweit vernünftige Gründe des Gemeinwohls es zweckmäßig erscheinen lassen".

2. Stufe: Die *Freiheit der Berufswahl* darf nur eingeschränkt werden, wenn der Schutz „besonders wichtiger Gemeinschaftsgüter" Einschränkungen zwingend erfordert.

Subjektive Zulassungsvoraussetzungen sind in diesem Rahmen zulässig, wenn sie nicht außer Verhältnis zu der angestrebten Berufstätigkeit stehen. Auf sol-

---

4   BVerfGE 50, S. 290/366; 65, S. 196/210.
5   BVerfGE 7, S. 377.

che Voraussetzungen (z. B. Qualifikationen, Eignung) kann der Bewerber Einfluss nehmen. Es kann daher Zuverlässigkeit und Sachkunde vom Bewerber verlangt werden.

3. *Stufe*: *Objektive Zulassungsbeschränkungen* sind der Einflussnahme des Bewerbers entzogen und kommen nur ausnahmsweise zur Abwehr „schwerer Gefahren für ein überragend wichtiges Gemeinschaftsgut" in Betracht.

Insgesamt gilt nach der Drei-Stufen-Theorie, dass die jeweils nächste Stufe nur dann beschritten werden darf, wenn auf der niedrigeren Stufe eine Regelung unzureichend ist.

2.1.2 Gewerbeanmeldung und Gewerbeerlaubnis

Grundsätzlich kann jeder nach dem Prinzip der Gewerbefreiheit ein Gewerbe ohne besondere behördliche Erlaubnis betreiben. Eine besondere Erlaubnis zum Beginn eines solchen Gewerbes ist nur dann notwendig, wenn in den §§ 30 ff. Gewerbeordnung oder in besonderen Gesetzen eine derartige Erlaubnis vorgeschrieben ist.

- **Erlaubnispflichtige Gewerbebetriebe**

Für bestimmte Bereiche bedarf die Errichtung eines Gewerbebetriebes im Interesse der Allgemeinheit einer besonderen vorherigen Erlaubnis (Konzession, Bewilligung, Genehmigung). In diesen Fällen müssen bestimmte persönliche und/oder räumliche Voraussetzungen gegeben sein.

Personengebundene Erlaubnisse sind beispielsweise erforderlich für Pfandleiher, die Ausübung des Bewachungsgewerbes, des Versteigerungsgewerbes sowie für Makler und Bauträger (§§ 34 ff. GewO). Hier ist erforderlich, dass der Bewerber persönlich zuverlässig (z. B. nicht vorbestraft) ist und in geordneten wirtschaftlichen Verhältnissen lebt. Bei raumgebundenen Erlaubnissen müssen zusätzlich zu den persönlichen Voraussetzungen auch die räumlichen Verhältnisse des Betriebes bestimmten Mindestanforderungen entsprechen (Betrieb privater Krankenanstalten, Alterspflegeheime etc.).

Besondere Erlaubnispflichten gelten auch für Handwerksbetriebe, bei denen eine bestimmte Qualifikation (Meisterprüfung) vorausgesetzt wird.

Weitere Erlaubnispflichten bestehen beispielsweise im Gaststättengewerbe, im Bereich des Einzelhandels (gesundheitliche Unbedenklichkeit), im Personen- und Güterbeförderungsrecht sowie im Bereich der Arbeitnehmerüberlassung.

- **Anmeldepflichtige Gewerbebetriebe**

Soweit kein erlaubnispflichtiger Gewerbebetrieb gegeben ist, besteht lediglich eine Anmeldepflicht bei der zuständigen Behörde (§ 14 GewO). Diese informiert dann weitere Behörden (Finanzamt, Statistisches Landesamt, Industrie- und Handelskammer, Handwerkskammer, Berufsgenossenschaft u. a.).

Die Ausübung eines Gewerbes kann *untersagt* werden, wenn Tatsachen vorliegen, die die Unzuverlässigkeit des Gewerbetreibenden oder einer mit der Leitung des Gewerbebetriebes beauftragten Person in Bezug auf dieses Gewerbes dartun sofern die Untersagung zum Schutz der Allgemeinheit oder der im Betrieb beschäftigten erforderlich ist. Diese Unzuverlässigkeit kann sich ergeben aus Straftaten und Ordnungswidrigkeiten von einigem Gewicht, aus der Verletzung steuerrechtlicher Pflichten, aus der Nichtentrichtung von Sozialversicherungsbeiträgen und aus dem Mangel an wirtschaftlicher Leistungsfähigkeit, wenn das Gewerbe die Verwaltung fremden Vermögens umfasst.

Im Ausgangsfall betreibt W ein Gewerbe (keine freiberufliche Tätigkeit!), das keiner besonderen Erlaubnis bedarf. Gem. § 14 Abs. 1 GewO muss er den selbständigen Betrieb eines stehenden Gewerbes der zuständigen Behörde bei Geschäftsbeginn anzeigen.

2.2 Handelsgewerbe

Wenn nur eine einzelne natürliche Person Unternehmensträger ist, kommt als Rechtsform nur das Einzelunternehmen in Frage. Die meisten kleineren Unternehmungen werden in der Rechtsform des Einzelkaufmanns [e.K. = eingetrage(r) Kaufmann (-frau)] betrieben.

2.2.1 Ist-Kaufmann

Handelsgewerbe gem. § 1 Abs. 2 HGB ist – wie erwähnt, zunächst jeder Gewerbebetrieb, *es sei denn,* dass das *Unternehmen nach Art oder Umfang einen in kaufmännischer Weise eingerichteten Geschäftsbetrieb* **nicht** *erfordert.*

Was bedeutet das aber?

Das HGB definiert weder, was ein *in kaufmännischer Weise eingerichteten Geschäftsbetrieb* ist, noch die genauen Voraussetzungen, unter denen diese Einrichtung erforderlich ist.

Kaufmännische Einrichtung ist eine kaufmännische Ordnung der Vertretung, Haftung, Buchführung sowie die kaufmännische Bezeichnung (Firma).

Diese ist nach Art oder Umfang erforderlich, wenn:

- die Höhe des Umsatzes (Anhaltswert: >260.000 €) und des Anlage- und Betriebskapitals,
- die Zahl der Beschäftigten,
- die Inanspruchnahme oder Vergabe von Krediten,
- sowie die Vielzahl oder die Vielfalt der Geschäftsvorfälle

hierfür sprechen (das Gesamtbild ist entscheidend).

Wer ein Handelsgewerbe gem. § 1 II HGB betreibt, ist automatisch – ob er will oder nicht - Kaufmann. Aus der Formulierung der Vorschrift (*„es sei denn.."*) ergibt sich, dass bei einem Gewerbetreibenden vermutet wird, er sei Kaufmann.

Die Eintragung im Handelsregister (HR) ist **deklaratorisch**;[6] das Unternehmen ist jedoch verpflichtet, sie vornehmen zu lassen (§ 29 HGB). Man spricht hier deshalb auch vom „Ist-Kaufmann": Der Betreffende ist Kaufmann, auch wenn er nicht im HR eingetragen ist.

2.2.2 Kann-Kaufmann

Gewerbetreibende, die nicht unter § 1 HGB fallen, können (freiwillig) durch Eintragung in das Handelsregister Kaufmann i. S. d. HGB sein (§§ 2, 3 HGB).

Sofern bei einem gewerblichen Unternehmen eine kaufmännische Einrichtung i.S.v. § 1 HGB nicht erforderlich ist, kann der Unternehmer gem. § 2 HGB freiwillig die Eintragung im Handelsregister herbeiführen. In diesem Fall gilt das Unternehmen als Handelsgewerbe mit allen Rechten und Pflichten. Die Regis-

---

[6] Deklaratorisch bedeutet rechtsbekundend, d. h., es wird nur klargestellt, was ohnehin schon gegeben ist; Gegensatz: konstitutiv = rechtsbegründend.

tereintragung kann aber auf Antrag des Unternehmers jederzeit wieder gelöscht werden. Die Eintragung wirkt hier also **konstitutiv**.

2.2.3 Land- und Forstwirtschaft

Landwirtschaft ist die zielgerichtete Herstellung pflanzlicher oder tierischer Erzeugnisse auf einer zu diesem Zweck bewirtschafteten Fläche. Forstwirtschaft wird definiert als planmäßige, auf den Anbau und Abschlag von Holz ausgerichtete Wirtschaftstätigkeit.

Zur Land- und Forstwirtschaft rechnen z. B. Milchviehhaltung, Obst-, Gemüse-, Getreide- und Weinanbau, Tierzucht und Tierhaltung, wenn die Anzahl der Tiere bestimmte Größenordnungen – bezogen auf die landwirtschaftlich genutzte Fläche – nicht übersteigt, Gärtnerei, Baumschule, **nicht**: Molkerei, Fischerei, Imkerei.

Ein land- und forstwirtschaftliches Unternehmen *kann* – nicht: muss! – unter den Voraussetzungen des § 1 HGB (das Unternehmen erfordert nach Art oder Umfang einen in kaufmännischer Weise eingerichteten Geschäftsbetrieb) seine Eintragung im Handelsregister betreiben und erhält damit die Kaufmannseigenschaft (§ 3 HGB). Die Eintragung ist also auch hier konstitutiv. Hat es von dieser Möglichkeit Gebrauch gemacht, kann es nur dann wieder im Handelsregister gelöscht werden, wenn die Voraussetzungen für die Eintragung nicht mehr gegeben sind.

Ein Nebengewerbe (§ 3 Abs. 3) ist ein in gewisser Beziehung selbständiger Betrieb, der Erzeugnisse des Hauptbetriebes verwertet oder sonst mit ihm verbunden ist. Dieser ist selbständig eintragungsfähig (nicht: -pflichtig), auch wenn er nach § 1 HGB eintragungspflichtig wäre.

2.2.4 Kaufmann kraft Rechtsform

§ 6 Abs 1 HGB stellt – etwas umständlich - klar, dass die „*in betreff der Kaufleute gegebenen Vorschriften auch auf die Handelsgesellschaften Anwendung*" finden, d. h., dass „Kaufmann" auch jede Handelsgesellschaft ist.

Handelsgesellschaften sind zunächst die offenen Handelsgesellschaft (OHG) und die Kommanditgesellschaft (KG). Die setzen den Betrieb eines Handelsgewerbes voraus, können also nur gegründet werden, wenn der Zweck des Unternehmens auf den Betrieb eines Handelsgewerbes unter gemeinschaftlicher Firma gerichtet ist (§ 105 HGB).

- Eine OHG, die ein Handelsgewerbe (§ 1 Abs. 2 HGB) zum Gegenstand hat, ist bereits vor ihrer Eintragung Kaufmann.

  § 123 Abs. 2 HGB bestimmt: „Beginnt die Gesellschaft ihre Geschäfte schon vor der Eintragung, so tritt die Wirksamkeit mit dem Zeitpunkt des Geschäftsbeginns ein, soweit nicht aus § 2 oder § 105 Abs. 2 sich ein anderes ergibt." Die Eintragung im Handelsregister ist dann (nur) deklaratorisch.

- Eine Personenvereinigung, die ein Gewerbe gem. §§ 2 oder 3 HGB betreibt oder die nur eigenes Vermögen verwaltet, wird erst durch Eintragung im Handelsregister zur OHG und erlangt damit Kaufmannseigenschaft (Eintragung konstitutiv). Vor der Eintragung im HR ist sie also eine GbR (§ 705 ff. BGB).

- für die KG gilt das Vorstehende entsprechend mit der Maßgabe, dass die Haftungsbeschränkung für die Kommanditisten erst mit Eintragung im Handelsregister eintritt (§ 176 HGB).

Die näheren Einzelheiten werden in Lektion II. (Gesellschaftsrecht) erläutert.

Ohne Rücksicht auf den Gegenstand ihres Unternehmens gelten bestimmte Gesellschaften immer als Handelsgewerbe (§ 6 II HGB). Diese Vorschrift spricht von einem „*Verein*, dem das *Gesetz* ohne Rücksicht auf den Gegenstand des Unternehmens die Eigenschaft eines Kaufmanns beilegt". „Verein" bedeutet hier nicht „e.V." im Sinne des BGB[7], sondern Körperschaft.

AG, GmbH, KGaA, eG und VVaG gelten kraft ihrer Rechtsform stets als Kaufleute (§ 6 Abs. 2 HGB i.V.m. §§ 3, 278 Abs. 3 AktG, 13 Abs. 3 GmbHG, 17 Abs. 2 GenG, 16 VAG). Das gilt selbst dann, wenn gar kein Gewerbe betrieben wird. Die Eintragung im Handelsregister bzw. Genossenschaftsregister ist hier *konstitutiv*, weil die Gesellschaften vor ihrer Eintragung „als solche" nicht existieren. Sie können bis zur Eintragung als Gesellschaft des bürgerlichen Rechts (GbR) oder – unter den Voraussetzungen des § 1 Abs. 2 HGB – als OHG anzusehen sein.

Klausurhinweis: Wenn in einem Klausurfall von einer GmbH, AG usw. die Rede ist, erübrigt sich eine Prüfung, ob ein Handelsgewerbe betrie-

---

[7] Der e.V. darf nicht auf einen wirtschaftlichen Geschäftsbetrieb gerichtet sein, § 21 BGB.

ben wird. Es genügt ein Hinweis auf § 6 HGB in Verbindung mit der einschlägigen Vorschrift (z. B. § 13 III GmbHG).

2.2.5 Scheinkaufmann

Auch wenn kein Handelsgewerbe betrieben wird, gelten gem. § 5 HGB unwiderlegbar als Kaufleute

- Gewerbebetriebe,
- deren Firma im Handelsregister eingetragen (nicht notwendig auch bekannt gemacht) ist.

Es kann nicht geltend gemacht werden, das betriebene Gewerbe sei kein Handelsgewerbe.

Folgende Einwendungen sind zulässig:

- es werde überhaupt kein Gewerbe betrieben (aber § 15 HGB beachten!),
- die Gesellschaft (OHG, KG) bestehe nicht (mehr).

§ 5 HGB wirkt sowohl zugunsten als auch zu Lasten des Eingetragenen.

Meiner Ansicht nach ist § 5 HGB überflüssig, weil ein Gewerbetreibender, der im HR eingetragen ist, ohnehin bereits nach § 2 HGB Kaufmann ist.

Über den Wortlaut des § 5 HGB hinaus muss sich zu seinem Nachteil als Kaufmann behandeln lassen, wer – auch ohne Eintragung im Handelsregister - in zurechenbarer Weise einen entsprechenden Rechtsschein gesetzt hat (Rechtsscheinhaftung, „Scheinkaufmann").

Voraussetzungen hierfür sind:

(1) Rechtsscheingrundlage (z. B. Auftreten als Kaufmann, Verwendung einer „Firma", Briefbögen etc.)

(2) Zurechenbarkeit (es muss objektiv vorhersehbar sein, dass bei Dritten der Anschein geweckt wird)

(3) Schutzbedürftigkeit des Dritten (dieser muss gutgläubig davon ausgehen, dass der andere Kaufmann ist)

(4) Kausalität (der Dritte muss die Tatsachen kennen, aus denen sich der Rechtsschein ergibt).

I. Handelsrecht

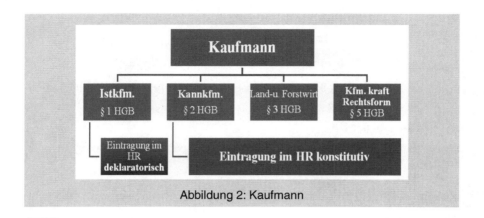

Abbildung 2: Kaufmann

 W betreibt im Ausgangsfall kein Handelsgewerbe i. S. d. § 1 HGB. Er kann sich aber gem. § 2 HGB (freiwillig) in das HR eintragen lassen und würde dann als „eingetragener Kaufmann" (e.K., vgl. § 19 Abs. 1 Nr. 1 HGB) den Vorschriften des HGB im vollen Umfang unterliegen

Übungsfall 1

Wer ist Kaufmann i. S. d. HGB? – Für wen gilt das HGB?

a. Bäckermeister *Alfred* betreibt eine expandierende Großbäckerei mit 2 Filialen, 20 Mitarbeitern und erzielt einen Umsatz von 1,5 Millionen € im Jahr, ist aber bislang nicht im HR eingetragen.

b. Schneidermeister *Bruno* betreibt eine Reparatur- und Änderungsschneiderei. Er ist nicht im HR eingetragen. Sein Jahresumsatz beläuft sich auf 20.000 €.

c. *Corinna* geht mit gutem Erfolg dem angeblich „ältesten Gewerbe der Welt" nach.

d. *Dr. Herbert* ist alleiniger Gesellschafter und Geschäftsführer der „Confidentia- Steuerberatungsgesellschaft m.b.H.".

e. Schuster *Flick* repariert zwar nur Schuhe, ist aber unter der Firma „Schuhpalast Fritz Flick e.K." im Handelsregister eingetragen.

f. *Josef* ist nebenberuflich selbständiger Versicherungsvertreter. Er ist nicht im HR eingetragen.

g. *Karl v. Karlsen* ist Großbauer und stellt nebenbei auch aus eigenen Kartoffeln den erfolgreichen „Karlsen-Korn" her. Er ist nicht im HR eingetragen.

3. Handelsregister

3.1 Allgemeines

Das Handelsregister ist ein bei den Amtsgerichten geführtes, öffentliches Register, dessen Zweck die Offenbarung der Zugehörigkeit (oder Nichtzugehörigkeit) gewerblicher Unternehmen zum Handelsstand und der wichtigsten Rechtsverhältnisse dieser Unternehmen ist. Das Handelsregister kann von jedermann kostenfrei (§ 90 KostO) eingesehen werden (§ 9 HGB).

3.2 Eintragungspflichtige Tatsachen

Jeder Kaufmann ist verpflichtet, die eintragungspflichtigen Tatsachen zur Eintragung in das Handelsregister anzumelden, insbesondere:

- Firma und Ort der Niederlassung (§ 29 HGB),
- Ort der Zweigniederlassung (§§ 13 HGB),
- Sitzverlegung (§ 13 c HGB),
- Prokura (§ 53 HGB),
- bei OHG zusätzlich: Namen aller Gesellschafter und Beginn der Gesellschaft, Vertretung der OHG (§§ 106, 125 HGB),
- bei der KG zusätzlich zur OHG: Höhe der Kommanditeinlagen (§ 162 HGB),
- bei Körperschaften: vgl. §§ 39 AktG, 10 GmbHG,
- alle Änderungen eintragungspflichtiger Tatsachen (§§ 31, 107, 143, 148, 157, 162 Abs. 3 HGB).

Die Insolvenz des Unternehmens ist von Amts wegen einzutragen (§ 32 HGB).

Ferner können Haftungsausschlüsse (25 Abs. 2, 28 Abs. 2 HGB) eingetragen werden.

Das Gericht kann die Anmeldung eintragungspflichtiger Tatsachen durch Zwangsgeld bis zu 5.000 € erzwingen (§ 14 HGB).

Einzelfirmen und Personenhandelsgesellschaften sind in Abt. A, AG, KGaA, GmbH und VVaG in Abt. B des Handelsregisters einzutragen.

I. Handelsrecht

Die Eintragungen im HR sind gem. § 10 HGB vom Registergericht im „elektronischen Informations- und Kommunikationssystem"[8] bekannt zu machen. Außerdem sind sie im „Unternehmensregister"[9] zugänglich.

Die Anmeldungen zum HR sind in notariell beglaubigter Form einzureichen (§ 12 HGB).

3.3 Wirkung der Eintragung

Die Eintragung im Handelsregister wirkt in einigen Fällen konstitutiv (= rechtsbegründend) [§§ 2, 3, 5, 176 HGB, 41 AktG, 11 GmbHG], sonst deklaratorisch (= rechtsbezeugend) [§§ 1, 53 HGB].

Klausurhinweis: Wenn sich aus dem Gesetz nichts Gegenteiliges ergibt, wirkt die Eintragung nur deklaratorisch!

Beispiel: Wer ein Handelsgewerbe gem. § 1 Abs. 2 HGB betreibt, ist – unabhängig von der Eintragung im Handelsregister – Kaufmann. Die Eintragung, zu der der Kaufmann verpflichtet ist, wirkt also nur deklaratorisch. Wer dagegen ein Handelsgewerbe gem. § 2 HGB betreibt, erlangt die Kaufmannseigenschaft erst mit der Eintragung im Handelsregister.

3.4 Publizität des Handelsregisters

Das Handelsregister genießt „öffentlichen Glauben" (ähnlich dem Grundbuch). § 15 HGB regelt die Wirkung von Registerinhalt und -bekanntmachung für und gegen Dritte.

§ 15 Abs. 1 HGB bezweckt den Schutz Dritter gegen Folgen nicht eingetragener oder bekanntgemachter Tatsachen:

 „Dem SCHWEIGEN des Handelsregisters kann man trauen."

---

8   www.handelsregister.de.
9   www.unternehmensregister.de.

Voraussetzungen hierfür sind:

- im Handelsregister einzutragende Tatsache,
- die im maßgeblichen Zeitpunkt noch nicht eingetragen oder *bekanntgemacht* sind.

Maßgebend ist der Zeitpunkt des Vorgangs, aus dem der Dritte Rechte herleitet. „Bekanntgemacht" bezieht sich auf die Bekanntmachung der Eintragungen gem. § 10 HGB:

- „in dessen Angelegenheiten": gemeint ist derjenige, der durch die einzutragende Tatsache irgendwie entlastet wird.
- Keine anderweitige Kenntnis des Dritten von dieser Tatsache. „Kennenmüssen" steht der Kenntnis nicht gleich. Die Beweislast liegt beim Gegner („es sei denn, dass ...").

§ 15 Abs. 2 HGB handelt von der Wirkung eingetragener Tatsachen gegen Dritte nach Eintragung und Bekanntmachung.

§ 15 Abs. 2 HGB Satz 1: Die Tatsache wirkt jetzt gegen Dritte.

§ 15 Abs. 2 HGB Satz 2 gibt dem Dritten innerhalb einer kurzen Schonfrist von 15 Tagen ab Veröffentlichung (§ 10 HGB) den Einwand unverschuldeter Unkenntnis. Der Dritte muss nachweisen, dass er die eingetragene Tatsache weder kannte noch kennen musste.

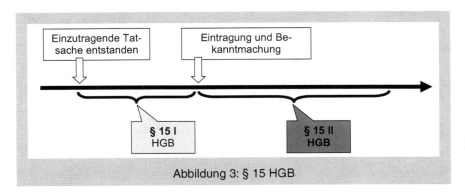

Abbildung 3: § 15 HGB

§ 15 Abs. 3 HGB schützt das Vertrauen Dritter auf unrichtige Bekanntmachungen („Positive Publizität des Handelsregisters"). Die Reichweite dieser Regelung ist sehr umstritten. Diese Vorschrift betrifft den Fall, dass eine einzutragende Tatsache unrichtig bekanntgemacht wird. Ein Dritter kann sich dann demjenigen gegenüber, in dessen Angelegenheiten die Tatsache einzutragen war, auf die bekanntgemachte Tatsache berufen, es sei denn, er kannte die Unrichtigkeit.

 Übungsfall 2

a. P, Prokurist der X-AG, wird wegen Unfähigkeit entlassen, die Prokura wird ihm gleichzeitig entzogen. Um sich an der X-AG zu rächen, nimmt er – bevor eine entsprechende Handelsregistereintragung erfolgen konnte – bei der D-Bank namens der X-AG ein Darlehen auf und verbraucht das Geld für sich. D verlangt von X Rückzahlung des Darlehens. *Zu Recht?*

b. Wie a., jedoch war weder die Erteilung noch das Erlöschen der Prokura im Handelsregister eingetragen. D war bekannt, dass P Prokurist war; vom Erlöschen der Prokura hatte D keine Kenntnis.

c. Das Ausscheiden des P wird im Handelsregister eingetragen und am 15.1. bekanntgemacht. Am 20.1. nimmt er das Darlehen bei D auf. D beruft sich darauf, sie habe vom Erlöschen der Prokura nichts gewusst, da durch Ausfall ihrer EDV-Anlage kein Internetzugang vom 15.–21.1. möglich gewesen sei.

4. Firma

4.1 Begriff

Firma (= Handelsfirma) ist der Name eines Kaufmanns (eines kaufmännischen Unternehmens), unter dem er seine Geschäfte betreibt, seine Unterschrift abgibt, im Handelsregister eingetragen wird und klagen und verklagt werden kann (§ 17 HGB).

Die Wortlaut der Firma ist abhängig von der Rechtsform des Unternehmens und davon, ob die Firma neu gebildet wird (bei Neugründung eines Unternehmens: „originäre Firma") oder ob das Unternehmen von einem Nachfolger fortgeführt wird („derivative Firma").

4.2 Firmengrundsätze

Allgemeine Grundsätze für die Bildung einer Firma sind:

(1) Firmenwahrheit, -klarheit (§§ 18, 19 HGB)
(2) Firmenausschließlichkeit (§ 30 HGB)
(3) Firmeneinheit
(4) Firmenöffentlichkeit (§§ 29, 31 HGB)
(5) Firmenbeständigkeit (§§ 21, 22, 24 HGB).

(1) Firmenwahrheit, -klarheit (§§ 18, 19 HGB)

Die Firma muss zur Kennzeichnung des Kaufmanns geeignet sein und Unterscheidungskraft besitzen (§ 18 HGB). Phantasiebezeichnungen sind in diesem Rahmen möglich. Zusätze, die über Art und/oder Umfang des Unternehmens täuschen, sind verboten.

Beispiele für *unzulässige* Zusätze:

- Gebiets- und Stadtangaben: nur zulässig bei führenden Unternehmen des Gebiets (also nicht „Hamburger Volksbank" für viertgrößte Volksbank in Hamburg; „Eurotransport" für kleineres Fuhrunternehmen)
- Endung „ag" für Nicht-AG („INDROHAG GmbH")
- „Werk", „Fabrik" u. Ä. für reine Handelsunternehmen

- „Haus", „Center", „Börse" etc. nur bei überdurchschnittlicher Bedeutung am Ort und im Geschäftszweig
- „Bank" bei reiner Kreditvermittlung
- „Akademie", „Institut", „Kolleg" deuten auf wissenschaftliche Arbeitsweise und öffentliche Grundlage hin, unzulässig daher „Verkehrsinstitut" für Fahrschule
- akademische Grade (Dr., Dipl.-Ing.) nur zulässig bei maßgeblicher Mitwirkung eines entsprechenden Akademikers

Unzulässige Zusätze können außerdem auch einen Verstoß gegen § 5 UWG beinhalten.

Die Firma muss die Rechtsform erkennen lassen (§ 19 HGB):
- Einzelkaufleute: „eingetragener Kaufmann" oder eine Abkürzung hiervon („e.K." o.ä.)
- Personenhandelsgesellschaften: OHG, KG
- Die Firma der Aktiengesellschaft muss den Zusatz „AG" bzw. „Aktiengesellschaft" enthalten (§ 4 AktG).
- Die Firma der GmbH ist Sach- oder Personenfirma mit dem Zusatz „GmbH" (§ 4 GmbHG).

Sachfirma bedeutet, dass die Bezeichnung aus dem Gegenstand des Unternehmens entnommen ist; Personenfirma bezieht sich auf den Namen des Inhabers bzw. eines Gesellschafters.

(2) Firmenausschließlichkeit (§ 30 HGB)

Jede neue Firma muss sich von allen an demselben Ort oder in derselben Gemeinde bereits bestehenden und in das Handelsregister oder in das Genossenschaftsregister eingetragenen Firmen deutlich unterscheiden.

(3) Firmeneinheit

Es darf nur eine Firma für ein und dasselbe Unternehmen geführt werden, bei einer Zweigniederlassung gem. § 30 Abs. 3 HGB mit entsprechendem Zusatz.

(4) Firmenöffentlichkeit

Die Firma wird in das HR eingetragen und bekanntgemacht und dadurch der Öffentlichkeit kundgetan.

(5) Firmenbeständigkeit

Der Grundsatz der Firmenwahrheit wird bei der derivativen Firma durchbrochen. Die bisherige Firma kann unter bestimmten Voraussetzungen mit oder ohne Nachfolgezusatz weitergeführt werden. Das Gesetz unterscheidet folgende Fälle:

- Namensänderung ohne Inhaberwechsel (§ 21 HGB)

☞ **Beispiel:** Kfm. Friedrich A. Mayer heiratet und heißt jetzt „Schulze". Er kann seine bisherige Firma fortführen.

- Änderungen im Gesellschafterbestand (§ 24 HGB)

☞ **Beispiel:** Müller scheidet aus der Fa. „Mayer & Müller OHG" aus. Mayer kann die Firma fortführen, wenn Müller damit einverstanden ist. Lautet die Firma jedoch „Mayer OHG", muss der OHG-Zusatz durch den Zusatz e.K. ersetzt werden, wenn Mayer nunmehr alleiniger Inhaber ist. Auch bei Eintritt eines neuen Gesellschafters in ein bestehendes Handelsgeschäft kann die bisherige Firma unverändert fortgeführt werden.

- Erwerb eines Handelsgeschäfts (§ 22 HGB)

Wer ein bestehendes Handelsgeschäft (unter Lebenden oder von Todes wegen) erwirbt, darf die bisherige Firma mit oder ohne Nachfolgezusatz fortführen. Der Grundsatz der Firmenwahrheit wird insoweit durchbrochen.

☞ **Beispiel:** Mayer und Müller veräußern ihr Unternehmen „Mayer & Müller OHG" mit dem Recht auf Firmenfortführung an Schulze, der es als Einzelkaufmann fortführt. Er kann die Firma mit oder ohne einen Zusatz (z. B. „Nachf.", „Inhaber Ignatz Schulze" o.ä.) weiterführen. Die das Gesellschaftsverhältnis andeutenden Zusätze müssen durch die Bezeichnung e.K. ersetzt werden. (Firmenwahrheit geht hier vor). Wird die Firma eines Einzelkaufmanns oder einer Personenhandelsgesellschaft von einer Kapitalgesellschaft fortgeführt, müssen die entsprechenden Gesellschaftszusätze (AG, GmbH) in die Firma aufgenommen werden (§ 4 AktG, § 4 GmbHG; GmbH & Co KG: § 19 V HGB).

Beispiel: „Mayer & Müller OHG" wird von der X-AG übernommen. Die Firma muss jetzt lauten: „Mayer & Müller AG oder „Mayer & Müller, Inh. X-AG".

Die Firma darf jedoch nicht ohne das Handelsgeschäft, für welches sie geführt wird, veräußert werden (§ 23 HGB).

4.3 Schutz der Firma

Wer durch den unbefugten Firmengebrauch in seinen Rechten verletzt wird, hat gem. § 37 Abs. 2 HGB einen Unterlassungsanspruch. Die Firma ist ferner ein „sonstiges Recht" i. S. d. § 823 I BGB. Abwehransprüche ergeben sich weiter aus §§ 5, 8 UWG, den §§ 12 ff. BGB und dem MarkenG.

Außerdem kann das Registergericht einen unzulässigen Firmengebrauch durch Festsetzung eines Ordnungsgelds unterbinden.

4.4 Die Haftung des Erwerbers bei Firmenfortführung

Vorbemerkung:

Eine Haftung des Erwerbers für Schulden des Veräußerers kann sich ergeben aus:

- vertraglicher Schuldübernahme (§§ 414 ff. BGB),
- Firmenfortführung (§§ 25, 27 HGB),
- Betriebsübergang (§ 613 a BGB – Arbeitnehmeransprüche),
- § 75 I AO (Betriebssteuern).

Der Erwerber eines Handelsgeschäfts haftet für alle geschäftlichen Verbindlichkeiten des früheren Inhabers, wenn er die bisherige Firma fortführt (§§ 25, 27 HGB).

Voraussetzungen:

- Erwerb (Kauf, Pacht, Nießbrauch, Schenkung)
- unter Lebenden (sonst: § 27 HGB]
- eines Handelsgeschäfts (§§ 1, 2, 3, 5, 6 HGB)

- Fortführung des Geschäfts (nicht: Stilllegung)
- Fortführung der Firma (mit oder ohne Zusatz)

Die Haftung kann durch vertragliche Vereinbarung, die in das HR eingetragen werden sollte, ausgeschlossen werden (§ 25 Abs. 2 HGB).

Tritt jemand in das bestehende Geschäft eines *Einzelkaufmanns* als Gesellschafter ein, haftet die dadurch entstandene Gesellschaft (OHG oder KG) für die Verbindlichkeiten des bisherigen Inhabers (auch ohne Firmenfortführung), § 28 HGB. Die Haftung kann gem. § 28 Abs. 2 HGB durch Eintragung in das Handelsregister ausgeschlossen werden. Die persönliche Haftung der Gesellschafter ergibt sich aus den §§ 128, 171 ff. HGB.

 Tritt jemand in eine bereits *bestehende Gesellschaft* (OHG, KG) als weiterer Gesellschafter ein, haftet er für „Altschulden" gem. § 130 HGB (OHG) bzw. § 173 HGB (KG). Diese Haftung kann *nicht* mit Wirkung gegenüber Dritten *ausgeschlossen* werden.

Übungsfall 3

Siegfried Schwarz, des aufreibenden Daseins als Unternehmer überdrüssig, gibt auf. Er veräußert seine „Schokoladenfabrik Schwarz & Braun", deren alleiniger Inhaber er seit dem Ausscheiden von Otto Braun vor 2 Jahren war, zum 1.1.2011 an Wilhelm Weiß, jeweils ohne Forderungen und Verbindlichkeiten, und taucht im Schwarzwald unter. Weiß führt das Unternehmen unter der im Handelsregister eingetragenen, bisherigen Firma mit dem Zusatz „Inhaber Wilhelm Weiß" fort. Bald nach der Übernahme melden sich einige Gläubiger des Schwarz bei Weiß:

a. Das Finanzamt wg. rückständiger Umsatzsteuer aus 2009 und 2010;

b. Otto Braun wg. noch ausstehender 100.000 € Abfindung;

c. die 10 Arbeitnehmer wg. nicht gezahlten Lohns für Dezember 2010.

Weiß ärgert sich schwarz. Haftet er für die Schulden des Schwarz? – Hätte er sich gegen die Haftung schützen können? – Kann er die Geschäftsübernahme mit Wirkung gegen die Gläubiger rückgängig machen?

Fortsetzung des Ausgangsfalls:

W will sich nun doch in das HR eintragen lassen, weil er es „cool" findet, als e.K. aufzutreten. Er möchte sein Unternehmen „netconsult solutions@windig" nennen. Kann er sich unter dieser Firma im HR eintragen lassen?

5. Hilfspersonen des Kaufmanns

Als kaufmännische Hilfspersonen werden Mitarbeiter oder selbständige Unternehmer bezeichnet, die für ein anderes Unternehmen Geschäfte vermitteln oder im eigenen Namen für fremde Rechnung tätigen.

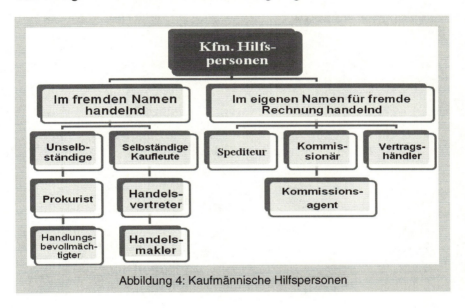

Abbildung 4: Kaufmännische Hilfspersonen

5.1 Unselbständige Hilfspersonen

Da der Kaufmann faktisch nicht alle Verträge selbst abschließen kann, enthält das HGB in den §§ 48–58 besondere Vollmachten, die zum Schutz der Vertragspartner einen im Gesetz definierten Umfang haben, nämlich die Prokura und die Handlungsvollmacht.

Unselbständige Hilfspersonen sind aufgrund eines Arbeitsverhältnisses weisungsgebunden. Für sie gelten die handelsrechtlichen Sondernormen der §§ 59 ff. HGB („Handlungsgehilfen") und ergänzend die Vorschriften des Arbeitsrechts.

Soweit sie mit besonderen Vollmachten ausgestattet sind (Prokura, Handlungsvollmacht), gelten für sie die §§ 48 ff., 54 ff. HGB und die allgemeinen Vorschriften des BGB über die Stellvertretung (§§ 164 ff. BGB).

5.1.1 Prokurist

Die Prokura ist eine spezielle handelsrechtliche Vollmacht mit gesetzlich typisiertem Inhalt (§§ 48–53 HGB). Sie kann nur von dem Kaufmann *persönlich* bzw. bei Gesellschaften von einem vertretungsberechtigten Gesellschafter (vgl. § 126 HGB) und nur mittels *ausdrücklicher* Erklärung erteilt werden. Bei juristischen Personen kann die Prokura nur von dem vertretungsberechtigten Organ (Geschäftsführer, Vorstand) erteilt werden.

Die Prokura ermächtigt zu **allen** Geschäften, die der Betrieb **eines** Handelsgewerbes mit sich bringt.

Gesetzliche Beschränkungen der Prokura (sog. Prinzipalgeschäfte) sind:

- Grundstücksveräußerung und -belastung nur mit besonderer Befugnis (sog. „Immobilienklausel", § 49 Abs. 2 HGB);
- Unterzeichnung der Bilanz (§ 245 HGB);
- Erteilung der Prokura (§ 48 Abs. 1 HGB);
- Veräußerung des Unternehmens insgesamt;
- Aufnahme neuer Gesellschafter;
- Änderung der Rechtsform;
- Eintragungsanträge zum Handelsregister (§ 29 HGB);
- Insolvenzantrag.

Möglich ist ferner die Erteilung von Gesamtprokura (§ 48 Abs. 2 HGB) und Filialprokura (§ 50 Abs. 3 HGB). Bei der Gesamtprokura ist der Prokurist nur gemeinsam mit einem anderen Prokuristen oder – bei Gesellschaften – einem geschäftsführenden Gesellschafter vertretungsbefugt.

Andere Beschränkungen der Prokura, die im Innenverhältnis (natürlich) möglich sind, muss ein Dritter nicht gegen sich gelten lassen (§ 50 Abs. 1 HGB). Das gilt nach der Rechtsprechung dann nicht, wenn der Dritte

- **arglistig** mit dem Prokuristen zum Nachteil des Unternehmens zusammenarbeitet (§§ 138, 826 BGB) oder
- das missbräuchliche Verhalten des Prokuristen erkennt oder grob fahrlässig (strittig) nicht kennt.

Die Erteilung und das Erlöschen der Prokura ist in das Handelsregister einzutragen (§ 53 HGB), die Eintragung ist nur deklaratorisch. Erforderlich ist eine ausdrückliche Erklärung der Prokura; schlüssiges Verhalten reicht nicht aus. Es gibt daher keine „Duldungsprokura". Bei einer unwirksamen Prokuraerteilung kommt eine Umdeutung (§ 140 BGB) in eine Handlungsvollmacht (§ 54 HGB) in Betracht, so z. B. wenn ein Nichtkaufmann (§ 4 HGB) „Prokura" erteilt.

5.1.2 Handlungsbevollmächtigte

Handlungsvollmacht ist gem. § 54 Abs. 1 HGB **jede** Vollmacht (die nicht Prokura ist), die ein Kaufmann im Rahmen seines Handelsgewerbes erteilt. Zu unterscheiden sind:

Generalhandlungsvollmacht:	– Vollmacht **„zum Betrieb eines Handelsgewerbes"**
Arthandlungsvollmacht:	– „zur Vornahme einer **bestimmten Art** von Geschäften"
Spezialhandlungsvollmacht:	– „zur Vornahme **einzelner Geschäfte**"

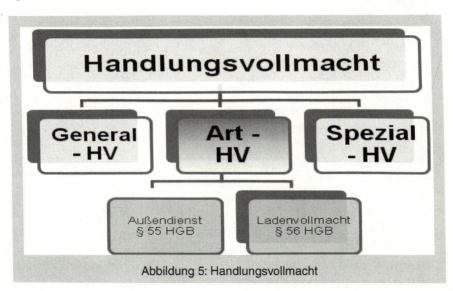

Abbildung 5: Handlungsvollmacht

Unterschiede der Handlungsvollmacht zur Prokura:
- ➢ **Keine** Eintragung im Handelsregister;
- ➢ Umfang: nur bezogen auf ein **derartiges** Handelsgewerbe und Ermächtigung nur zur Vornahme **gewöhnlicher** Geschäfte;
- ➢ **keine** Ermächtigung zur Darlehensaufnahme und Eingehung von Wechselverbindlichkeiten und Prozessführung;

- weitere Einschränkungen möglich (diese braucht ein Dritter nur dann gegen sich gelten lassen, wenn er sie kannte oder kennen musste [§ 54 Abs. 3 HGB]);
- Erteilung der Handlungsvollmacht auch stillschweigend möglich.

Sonderfälle der Handlungsvollmacht:
- Abschlussvollmacht (§ 55 HGB);
- Ladenvollmacht (§ 56 HGB).

Die Handlungsvollmacht ist nicht zu verwechseln mit der gesetzlich nicht besonders geregelten sog. **Generalvollmacht**, die sich auf **alle Geschäfte** erstreckt.

 Übungsfall 4

Ferdinand v. Güldenstern, Inhaber der *„Privat=Brauerei derer v. Güldenstern"*, ist gestorben. Alleinerbin ist seine Witwe Alma. Theo Troll, der langjährige Prokurist dieses Unternehmens, hält die Fortführung der Brauerei für unrentabel und Alma zu ihrer Leitung für ungeeignet. Deshalb schließt er mit der Schleswig-Brauerei AG einen schriftlichen Vertrag, wonach das Unternehmen zum Ende des Jahres mit Aktiva und Passiva auf die Schleswig-Brauerei AG übertragen werden soll. Grundbesitz ist nicht vorhanden.

Alma ist empört und will von dem Übertragungsvertrag nichts wissen. Ist sie hieran gebunden?

 Übungsfall 5

Alfons Alt betreibt ein Antiquitätengeschäft; im Handelsregister eingetragen ist er nicht. Sein Umsatz ist eher mäßig.

An seinem 75. Geburtstag ernennt er seinen einzigen Angestellten Jakob Jung feierlich zum Prokuristen.

Kurz darauf verkauft Jung dem Kunden Hans Glück einen Sekretär aus dem 19. Jahrhundert, der einen Wert von 15.000 € hat, für 8.000 €.

Alt verlangt von Glück Rückgabe des Sekretärs; er meint, die Prokura sei nicht gültig, weil sie nicht im Handelsregister eingetragen ist. Außerdem sei er – A – kein Kaufmann.

5.2 Selbständige Hilfspersonen des Kaufmanns

Selbständige Hilfspersonen sind selbst Unternehmer und ggf. Kaufmann i. S. d. HGB, die zu einem anderen Unternehmen in einer besonderen Beziehung stehen. Selbständig ist, wer im Wesentlichen frei seine Tätigkeit gestalten und seine Arbeitszeit bestimmen kann (§ 84 Abs. 1 Satz 2 HGB).

5.2.1 Handelsvertreter

Gem. § 84 HGB ist Handelsvertreter, *„wer als selbständiger Gewerbetreibender ständig damit betraut ist, für einen anderen Unternehmer (Unternehmer) Geschäfte zu vermitteln oder in dessen Namen abzuschließen."*

Warum steht hier ... *„Unternehmer (Unternehmer)"*?

Nach der ursprünglichen Definitionstechnik sowohl des HGB als auch des BGB steht der zu definierende Begriff in Klammern, mit *Unternehmer* ist in diesem Abschnitt nur der *andere* Unternehmer gemeint, nicht der Handelsvertreter (der natürlich auch Unternehmer ist, vgl. § 14 BGB).

Im Unterschied zum Makler ist der Handelsvertreter *ständig* für den Unternehmer tätig.

Vermittlung bedeutet, dass der der Handelsvertreter den Unternehmer und den Kunden nur zusammenbringt, der Vertrag wird dann unmittelbar zwischen dem Unternehmer und dem Kunden geschlossen. Demgegenüber ist der Abschlussvertreter bevollmächtigt, selbst im Namen des Unternehmers den Vertrag zu schließen. Auf den Abschlussvertreter findet § 55 HGB Anwendung.

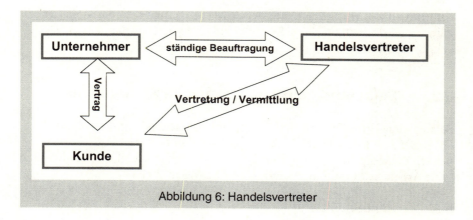

Abbildung 6: Handelsvertreter

Der Handelsvertreter hat gem. § 87 HGB einen Provisionsanspruch gegen den Unternehmer für alle während des Vertragsverhältnisses abgeschlossenen Geschäfte, die auf seine Tätigkeit zurückzuführen sind (Kausalität zwischen seiner Tätigkeit und dem Geschäftsabschluss). Der „Bezirksvertreter" (§ 87 Abs. 2 HGB) hat Anspruch auf Provision auch für solche Geschäfte, die ohne seine Mitwirkung mit Personen seines Bezirks abgeschlossen werden.

Nach Beendigung des Vertragsverhältnisses hat der Handelsvertreter unter bestimmten Voraussetzungen gem. § 89 b HGB einen Ausgleichsanspruch.

 Übungsfall 6

Horst Hansen (H) ist Beamter und vermittelt nebenberuflich selbständig Versicherungen für das Beamtenhilfswerk (B) VVaG. Er ist nicht im HR eingetragen; sein Umsatz beläuft sich durchschnittlich auf 20.000 €/Jahr.

H wirbt seinen Kollegen Klein für den Abschluss einer Privathaftpflichtversicherung, vergisst infolge von Arbeitsüberlastung, den von K unterschriebenen Versicherungsantrag bei der Versicherung einzureichen. K wähnt sich ausreichend versichert. Zwei Monate später verursacht er einen Haftpflichtschaden. B lehnt die Regulierung mangels Versicherungsschutz ab. K verlangt von H Schadensersatz; er verweist auf § 347 HGB: H habe nicht mit der „Sorgfalt eines ordentlichen Kaufmanns" gehandelt.

H meint, diese Vorschrift sei auf ihn gar nicht anwendbar.

5.2.2 Handelsmakler

Handelsmakler ist, wer gewerbsmäßig für andere Personen, *ohne* von ihnen auf Grund eines Vertragsverhältnisses ständig damit betraut zu sein, die *Vermittlung von Verträgen über Anschaffung oder Veräußerung von Waren oder Wertpapieren, über Versicherungen, Güterbeförderungen, Schiffsmiete oder sonstige Gegenstände des Handelsverkehrs* übernimmt.

Das HGB gilt *nicht* bei Vermittlung anderer als der oben bezeichneten Geschäfte, insbesondere bei Vermittlung von Geschäften über *unbewegliche Sachen*. Für diese Makler gelten ausschließlich die §§ 652 ff. BGB (sog. „Zivilmakler"; das BGB spricht vom „Mäkler").

Die Vorschriften der §§ 93 ff. HGB finden auch Anwendung, wenn das Unternehmen des Handelsmaklers nach Art oder Umfang einen in kaufmännischer Weise eingerichteten Geschäftsbetrieb nicht erfordert.

Im Gegensatz zum Handelsvertreter übt der Handelsmakler eine Doppelfunktion aus und wird für beide Parteien des von ihm vermittelten Geschäfts tätig. Er ist zur Neutralität verpflichtet („ehrlicher Makler").

Jede Partei muss die Hälfte seiner Provision (auch ohne ausdrückliche Vereinbarung: § 354 HGB) entrichten (§ 99 HGB), sofern nichts anderes vereinbart ist.

Der Handelsmakler haftet gem. § 98 HGB jeder der beiden Parteien für den durch sein Verschulden entstehenden Schaden.

 Übungsfall 7

Versicherungsmakler Mäkel hat schon des Öfteren für die Versicherungsgesellschaft Arroganz AG (A) Geschäfte vermittelt. Für A vermittelt er eine Betriebshaftpflichtversicherung mit Klein. Nach Abwicklung des Geschäfts wirft der K dem M vor, dieser habe einseitig die Interessen der A vertreten, indem er ihm – dem K – wahrheitswidrig erklärt habe, die von A geforderte Prämie sei marktüblich. Außerdem habe ihn M nicht darauf hingewiesen, dass die Versicherungspolice eine Reihe von Ausschlüssen beinhalte und sein Versicherungsschutz daher nicht ausreichend sei. M bestreitet dieses nicht; er erklärt aber, er sei Makler und nicht Berater.

Schadensersatzanspruch des K gegenüber M?

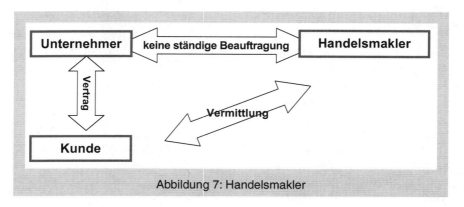

Abbildung 7: Handelsmakler

5.2.3 Kommissionär

Kommissionär ist nach § 383 HGB, wer es *gewerbsmäßig* übernimmt, *Waren oder Wertpapiere* für Rechnung eines anderen (des Kommittenten) in eigenem Namen zu kaufen oder zu verkaufen.

Die Vorschriften der §§ 383 ff. HGB finden auch Anwendung, wenn das Unternehmen des Kommissionärs nach Art oder Umfang einen in kaufmännischer Weise eingerichteten Geschäftsbetrieb nicht erfordert und die Firma des Unternehmens nicht nach § 2 in das Handelsregister eingetragen ist. In diesem Fall finden in Ansehung des Kommissionsgeschäfts auch die Vorschriften des Ersten Abschnittes des Vierten Buches (§§ 343–381 HGB) mit Ausnahme der §§ 348 bis 350 Anwendung.

Der Kommissionär handelt für **fremde Rechnung im eigenen Namen**. Zwischen dem Kommittenten und dem Dritten bestehen also keine unmittelbaren Vertragsbeziehungen (sog. „mittelbare Stellvertretung"). Der Kommissionär hat gegen den Kommittenten einen Provisionsanspruch, wenn das Geschäft zur Ausführung gekommen ist (§ 396 HGB).

Der Kommissionär muss die Weisungen des Kommittenten befolgen. Schließt der Kommissionär zu vorteilhafteren Bedingungen ab, als sie ihm vom Kommittenten gesetzt worden sind, so kommt dies dem Kommittenten zustatten. Der Kommissionär hat das Recht zum Selbsteintritt (§ 400 HGB), kann also unter bestimmten Voraussetzungen selbst in das Geschäft „einsteigen".

Hilfspersonen des Kaufmanns 35

Beispiel: M beauftragt das Bankhaus K, für ihn 100 Aktien der D-AG zum Tageskurs zu kaufen. K kann die Aktien an der Börse erwerben oder sie dem M aus eigenen Beständen zum selben Kurs liefern; in beiden Fällen hat K Anspruch auf die (vereinbarte oder übliche) Provision.

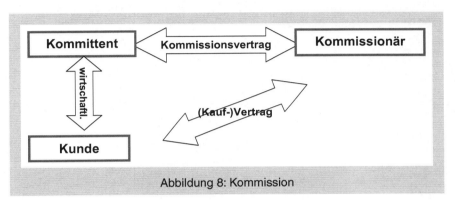

Abbildung 8: Kommission

Ist der Dritte Käufer, spricht man von einer Verkaufskommission, ist der Dritte Verkäufer handelt es sich um eine Einkaufskommission [umsatzsteuerlich ist § 3 Abs. 3 UStG zu beachten, d. h. es werden bei diesem handelsrechtlich einheitlichen Rechtsgeschäft zwei Lieferungen unterstellt].

 Übungsfall 8

Alfons Alt betreibt ein Antiquitätengeschäft; im Handelsregister eingetragen ist er nicht. Sein Umsatz ist eher mäßig.

Rittmeister a.D. v. Uralt beauftragt Alt, für ihn seine Orden aus dem Weltkrieg II „*in Kommission*" zu veräußern. Über eine Provision wird nicht gesprochen. Hat A im Verkaufsfall Anspruch auf Provision?

5.2.4 Kommissionsagent

Der Kommissionsagent ist gesetzlich nicht besonders geregelt. Er ist Kommissionär, jedoch – ähnlich dem Handelsvertreter – ständig damit betraut, für einen bestimmten Unternehmer tätig zu werden. Auf ihn finden ebenfalls die §§ 383 ff. HGB und – ergänzend – auch die Schutzvorschriften des Handelsvertreterrechts Anwendung.

5.2.5 Vertragshändler

Der Vertragshändler ist im Rahmen eines ständigen Vertragsverhältnisses verpflichtet, Waren des Herstellers im eigenen Namen und auf eigene Rechnung zu vertreiben, und in die Verkaufsorganisation des Herstellers eingegliedert. Das HGB enthält keine eigenständige Regelung. Auf ihn wendet die Rechtsprechung einige Vorschriften des Handelsvertreterrechts (insbesondere § 89 b HGB) entsprechend an.

6. Transportrecht

Im HGB befinden sich in Ergänzung zum BGB spezielle Vertragstypen, die sich dem Transportrecht widmen. Das Transportrecht lässt sich wie folgt unterscheiden:

- Frachtgeschäft für den Transport von Gütern zu Lande, auf Binnengewässern und Luftfahrzeugen (§§ 477 ff. HGB);
- Speditionsgeschäft für die Einschaltung einer Mittelsperson zwischen Versender und Frachtführern (§§ 453 ff. HGB);
- Lagergeschäft für die Lagerung und Aufbewahrung von Gütern eines anderen (§§ 467 ff. HGB);
- Seefrachtgeschäft für den Transport mit Seeschiffen (§§ 556 ff. HGB);
- Luftfrachtgeschäfte sind ergänzend im Luftverkehrsgesetz (§§ 33 LuftVG) geregelt.

Soweit es sich um grenzüberschreitende Beförderung handelt, sind bestimmte völkerrechtliche Übereinkommen zu beachten, die Vorrang vor nationalen Regelungen haben:

- Montrealer Übereinkommen *[Montreal Convention on International Carriage by Air] (MÜ);*
- Übereinkommen über den internationalen Eisenbahnverkehr (COTIF);
- Übereinkommen über den Beförderungsvertrag im internationalen Straßengüterverkehr (CMR).

6.1 Frachtgeschäft

Durch den Frachtvertrag wird der Frachtführer verpflichtet, das Gut zum Bestimmungsort zu befördern und dort an den Empfänger abzuliefern (§ 407 Abs. 1 HGB). Der Frachtführer braucht kein Kaufmann zu sein (§ 407 Abs. 3 Satz 2 HGB). An diesem *Vertrag zu Gunsten Dritter* (§ 328 BGB) sind regelmäßig drei Personen beteiligt:

38 I. Handelsrecht

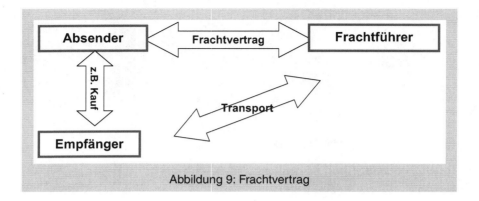

Abbildung 9: Frachtvertrag

Rechte und Pflichten des Absenders:

- **Hauptpflicht:** Zahlung der vereinbarten Vergütung (= Fracht), §§ 407 Abs. 2, 420 Abs. 1 Satz 1 HGB;
- Ersatz von Aufwendungen des Frachtführers (z. B. Zoll, EUSt), § 420 Abs. 1 Satz 2 HGB;
- Ausstellung eines Frachtbriefs (auf Verlangen des Frachtführers), § 408 HGB;
- Ausstellung von Begleitpapieren und Erteilung von Auskünften, insbesondere solche, die für die Zollabfertigung wichtig sind, § 413 HGB;
- Information im Falle von Gefahrguttransporten, § 410 HGB;
- Sorgfältige Verpackung und Kennzeichnung, § 411 HGB;
- Ver- und Entladung des Gutes, § 412 HGB;
- (verschuldensunabhängige) Haftung in besonderen Fällen, § 414 HGB;
- Anzeigepflicht bei Schäden am Gut, § 438 HGB;
- Anspruch auf Schadensersatz bei Verlust oder Beschädigung des Gutes oder bei Überschreitung der Lieferfrist (§ 425 HGB).

Rechte und Pflichten des Empfängers:

- Zahlung der noch geschuldeten Fracht, wenn der Empfänger die Herausgabe des Gutes vom Frachtführer verlangt, § 421 Abs. 2 HGB;
- Zahlung der Nachnahme in bar, § 422 HGB;
- Anzeigepflicht bei Schäden am Gut, § 438 HGB;
- Anspruch auf Auslieferung des Frachtguts, § 421 HGB;

- Anspruch auf Schadensersatz bei Verspätung, Beschädigung und Verlust des Frachtguts (§ 421 HGB).

Rechte und Pflichten des Frachtführers:

- **Hauptpflicht:** Beförderung des Gutes zum Bestimmungsort und Ablieferung an den Empfänger, §§ 407 Abs. 1, 421 Abs. 1 HGB;
- Beachtung von (auch: nachträglichen) Weisungen des Absenders bzw. des Empfängers, § 418 HGB;
- Sorgfältiger Umgang mit dem Gut, §§ 412 Abs. 1 Satz 2, 419 Abs. 1 Satz 1 HGB;
- Sorgfältiger Umgang mit den Begleitpapieren, § 413 Abs. 2 HGB;
- fristgerechte Ablieferung, § 423 HGB;
- Haftung für Güter- und Verspätungsschäden, §§ 425 ff. HGB;
- fakultative Recht zur Ausstellung eines Ladescheins § 444 HGB;
- Anspruch auf Zahlung der Fracht und Ersatz von Aufwendungen (§ 420 HGB) gegen den Absender und den Empfänger (§ 421 II HGB).

Die Haftung des Frachtführers bei Verlust oder Beschädigung des Frachtguts ist gem. § 431 HGB auf einen Betrag von 8,33 Rechnungseinheiten (= Sonderziehungsrechte [SZR] des IWF [1 SZR entspricht ca. 10 €, schwankend] beschränkt, außer bei Vorsatz und Leichtfertigkeit (§ 435 HGB).

Leichtfertigkeit bedeutet grob fahrlässig in dem Bewusstsein, dass ein Schaden mit Wahrscheinlichkeit eintreten werde. Der Frachtführer haftet auch für seine „Leute" (§ 428 HGB).

Für die Beförderung von **Umzugsgut** gibt es besondere Regelungen im Frachtrecht (§§ 451 ff. HGB), die sich aus der besonderen Art des Umzugsvertrages ergeben. Die wichtigste Ergänzung zum reinen Frachtgeschäft liegt darin, dass der Frachtführer auch das Ab- und Aufbauen der Möbel, sowie das Ver- und Entladen übernimmt (§ 451 a Abs. 1 HGB). Ist der Absender ein Verbraucher, so zählt zu den Pflichten des Frachtführers auch das Verpacken und Kennzeichnen des Umzugsguts (§ 451a Abs. 2 HGB).

I. Handelsrecht

 Übungsfall 9

Die Werkzeugmaschinenfabrik A-AG mit Sitz in Kiel hat der E-GmbH in Stuttgart eine speziell angefertigte Werkzeugmaschine (Gewicht: 200kg) zum Preis von 80.000 € verkauft. A hat es zusätzlich übernommen, die Maschine nach Stuttgart zu versenden. A übergibt die Maschine an den Transportunternehmer F KG.

Der bei F angestellte LKW-Fahrer G sichert die Maschine auf dem LKW nur unzureichend. Bei einem heftigen Bremsmanöver löst sich die Maschine und rutscht gegen die Ladewand des LKW, wobei sie erheblich beschädigt wird; Schaden 10.000 €. Welche Ansprüche haben A und/oder E?

6.2 Speditionsgeschäft

 „Der Spediteur ist der Kommissionär des Frachtgeschäfts"

Wegen der zahlreichen Pflichten des Absenders im Frachtgeschäft wird dieser sehr gerne die Dienste eines Spediteurs in Anspruch nehmen. Der Spediteur wird im eigenen Namen wie ein Kommissionär im Handel für Rechnung des Vertragspartners tätig (§ 454 Abs. 3 HGB). Durch den Speditionsvertrag wird der Spediteur verpflichtet, die Versendung des Gutes zu besorgen (§ 453 Abs. 1 HGB). Der Versender ist im Gegenzuge verpflichtet, eine Vergütung zu zahlen (§ 453 Abs. 2 HGB). Der Spediteur muss nicht notwendig Kaufmann, wohl aber Kleingewerbetreibender sein (§ 453 Abs. 3 HGB).

Die Pflichten des Versenders reduzieren sich im Unterschied zum Frachtgeschäft auf:

- Verpackungs-, Kennzeichnungs- und Auskunftspflichten, § 455 Abs. 1 HGB (wenn nicht auf den Spediteur übertrag, § 454 Abs. 2 HGB);
- Schadens- und Aufwendungsersatz, § 455 Abs. 2 und 3 HGB.

Der Spediteur befördert das Gut nicht selbst, sondern wird vermittelnd tätig. Den eigentlichen Transport übernimmt ein Frachtführer. Der Spediteur kann allerdings gem. § 458 HGB in die Beförderung des Gutes selbst eintreten, dann übernimmt er auch die Rolle eines Frachtführers (§ 458 HGB). Als Spediteur muss er gegenüber dem Frachtführer die Rechte und Pflichten des Absenders übernehmen:

- Organisation der Beförderung, d. h. die Bestimmung des Beförderungsmittels und -weges, die Auswahl des ausführenden Unternehmers und die Sicherung von Schadensersatzansprüchen des Versenders, § 454 Abs. 1 HGB;
- Erbringung zusätzlicher Dienstleistungen wie die Verpackung, Kennzeichnung, Versicherung des Gutes, sowie die Zollbehandlung, § 454 Abs. 2 HGB;
- Wahrnehmung der Interessen des Versenders und Beachtung von Weisungen des Versenders, § 454 Abs. 4 HGB;
- Haftung des Spediteurs, §§ 461 f. HGB.

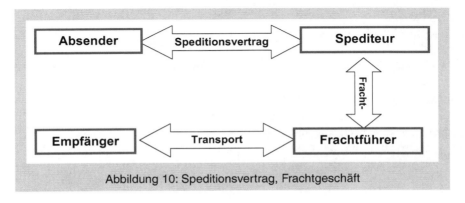

Abbildung 10: Speditionsvertrag, Frachtgeschäft

Frachtführer und Spediteur können identisch sein (§ 458 HGB), *Selbsteintrittsrecht* des Spediteurs.

In der Praxis werden die Vorschriften des HGB durch die Allgemeinen Deutschen Spediteurbedingungen (ADSp)[10] modifiziert. Unter Kaufleuten gelten die ADSp kraft Handelsbrauch (§ 346 HGB) als vereinbart, soweit nichts anderes bestimmt ist.

---

10 www.hk24.de/recht_und_fair_play/handels_und_gewerberecht/downloads/363058/adsptext.html.

6.3 Lagergeschäft

Das Lagergeschäft stellt das handelsrechtliche Pendant zum Verwahrungsvertrag (§ 688 BGB) dar. Durch den Lagervertrag wird der Lagerhalter verpflichtet, das Gut zu lagern und aufzubewahren (§ 467 Abs. 1 HGB). Der Einlagerer wird verpflichtet, die vereinbarte Vergütung zu entrichten (§ 467 Abs. 2 HGB). Der Einlagerer hat unter Schadenersatzandrohung eine Mitteilungs- und Auskunftspflicht gegenüber dem Lagerhalter, außerdem muss er etwaige Begleitpapiere übergeben (§ 468 Abs. 1 HGB).

Der Lagerhalter muss das Lagergut

- eines Verbrauchers verpacken und kennzeichnen, soweit es erforderlich ist, § 468 Abs. 2 HGB;
- erhalten, § 471 HGB;
- auf Verlangen des Einlagerers zu versichern, § 472 HGB;
- zurückgeben, § 473 Abs. 1HGB.

Der Lagerhalter haftet für Verlust oder Beschädigung des Lagerguts (§ 475 HGB), er kann nach Ablauf der vereinbarten Lagerzeit oder nach Kündigung des Vertrages vom Einlagerer die Rücknahme des Lagerguts verlangen (§ 473 Abs. 2 HGB). Der Lagerhalter kann nach § 475c HGB Lagerscheine ausstellen.

7. Besonderheiten bei Handelsgeschäften

7.1 Begriff

Handelsgeschäfte[11] sind die Rechtsgeschäfte eines Kaufmanns (§ 343 HGB), die zum Betriebe seines Handelsgewerbes gehören.

Beispiel: August Mayer e.K. betreibt ein Groß- und Einzelhandelsgeschäft für Obst.
- a. Er kauft auf dem Großmarkt Zitronen ein (§ 343 HGB).
- b. Er kauft (verkauft) einen Lieferwagen, ein Regal für seinen Laden und nimmt bei der Bank einen Kredit auf.
- c. Er kann günstig Fahrräder erwerben und beschließt, dieses Geschäft nebenher „mitzunehmen" (§ 343 HGB).

Gem. § 344 I HGB sind alle Geschäfte eines Kaufmanns im Zweifel Handelsgeschäfte.

Der Kaufmann kann diese gesetzliche Vermutung nur dadurch entkräften, dass er die Zugehörigkeit des Geschäfts zur Privatsphäre beweist (z. B. Meyer kauft für seine Frau einen Pelzmantel).

Gem. § 344 Abs. 2 HGB ist diese Vermutung bei Schuldscheinen (z. B. auch Wechsel, Scheck) unwiderlegbar, es sei denn, dass sich aus der Urkunde selbst die Nichtzugehörigkeit zum betrieblichen Sektor ergibt.

Das HGB unterscheidet *beiderseitige und einseitige* Handelsgeschäfte (§ 345 HGB), je nachdem, ob beide Teile oder nur ein Teil Kaufmann ist. Grundsätzlich gelten die Vorschriften des HGB (auch) für einseitige Handelsgeschäfte, in einigen Fällen ist jedoch ein beiderseitiges Handelsgeschäft Voraussetzung für die Anwendung des Handelsrechts (§§ 346, 369, 377 HGB).

---

[11] Gemeint sind hier die einzelnen Rechtsgeschäfte. In § 48 HGB wird als Handelsgeschäft demgegenüber das Unternehmen selbst bezeichnet.

7.2 Handelsbräuche

Unter Kaufleuten (= *beiderseitiges Handelsgeschäft*) gilt gem. § 346 HGB Handelsbrauch (kaufmännische Verkehrssitte). Handelsbräuche können regional und je nach Branche unterschiedlich sein. Sie bilden sich „von selbst" und können nicht festgesetzt werden. Handelsbräuche gelten automatisch, auch unabhängig vom Willen und der Kenntnis der beteiligten Kaufleute. Wer einen Handelsbrauch nicht gegen sich gelten lassen will, muss diesem bei Vertragsabschluss ausdrücklich widersprechen (z. B. durch die Formulierung: *„Die Geltung von Handelsbräuchen wird ausgeschlossen"*).

7.2.1 Kaufmännisches Bestätigungsschreiben

Auf Handelsbrauch beruhen auch die Grundsätze über das kaufmännische Bestätigungsschreiben (KBS). Im Handelsverkehr besteht die Übung, bereits mündlich oder telefonisch abgeschlossene Verträge schriftlich zu bestätigen, um den Vertragsinhalt verbindlich und beweiskräftig festzuhalten. Weicht das Schreiben vom Inhalt des mündlich abgeschlossenen Vertrages ab, muss der Empfänger diesem *unverzüglich* (spätestens innerhalb von 3 Tagen) widersprechen.

Sein Schweigen gilt als Zustimmung.

Ausnahmen:

- Das KBS wird verspätet abgesandt.
- Es enthält so erhebliche Abweichungen, dass der Absender „vernünftigerweise" mit einer Billigung des Empfängers nicht rechnen kann.
- Es wird um „Gegenbestätigung" gebeten.
- Die Bestätigungsschreiben kreuzen sich.
- Kein KBS ist die „Auftragsbestätigung" (= Annahmeerklärung).

7.2.2 Handelsklauseln

Zur Vereinfachung des Handelsverkehrs hat der Handelsbrauch bestimmte typisierte Begriffe und Abkürzungen herausgebildet. Typische nationale Handelsklauseln sind:

- **Ab Werk:** Transport- und Versicherungskosten trägt der Käufer
- **Unfrei:** auf Kosten des Käufers
- **Frei (franco, frachtfrei):** Transportkosten trägt der Käufer
- **Wie besichtigt:** Gewährleistungsausschluss für bei der Besichtigung feststellbare Mängel
- **Freibleibend (ohne Obligo, o.O.):** Angebot unverbindlich
- **Netto:** kein Skontoabzug
- **Cash against documents:** Barzahlung gegen Dokumentenvorlage ohne Aufrechnungsmöglichkeit
- **Preis freibleibend:** Angebot verbindlich, aber Preis ist der Marktpreis bei Lieferung

Internationale Handelsklauseln sind insbesondere die INCOTERMS® 2010 (International Commercial Terms[12]). Sie werden nur dann Vertragsbestandteil, wenn sie in diesen einbezogen werden. Sie regeln die wesentlichen Käufer- und Verkäuferpflichten, insbesondere bei grenzüberschreitenden Geschäften. Dadurch erreichen Vertragspartner eine international einheitliche Auslegung bestimmter Pflichten von Käufern und Verkäufern. Auf diese Weise können Missverständnisse und Rechtsstreitigkeiten vermieden werden.[13]

7.2.3 Weitere Handelsbräuche

Weitere bekannte Handelsbräuche sind z. B.:

- Handschlag beim Viehkauf
- „Tegernseer Gebräuche" im Holzhandel
- Usancen an der Wertpapierbörse (Geschäfte kommen durch bestimmte Handzeichen zustande)
- Bestimmte AGB werden unter Kaufleuten auch ohne ausdrücklichen Hinweis Vertragsinhalt, z. B. die AGB der Banken und die ADSp (s. o.).

---

12 http://www.icc-deutschland.de/index.php?id=35.
13 http://www.icc-deutschland.de/index.php?id=35.

7.3 Kaufmännische Sorgfalt

§ 347 HGB bestimmt, derjenige, der „aus einem Geschäft, das auf seiner Seite ein Handelsgeschäft ist, einem anderen zur Sorgfalt verpflichtet ist, für die *Sorgfalt eines ordentlichen Kaufmanns* einzustehen" hat. § 347 HGB modifiziert § 276 BGB und stellt an die dort genannte „im Verkehr erforderliche Sorgfalt" besondere Anforderungen. Die Sorgfalt eines ordentlichen Kaufmanns enthält z. B. die Pflicht zur sorgfältigen Behandlung aller Brief- und Telefax Ein- und Ausgänge, zur ausreichenden Versicherung wichtiger Sendungen, zur Prüfung von Unterschriften auf Schecks sowie zur sorgfältigen Aufbewahrung von Firmenbriefbögen und Firmenstempeln, um Missbrauch zu verhindern.

§ 347 HGB ist keine Anspruchsgrundlage!

7.4 Besonderheiten bei der Vertragsstrafe

Vertragsstrafen (§§ 339 ff. BGB) spielen im Handelsverkehr eine erhebliche Rolle.

Nach § 343 BGB kann der Schuldner, wenn die vereinbarte Vertragsstrafe unverhältnismäßig hoch ist, die Strafe gerichtlich herabsetzen lassen. Ein Kaufmann dagegen kann sich auf diese Vorschrift gem. § 348 HGB nicht berufen – *ein Kaufmann muss wissen, was er tut.*

7.5 Besonderheiten bei der Bürgschaft

Zum Schutz des Bürgen fordert das BGB die Schriftform des Bürgschaftsversprechens (§ 766 BGB), um ihn vor einer übereilten oder unüberlegten Bürgschaft zu warnen. Der Kaufmann kann, wenn die Bürgschaft für ihn ein Handelsgeschäft ist, dagegen auch mündlich bürgen (§ 350 HGB).

Außerdem steht dem Kaufmann als Bürgen, wenn die Bürgschaft für ihn ein Handelsgeschäft ist, die Einrede der Vorausklage (§ 771 BGB) nicht zu.

Übungsfall 10

S möchte sich als Immobilienmakler selbständig machen, die Bank G ist bereit, 30.000 € als Startkapital darlehensweise zu geben, verlangt aber Sicherheiten. Der Onkel von S, der im Handelsregister eingetragene Kaufmann B, will helfen. Bei einem Gespräch zwischen den drei Beteiligten erklärt sich B bereit, aufgrund der verwandtschaftlichen Verbindung zu S als Bürge einzustehen. S kann das Darlehen, das er von G daraufhin erhalten hat, nicht zurückzahlen. Kann G den B in Anspruch nehmen?

7.6 Zinsen

Anders als im BGB können gem. § 353 HGB für Forderungen aus *beiderseitigen Handelsgeschäften* Zinsen bereits ab Fälligkeit verlangt werden (§ 288 BGB: ab Verzug).

Die Höhe der gesetzlichen Zinsen, mit *Ausnahme der Verzugszinsen*, ist gem. § 352 HGB bei *beiderseitigen Handelsgeschäften* 5% p.A.. Das gleiche gilt, wenn für eine Schuld aus einem solchen Handelsgeschäft Zinsen ohne Bestimmung des Zinsfußes versprochen sind.

Für *Verzugszinsen* gilt § 288 BGB: 9%-Punkte über dem Basiszins.

Weiterhin bestimmt § 355 HGB, dass das Zinseszinsverbot des § 248 BGB nicht gilt, wenn „jemand mit einem Kaufmann derart in Geschäftsverbindung steht, dass die aus der Verbindung entspringenden beiderseitigen Ansprüche und Leistungen nebst Zinsen in Rechnung gestellt und in regelmäßigen Zeitabschnitten durch Verrechnung und Feststellung des für den einen oder anderen Teil sich ergebenden Überschusses ausgeglichen werden (laufende Rechnung, Kontokorrent)," so kann derjenige, welchem bei dem Rechnungsabschluss ein Überschuss gebührt, von dem Tag des Abschlusses an Zinsen von dem Überschuss verlangen, auch soweit in der Rechnung Zinsen enthalten sind. Bekanntes Anwendungsbeispiel hierfür ist das Girokonto bei der Bank.

7.7 Ein Kaufmann macht nichts umsonst

§ 354 HGB bestimmt, dass derjenige, der in Ausübung seines Handelsgewerbes einem anderen Geschäfte besorgt oder Dienste leistet, dafür auch ohne Verabredung Provision und, wenn es sich um Aufbewahrung handelt, Lagergeld nach den an dem Ort üblichen Sätzen fordern kann, d. h., es bedarf keiner ausdrücklichen Vereinbarung.

Für Darlehen, Vorschüsse, Auslagen und andere Verwendungen kann er vom Tag der Leistung an Zinsen (= 5%, § 352 HGB) berechnen.

7.8 Schweigen

Auch im Handelsrecht gilt Schweigen auf ein Vertragsangebot grundsätzlich *nicht* als Annahme.

Eine Ausnahme hiervon ist das Schweigen auf ein KBS, wie oben bereits erörtert. Eine weitere Ausnahme macht § 362 HGB:

Geht einem *Kaufmann*, dessen Gewerbebetrieb *die Besorgung von Geschäften für andere* mit sich bringt, ein Antrag über die Besorgung solcher Geschäfte von jemand zu, mit dem er in *Geschäftsverbindung* steht, so ist er verpflichtet, unverzüglich zu antworten; *sein Schweigen gilt als Annahme des Antrags*. Das gleiche gilt, wenn einem Kaufmann ein Antrag über die Besorgung von Geschäften von jemand zugeht, dem gegenüber er sich zur Besorgung solcher Geschäfte erboten hat. Diese Vorschrift kann nicht analog auf alle Kaufleute angewendet werden, da sie als Ausnahmevorschrift eng auszulegen ist.

Voraussetzungen sind:

(1) *Kaufmann i. S. d. HGB*
(2) *Besorgung von Geschäften für andere* (z. B. Kommission, Geschäftsbesorgungsvertrag, Spedition, Handelsvertreter, Handelsmakler)
(3) bestehende *Geschäftsverbindung* oder vorheriges Anerbieten

In Klausuren wird hier häufig der Fehler gemacht, § 362 HGB auch auf andere Kaufleute oder andere Geschäfte anzuwenden.

Übungsfall 11

Alfons Alt faxt an seine Hausbank B, für ihn 1000 Aktien der aufstrebenden M-AG zum Tageskurs zu erwerben. Durch ein Versehen des Sachbearbeiters bleibt der Auftrag unerledigt. Als A nachfragt, ist der Kurs dieser Aktien um insgesamt 5.000 € gestiegen. Diesen Betrag verlangt A von B als Schadensersatz. B beruft sich darauf, sie habe den Auftrag gar nicht angenommen.

Zu Recht?

7.9 Sonstige Besonderheiten für Kaufleute

- **Kaufmännisches Zurückbehaltungsrecht**

Gem. § 369 HGB hat ein Kaufmann wegen der fälligen Forderungen, welche ihm gegen einen anderen Kaufmann aus den zwischen ihnen geschlossenen *beiderseitigen Handelsgeschäften* zustehen, ein Zurückbehaltungsrecht an den beweglichen Sachen und Wertpapieren des Schuldners, welche mit dessen Willen auf Grund von Handelsgeschäften in seinen Besitz gelangt sind. Demgegenüber setzt § 273 BGB einen fälligen Anspruch *aus demselben rechtlichen Verhältnis* voraus; das kaufmännische Zurückbehaltungsrecht geht also weiter.

- **Gutgläubiger Eigentumserwerb**

Nach § 932 BGB kann Eigentum an beweglichen Sachen auch von einem Nichtberechtigten (= Nichteigentümer) erworben werden, sofern der Erwerber „gutgläubig" ist. Der Erwerber ist *nicht in gutem Glauben*, wenn ihm bekannt oder infolge grober Fahrlässigkeit unbekannt ist, dass die Sache nicht dem Veräußerer gehört.

Im Handelsverkehr werden häufig bewegliche Sachen durch „Nichtberechtigte" veräußert (z. B. unter verlängertem Eigentumsvorbehalt stehende Sachen, durch Kommissionäre, Handelsvertreter u. a.). In diesen Fällen weiß der Erwerber, dass der andere nicht Eigentümer der veräußerten Ware ist; er ist daher gem. § 932 Abs. 2 BGB nicht „gutgläubig". § 366 HGB erweitert deshalb die Möglichkeit des gutgläubigen Erwerbs auf die Fälle, in denen sich der „gute Glaube" nur auf die Veräußerungsbefugnis des Veräußerers bezieht, sofern dieser als Kaufmann im Betriebe seines Handelsgewerbes tätig ist.

Beispiel: E bringt sein Auto in die Hinterhofwerkstatt des nicht im HR eingetragenen Kleingewerbetreibenden V zur Reparatur. V veräußert das Auto an den K, dem er erklärt, E habe ihn mit der Veräußerung beauftragt. – Da K weiß, dass das Auto nicht dem V gehört, erwirbt er gem. § 932 Abs. 2 BGB kein Eigentum.

Wäre V hingegen Kaufmann, würde gem. § 366 HGB auch der gute Glaube des K an die Veräußerungsbefugnis des V geschützt, d. h. er würde Eigentümer.

50   I. Handelsrecht

- **Besonderheiten bei Allgemeinen Geschäftsbedingungen (AGB)**

Gem. § 310 BGB finden § 305 Abs. 2 und 3 und die §§ 308 und 309 keine Anwendung auf Allgemeine Geschäftsbedingungen, die gegenüber (u. a.) einem *Unternehmer* (nicht notwendig Kaufmann) verwendet werden.

Das bedeutet z. B., dass für die Einbeziehung von AGB in den Vertrag nicht notwendig ein ausdrücklicher Hinweis, Kenntnisverschaffung und Einverständnis erforderlich ist; AGB können auch durch Handelsbrauch Vertragsbestandteil werden (z. B. die ADSp).

Die speziellen Klauselverbote der §§ 308 und 309 BGB gelten nicht unmittelbar bei Verwendung gegenüber Unternehmen. Diese Klauseln können jedoch als „unangemessene Benachteiligung" i. S. d. § 307 BGB angesehen werden, wobei auf die im Handelsverkehr geltenden Gewohnheiten und Gebräuche ist angemessen Rücksicht zu nehmen ist. Auch der Kaufmann ist gegen „unangemessene Benachteiligungen" geschützt.

- **Gerichtsstandsvereinbarungen**

Grundsätzlich sind Gerichtsstandsvereinbarungen (*„Gerichtsstand für alle Streitigkeiten aus diesem Vertrag ist Kiel"*) unwirksam. Eine Ausnahme hiervon macht § 38 ZPO: „Ein an sich unzuständiges Gericht des ersten Rechtszuges wird durch ausdrückliche oder stillschweigende Vereinbarung der Parteien zuständig, wenn die Vertragsparteien *Kaufleute* ... sind."

8. Besonderheiten beim Handelskauf

Die §§ 373 ff. HGB ergänzen und modifizieren die Vorschriften des Kaufrechts nach BGB (§§ 433 ff. BGB).

Die handelsrechtlichen Sondervorschriften kommen nur bei Kauf von Waren und Wertpapieren und beim Werklieferungsvertrag (§§ 381 Abs. 2 HGB/651 BGB) zur Anwendung, wenn mindestens ein einseitiges Handelsgeschäft vorliegt.

Besonderheiten ergeben sich beim

- Annahmeverzug des Käufers (§ 373 HGB),
- Bestimmungskauf (§ 375 HGB),
- Fixhandelskauf (§ 376 HGB).

Beim **Annahmeverzug** gelten gem. § 374 HGB zunächst die Regelungen der §§ 293 ff. BGB.

Wie kommt der Käufer in Annahmeverzug? – Welche Möglichkeiten hat dann der Verkäufer? – Bitte lesen die einschlägigen Bestimmungen!

§ 373 HGB gibt dem Verkäufer folgende zusätzliche Rechte:

- Hinterlegung der Ware in einem öffentlichen Lagerhaus
- Öffentliche Versteigerung der Ware oder freihändiger Verkauf zum Börsen- oder Marktpreis (nach vorheriger Androhung)

Beim **Bestimmungskauf** (§ 375 HGB) ist die Bestimmung durch den Käufer Hauptpflicht. Kommt er mit der Bestimmung in Verzug, kann der Verkäufer selbst die Bestimmung vornehmen oder vom Vertrag zurücktreten und Schadensersatz statt der Leistung verlangen.

Beim **Fixhandelskauf** (§ 376 HGB) kann der Käufer bei Überschreitung der Frist sofort (ohne Nachfristsetzung) vom Vertrag zurücktreten und (bei Verzug des Verkäufers) Schadensersatz statt der Leistung verlangen. Erfüllung kann nur verlangt werden, wenn er dies dem Gegner sofort nach Fristüberschreitung anzeigt.

Ein Fixhandelskauf liegt vor, wenn die Leistung genau zu einem bestimmten Termin oder innerhalb einer bestimmten Frist zu bewirken ist. In der Praxis wird hier häufig die Handelsklausel „fix" verwendet.

 Wie unterscheiden sich § 376 HGB und § 323 BGB? Was bedeutet in § 376 HGB „Verzug"? [siehe § 286 BGB].

Übungsfall 12

Der Süßwarengroßhändler Zucker e.K. will sich für das Weihnachtsgeschäft rechtzeitig mit Schoko-Weihnachtsmännern eindecken und ordert bei der Schokoladenfabrik Sauer & Bitter OHG einen größeren Posten „bis spätestens 30. September".

Welche Möglichkeiten hat Z., wenn S&B den Liefertermin nicht einhält?

8.1 Handelsrechtliche Besonderheiten bei der Gewährleistung

Beim *beiderseitigen* Handelskauf soll der Verkäufer im Interesse einer raschen Geschäftsabwicklung wissen, ob der Käufer die Lieferung akzeptiert oder ob er Gewährleistungsansprüche erhebt. Gem. § 377 HGB ist der Käufer deshalb verpflichtet, die Ware *unverzüglich* nach Erhalt zu untersuchen und etwaige Mängel zu rügen. Gem. § 434 Abs. 3 BGB besteht diese Rügepflicht auch bei einer (quantitativen oder qualitativen) Falschlieferung (sog. aliud).

Voraussetzungen:

- Beiderseitiger Handelskauf,
- Sachmangel gem. § 434 BGB oder
- Lieferung einer anderen als der bestellten Ware oder
- Lieferung einer anderen als der bestellten Menge.

Der Umfang der Untersuchungspflicht richtet sich nach den Umständen des Einzelfalls (Art der Ware, technische und finanzielle Zumutbarkeit, Branchenüblichkeit).

Beispiele: Anschluss technischer Geräte mit Probelauf, Laboruntersuchung bei chemischen Erzeugnissen, Stichproben nach statistischen Verfahren bei größeren Mengen.

Sowohl die Untersuchung als auch die Rüge muss unverzüglich (§ 121 BGB) erfolgen.

 In Allgemeinen Einkaufsbedingungen (AEB) wird häufig ein Verzicht auf die Untersuchungs- und Rügepflicht vereinbart; stattdessen wird der Verkäufer verpflichtet, eine Warenausgangskontrolle vorzunehmen. Dies geschieht häufig auch in Qualitätssicherungsvereinbarungen. Diese Klauseln sind nach der Rechtsprechung jedoch in der Regel als unangemessene Benachteiligung (§ 307 BGB) des Verkäufers unwirksam.[14]

Übungsfall 13

Das Fruchthaus August Meyer e.K. (M) bestellt beim Importeur Pampel GmbH (P) 100 Kisten kalifornische Grapefruits.

a. Die gelieferten (kalifornischen) Grapefruits sind angefault.

b. Geliefert werden 100 Kisten israelische Grapefruits.

c. Geliefert werden nur 90 Kisten (kalifornische) Grapefruits.

M bemerkt erst nach einer Woche den Fehler und rügt die Ware dann sofort bei P.

P weist die Ansprüche des M zurück. Wie ist die Rechtslage?

8.2 Internationaler Warenverkehr

Im Zeitalter der Globalisierung sind Beschaffungs- *(„global sourcing")* und Absatzverträge mit Auslandsberührung eher die Regel als die Ausnahme. Hierbei stellt sich immer die Frage, welches Recht anwendbar ist. Für vertragliche Schuldverhältnisse ergibt sich die Antwort aus der *„Verordnung (EG) Nr. 593/2008 des EUROPÄISCHEN PARLAMENTS UND DES RATES vom*

---

14 BGH NJW 1991, S. 2634.

17. Juni 2008 über das auf vertragliche Schuldverhältnisse anzuwendende Recht (Rom I)" sowie – ergänzend – aus den Art. 3–47 EGBGB (Internationales Privatrecht – IPR).

Seit dem 1.1.1991 gilt das UN-Kaufrecht auch in Deutschland. Die *Convention on Contracts for the International Sale of Goods* (CISG)[15] findet seitdem Anwendung in folgenden Fällen:

- Kaufvertrag (Art. 1 CISG) oder Werklieferungsvertrag über Waren (Art. 3 CISG),
- Die Vertragspartner haben ihre Niederlassung in verschiedenen Vertragsstaaten [Art. 1 Abs. 1 a) CISG], oder das internationale Privatrecht (IPR) verweist auf das Recht eines Vertragsstaats [Art. 1 Abs. 1 b) CISG],
- kein Ausschluss des UN-Kaufrechts durch die Parteien,
- keine Ausnahme nach Art. 2 CISG.

Das UN-Kaufrecht enthält eigenständige Regelungen zum Abschluss des Vertrages (Artt. 14 ff. CISG), zu Pflichten des Verkäufers (Artt. 30 ff. CISG), des Käufers (Artt. 53 ff. CISG), zu den Rechtsbehelfen des Käufers wegen Vertragsverletzungen durch den Verkäufer (Artt. 45 ff. CISG) und zu den Rechtsbehelfen des Verkäufers wegen Vertragsverletzungen durch den Käufer (Artt. 61 ff. CISG). Außerdem werden der Übergang der Gefahr (Artt. 66 ff. CISG) geregelt.

Als *lex spezialis* geht die CISG dem BGB/HGB vor, wenn an sich deutsches Recht anwendbar wäre.

Mit dem UN-Kaufrecht liegt ein Angebot der internationalen Rechtsordnung vor, den grenzüberschreitenden Warenverkehr einheitlich zu regeln. Es ist allerdings kein zwingendes Recht, sondern kann von den Parteien abbedungen werden. Nach Art. 3 ROM I[16] besteht freie Rechtswahl. Für Verbraucherverträge gilt das UN-Kaufrecht ohnehin nicht (Art. 2 CISG), nach Art. 6 Rom I dürfen darüber hinaus Verbraucher durch die Rechtswahl die ihnen zustehenden Schutzrechte nicht verlieren.

---

15 Abgedruckt z. B. in „Aktuelle Wirtschaftsgesetze 2015" unter Nr. 8; http://www.cisg-online.ch/cisg/conv/convde.htm.

16 Art. 3: „Der Vertrag unterliegt dem von den Parteien gewählten Recht. Die Rechtswahl muss ausdrücklich erfolgen oder sich eindeutig aus den Bestimmungen des Vertrags oder aus den Umständen des Falles ergeben."

Falls die Anwendbarkeit der CISG nicht gewollt ist, muss sie ausdrücklich ausgeschlossen werden, z. B. die Klausel:

„Dieser Vertrag unterliegt – unter Ausschluss der CISG – ausschließlich dem deutschen Recht".

 Übungsfall 14

Der Werkzeugmaschinenhersteller W aus Hamburg soll bestimmte Maschinen an den Käufer K in Manchester liefern. Eine Rechtswahl treffen die Parteien nicht. Das Vereinigte Königreich ist der CISG nicht beigetreten. Nach welchen Regeln bestimmen sich die Rechte des K, wenn die Maschinen einen Defekt haben?

Unterschiede der CISG zum deutschen BGB/HGB

1. Widerruflichkeit eines Angebotes auch noch nach Zugang
2. Schweigen auf kaufmännisches Bestätigungsschreiben nicht geregelt
3. Untersuchungs- und Rügeobliegenheit auch für Nichtkaufleute und auch bei aliud-Lieferung
4. Rücktritt vom Vertrag *nur bei wesentlicher Vertragsverletzung* (BGB: Ausschluss nur bei unerheblicher Pflichtverletzung)
5. Erfüllungsort: Zahlungspflicht Käufer i. Zw. beim Verkäufer
6. Schadenersatzhaftung auch bei lediglich mangelhafter Lieferung
7. quasi verschuldensunabhängige Schadenersatzhaftung

Vorteile CISG	Nachteile CISG
• Einheitsrecht für alle Länder • Subsidiarität des anwendbaren Rechts nach IPR-Verweisung • Gerichtsstand meist unerheblich • Wettbewerb und Waffengleichheit – „neutrales" Recht • mehr als 100 Vertragsstaaten • Anwendbarkeit auch im Verhältnis zu Nicht-Vertragsstaaten möglich • Dispositionsfreiheit der Parteien	• Abgrenzung Anwendungsbereich teilweise nicht ganz leicht • Subsidiarität des anwendbaren Rechts nach IPR-Verweisung • Auslegung nicht überall einheitlich • nur kleinster gemeinsamer Nenner • wichtige Staaten (England, Brasilien u. a.) keine Vertragsstaaten • mangelnde Kenntnis, mangelndes Vertrauen

Abbildung 11: Vorteile/Nachteile CISG

I. Handelsrecht

Selbstverantwortlichkeit des Kaufmanns	➤ Zwingendes Recht tritt weitgehend zurück; der Kaufmann ist weniger geschützt als der Nichtkaufmann (z. B. §§ 348–350 HGB, 310 BGB, 29 Abs. 2, 38 Abs. 1 ZPO, 53 BörsG); ➤ die Verbraucherschutzregeln gelten nicht (z. B. §§ 312 ff., 346 ff., 481 ff., 491 ff., 655 a ff. BGB)
Einfachheit und Schnelligkeit des Handelsverkehrs:	➤ Verzicht auf Formalitäten (z. B. § 350 HGB); ➤ Zwang zur raschen Äußerung und Disposition (z. B. §§ 362, 373 Abs. 2, 376–378, 391 HGB; kaufmännisches Bestätigungsschreiben); ➤ Typisierung und vereinfachte Formalisierung des Handelsverkehrs (Handelsbräuche, Unbeschränkbarkeit bestimmter Vertretungsmacht [Prokura, Handlungsvollmacht, geschäftsführende Gesellschafter – §§ 50 Abs. 1, 54 Abs. 3, 126 Abs. 2, 151 HGB], Orderpapiere [§§ 363–365 HGB], erweiterter Gutglaubensschutz [§ 366 HGB])
Publizität und Vertrauensschutz	➤ Handelsregister (§§ 8 ff., 15 HGB); ➤ Rechtsscheinhaftung
Internationalität	➤ Rechtsvereinheitlichung durch internationale Übereinkommen, z. B. CMR[17], COTIF[18], MÜ (Montrealer Übereinkommen – Luftverkehr), besonders bedeutsam: Rechtsvereinheitlichung innerhalb der EU (Bilanzrichtlinie, Richtlinien zur Koordinierung des Gesellschaftsrechts); ➤ international vereinheitlichte Geschäftsbedingungen (Incoterms)

Abbildung 12: Tabellarische Übersicht BGB – HGB

---

17 Convention relative au contrat de transport international de marchandises par route (Internationale Vereinbarung über Beförderungsverträge auf Straßen).
18 Convention relative aux transports internationaux ferroviaires (Übereinkommen über den internationalen Eisenbahnverkehr).

Checkliste

Fragen	Ihre Lösung	✓
Was unterscheidet einen Vertragshändler und einen Handelsvertreter?		
Was ist ein Kommissionär?		
Was unterscheidet einen Handelsvertreter und einen Handelsmakler?		
Was ist ein Kommissionsagent?		
Kann ein Spediteur auch Frachtführer sein?		
Nennen Sie einige internationale Abkommen im Bereich des Transportrechts.		
Welche Beteiligten hat der Frachtvertrag?		
Wann spricht man von einer Verkaufskommission?		
Welche Hilfspersonen des Kaufmanns kennen Sie?		
Ist die CISG zwingendes Recht?		
Welche Beteiligten hat der Speditionsvertrag?		
Welche Prinzipien prägen das Handelsrecht?		
Welche Handlungsvollmachten kennt das HGB?		
Welche Besonderheiten kennen Sie beim Handelskauf?		
Wann ist Schweigen als Zustimmung aufzufassen?		

Übungsfragen

Jeweils nur eine Antwort ist richtig.

1.	**Das HGB**	
	1. ist nur bei beiderseitigen Handelsgeschäften anwendbar	
	2. gilt nur unter Kaufleuten	
	3. gilt grundsätzlich nicht, wenn ein Verbraucher beteiligt ist	
	4. setzt im Regelfall voraus, dass mindestens ein Beteiligter Kaufmann ist	
2.	**Kaufmann i. S. d. HGB ist:**	
	1. wer ein Handelsgewerbe betreibt	
	2. wer eine einschlägige Berufsausbildung erfolgreich abgeschlossen hat	
	3. jeder Gesellschafter einer GmbH	
	4. nur wer im Handelsregister eingetragen ist	
3.	**Die Eintragung im Handelsregister**	
	1. wirkt immer konstitutiv	
	2. ist grundsätzlich deklaratorisch, in einigen Fällen konstitutiv	
	3. wirkt immer deklaratorisch	
	4. ist reine Formsache ohne rechtliche Bedeutung	
4.	**Die Prokura**	
	1. kann nur von einem Kaufmann oder seinem gesetzlichen Vertreter erteilt werden	
	2. ist erst mit Eintragung im Handelsregister wirksam	
	3. berechtigt nicht zum Kauf eines Grundstücks	
	4. berechtigt nicht zur Kreditaufnahme	
5.	**Ein nicht im Handelsregister eingetragener, nebenberuflich tätiger Versicherungsvertreter**	
	1. unterliegt dem Handelsvertreterrecht des HGB	
	2. gilt als Kaufmann	
	3. ist freiberuflich tätig	
	4. ist sog. „Zivilmakler" im Sinne des BGB	
6.	**Der Prokurist**	
	1. ist gesetzlicher Vertreter des Kaufmanns	
	2. kann für das von ihm vertretene Unternehmen Grundstücke kaufen	
	3. hat dieselben Vertretungsbefugnisse wie ein Generalhandlungsbevollmächtigter	
	4. darf nur bei Abwesenheit des Geschäftsführers tätig werden	

7.	**Der Kommissionär**
	1. handelt im eigenen Namen für fremde Rechnung
	2. handelt im fremden Namen für fremde Rechnung
	3. handelt im eigenen Namen für eigene Rechnung
	4. handelt im fremden Namen für eigene Rechnung
8.	**Der Frachtführer**
	1. ist immer Kaufmann
	2. kann auch Unternehmer ohne Kaufmannseigenschaft sein
	3. transportiert Güter zu Lande, zur See oder auf Binnengewässern
	4. haftet nur bei Vorsatz und Leichtfertigkeit
9.	**Der Spediteur**
	1. hat dieselben Aufgaben wie ein Frachtführer
	2. ist immer – auch als Nichtkaufmann – zur kaufmännischen Sorgfalt verpflichtet
	3. handelt im fremden Namen für fremde Rechnung
	4. wird wie ein Makler im Frachtgeschäft tätig
10.	**Annahmeverzug des Käufers beim Handelskauf**
	1. berechtigt den Verkäufer zum sofortigen Rücktritt vom Vertrag
	2. setzt Verschulden des Käufers voraus
	3. berechtigt den Verkäufer, die Ware in einem öffentlichen Lagerhaus zu hinterlegen
	4. setzt einen Fixhandelskauf voraus
11.	**Die kaufmännische Untersuchungs- und Rügepflicht**
	1. kann vertraglich – außer in AGB – abbedungen werden
	2. gilt auch bei einseitigen Handelsgeschäften, wenn der Käufer Kaufmann ist
	3. kann vertraglich nicht abbedungen werden
	4. gilt nur bei verderblicher Handelsware
12.	**Das Schweigen des Kaufmanns auf einen Antrag**
	1. gilt immer als Annahme des Antrags
	2. gilt nie als Annahme des Antrags
	3. gilt nur bei beiderseitigen Handelsgeschäften als Annahme des Antrags
	4. gilt unter den Voraussetzungen des § 362 HGB als Annahme des Antrags

13.	**Das UN-Kaufrecht (CISG)**
	1. gilt zwingend, wenn die Vertragspartner in verschiedenen Staaten ansässig sind
	2. gilt nur unter Kaufleuten
	3. kann vertraglich abbedungen werden
	4. gilt nur bei besonderer Vereinbarung
14.	**Wer ist kein Kaufmann i. S. d. HGB?**
	1. Apotheker mit einem Umsatz von 600.000 €
	2. Steuerberatungsgesellschaft mbH
	3. Architekt mit einem Umsatz von 600.000 €
	4. Im Handelsregister eingetragener Landwirt
15.	**Wo müssen die Handelsregistereitragungen veröffentlicht werden?**
	1. im „Bundesanzeiger"
	2. im „Handelsblatt"
	3. im „elektronischen Informations- und Kommunikationssystem"
	4. im jeweiligen Amtsblatt des zuständigen Registergerichts

II. Gesellschaftsrecht

Lernziele

Ihnen werden die wichtigsten Kenntnisse des Gesellschaftsrechts vermittelt.

Nach Durcharbeitung dieses LO können Sie
- die verschiedenen Rechtsformen von Unternehmen unterscheiden,
- die Haftungsrisiken der jeweiligen Rechtsform beurteilen,
- die rechtsformabhängigen Gründungsvoraussetzungen einschätzen,
- die Aufgaben und Verantwortlichkeiten der Organe der jeweiligen Gesellschaft beurteilen.

Die Wahl der geeigneten Rechtsform ist für den Unternehmer von zentraler Bedeutung. Zu entscheiden ist, ob das Unternehmen als Einzelunternehmen, Personengesellschaft oder als Körperschaft (insbesondere Kapitalgesellschaft) betrieben werden soll. Auch bei einem bestehenden Unternehmen kann ein Wechsel der Rechtsform angezeigt sein.

Ergänzende Literaturhinweise

Führich, Ernst	Wirtschaftsprivatrecht, 11. Aufl., München 2012 [Verlag Vahlen]
Klein-Blenkers, Friedrich	Rechtsformen der Unternehmen, Heidelberg u. a. 2009 [C.F. Müller]
Klunzinger, Eugen	Grundzüge des Gesellschaftsrechts, 16. Aufl., München 2012 [Verlag Vahlen]
Schmidt, Karsten	Gesellschaftsrecht, 4. Aufl., Köln 2002 [Carl Heymanns Verlag]
Wörlen, Rainer/ Axel Kokemoor	Handelsrecht, mit Gesellschaftsrecht, 10. Aufl., Köln u. a. 2012 [Carl Heymanns Verlag]

Vorbemerkung

Die Wahl der Rechtsform gehört zu den konstitutiven Entscheidungen bei der Unternehmensgründung. Die Korrektur einer falschen Wahl ist immer mit Aufwand und Kosten verbunden. Deshalb sollte diese Entscheidung sorgfältig vorbereitet werden.

Eine Gesellschaft ist der (freiwillige) Zusammenschluss mehrerer Personen zur Verfolgung eines *gemeinsamen Zwecks*.

Man unterscheidet *Personengesellschaften* und *Körperschaften*.

Personen- und Kapitalgesellschaften unterscheiden sich im Wesentlichen in den nachfolgend dargestellten Gesichtspunkten. Allerdings kann durch Gesellschaftsvertrag/Satzung vom gesetzlichen Leitbild der jeweiligen Gesellschaft abgewichen werden, so dass die Unterschiede sich verwischen.

Die Personengesellschaft ist auf eine kleinere Anzahl von Gesellschaftern und deren unveränderte Zusammensetzung angelegt, während bei der Kapitalgesellschaft häufig zahlreiche Mitglieder anzutreffen sind (z. B. Aktionäre bei börsennotierter AG).

Änderungen im Gesellschafterbestand bedürfen bei der Personengesellschaft grundsätzlich der Zustimmung der anderen Gesellschafter, bei der Kapitalgesellschaft im Zweifel nicht.

Die Personengesellschaft benötigt keine besonderen Organe, vielmehr werden grundsätzlich die Gesellschafter selbst für die Gesellschaft tätig (Prinzip der *Selbstorganschaft*). Dagegen gibt es bei den Kapitalgesellschaften mindestens zwei Organe, Gesellschafterversammlung bzw. Hauptversammlung und Geschäftsführer bzw. Vorstand und ggf. außerdem einen Aufsichtsrat; die Mitglieder der Geschäftsführung und des Vorstands brauchen nicht selbst Gesellschafter zu sein (Prinzip der *Fremdorganschaft*).

Die Willensbildung erfolgt bei der Personengesellschaft grundsätzlich nach dem Einstimmigkeitsprinzip, bei der Kapitalgesellschaft grundsätzlich nach dem Mehrheitsprinzip.

Kapitalgesellschaften sind juristische Personen und damit – wie eine natürliche Person – rechtsfähig.

Personengesellschaften sind dagegen *keine* juristischen Personen. Die OHG, KG, Partnerschaftsgesellschaft und EWIV können jedoch Träger von Rechten und Pflichten sein (vgl. § 124 HGB).

Sie gelten als „rechtsfähige Personengesellschaften" gem. § 14 BGB, so dass zwischen diesen Gesellschaften und Kapitalgesellschaften in der Praxis kein wesentlicher Unterschied besteht, mit Ausnahme der steuerlichen Behandlung und der Haftung der Gesellschafter. Die Rechtsfähigkeit der Gesellschaft bürgerlichen Rechts (GbR) ist umstritten. Sie ist insolvenzfähig (§ 728 BGB) und ist nach einer neuen Entscheidung des BGH rechts- und parteifähig, soweit sie als Teilnehmerin am Rechtsverkehr eigene (vertragliche) Rechte und Pflichten begründet.[19]

Die möglichen Rechtsformen sind gesetzlich abschließend geregelt (*numerus clausus* der Gesellschaftsformen); die Vertragsfreiheit ist insoweit eingeschränkt. Jedoch sind Mischformen dadurch möglich, dass sich eine Gesellschaft (Personen- oder Kapitalgesellschaft) an einer anderen Gesellschaft (Personen- oder Kapitalgesellschaft) als Gesellschafterin beteiligen kann. Das bekannteste Beispiel hierfür ist die GmbH & Co. KG: an einer KG (Personengesellschaft) beteiligt sich als alleinige Komplementärin eine GmbH (Kapitalgesellschaft).

Wichtige **Kriterien** für die Wahl der Rechtsform sind:

- **Anzahl der Gründer (Einzelunternehmung oder Gesellschaft)**

Ist nur ein Gründer vorhanden, scheidet eine Personengesellschaft von vornherein als Alternative aus. Möglich ist entweder ein Einzelunternehmen oder eine Kapitalgesellschaft (GmbH, UG oder AG) mit nur einem Gesellschafter. Sind mehrere Gesellschafter vorgesehen, kann auch eine Personengesellschaft (Gesellschaft des bürgerlichen Rechts [GbR], offene Handelsgesellschaft [OHG], Kommanditgesellschaft [KG] oder Partnerschaftsgesellschaft [PartG]) gewählt werden.

- **Haftungsrechtliche Aspekte**

Bei einem Einzelunternehmen und einer Personengesellschaft haften für die Verbindlichkeiten des Unternehmens grundsätzlich der Inhaber bzw. die Gesellschafter persönlich mit ihrem gesamten Vermögen, während bei den Kapitalgesellschaften die Haftung auf das Gesellschaftsvermögen beschränkt ist.

---

[19] BGHZ 146, S. 341 ff.

Bei der KG ist die persönliche Haftung der Kommanditisten auf die Höhe ihrer Kommanditeinlage begrenzt.

- **Steuerliche Gesichtspunkte**

Die Besteuerung (insbesondere Einkommensteuer/Körperschaftssteuer und Gewerbesteuer) ist abhängig von der Rechtsform. Diese Aspekte spielen bei der Rechtsformwahl immer eine erhebliche Rolle.

- **Geschäftsführung und Vertretung**

Sofern der Inhaber bzw. die Gesellschafter selbst die Geschäftsführung innehaben wollen, ist dies bei allen Rechtsformen möglich. Fremdorganschaft (das ist die Geschäftsführungs- und Vertretungsbefugnis durch Nichtgesellschafter) ist nur bei den Kapitalgesellschaften zulässig.

- **Gründungsaufwand**

Die Kosten für die Gründung (insbesondere Notargebühren, Prüfungskosten, Kosten der Eintragung im Handelsregister und der Veröffentlichung) sind bei Kapitalgesellschaften erheblich höher als bei Personengesellschaften. Vor allem muss bei Kapitalgesellschaften das Grund- bzw. Stammkapital aufgebracht werden.

- **Kreditwürdigkeit**

Im Allgemeinen gelten im Handelsregister eingetragene Personengesellschaften und auch Einzelkaufleute – vor allem wegen ihrer persönlichen, unbeschränkten Haftung - als kreditwürdiger als z. B. eine GbR oder als eine GmbH mit geringem Stammkapital. Allerdings prüfen Kreditgeber in der Regel sehr genau den Einzelfall und machen die Kreditvergabe – unabhängig von Rechtsform – von der Stellung werthaltiger Sicherheiten abhängig.

- **Kapitalbeschaffung**

Wenn andere Personen als Geldgeber sich an dem Unternehmen beteiligen wollen, ohne selbst verantwortlich tätig zu werden, kommen als Rechtsformen vor allem Kapitalgesellschaften (insbesondere die AG) sowie die KG und die stille Gesellschaft in Frage. Möglich ist auch das sog. „partiarische Darlehen (gewinnabhängige Verzinsung).

- **Publizitätspflichten**

Kapitalgesellschaften haben gem. §§ 325 ff. HGB den Jahresabschluss bei dem für sie zuständigen Handelsregister einzureichen, wo er dann von Interessierten (auch der Konkurrenz!) eingesehen werden kann. Bei Personengesellschaften und Einzelunternehmern gibt es eine derartige Pflicht nicht[20].

- **Mitbestimmung der Arbeitnehmer**

Die Mitbestimmung der Arbeitnehmer im Betriebsrat ist rechtsformneutral nur von der Anzahl der im Beschäftigten abhängig. Bei Kapitalgesellschaften sind außerdem Mitbestimmungsrechte der Arbeitnehmer im Aufsichtsrat vorgeschrieben; für Existenzgründer dürfe das im Normalfall jedoch keine erhebliche Bedeutung haben, da diese Mitbestimmung erst ab 500 Arbeitnehmer relevant wird.

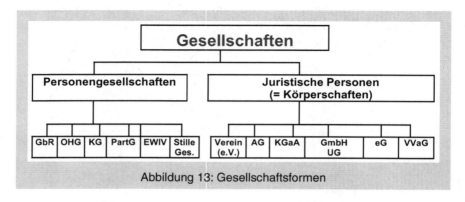

Abbildung 13: Gesellschaftsformen

| Einzelunternehmen | 2.303.234 | Kapitalgesellschaften | 632.399 |
| Personengesellschaften | 442.031 | Sonstige Rechtsformen | 242.912 |

Abbildung 14: Zahl der Unternehmen nach Rechtsform (2012)[20]

---

20 Ausnahme: große Unternehmen nach dem Publizitätsgesetz (Bilanzsumme > 65 Mio. €, Umsatz > 130 Mio. €, Arbeitnehmer > 5.000; mindestens 2 dieser Merkmale müssen zutreffen

21 https://www.destatis.de/DE/ZahlenFakten/GesamtwirtschaftUmwelt/UnternehmenHandwerk/Unternehmensregister/Tabellen/UnternehmenRechtsformenWZ2008.html.

1. Personengesellschaften

Personengesellschaften entstehen mit dem (formlos möglichen) Abschluss des Gesellschaftsvertrages. Die Personenhandelsgesellschaften (OHG und KG) entstehen im Innenverhältnis mit Abschluss des Gesellschaftsvertrages, im Außenverhältnis erst mit der Eintragung im Handelsregister (§ 123 HGB, Ausnahme s. o.).

Die Grundform der Gesellschaft ist die Gesellschaft bürgerlichen Rechts (GbR, auch BGB-Gesellschaft genannt, §§ 705 ff. BGB). „Sie liegt vor, wenn mehrere (mindestens zwei) Personen sich in Verfolgung eines gemeinsamen Zwecks zusammenschließen, ohne ein Handelsgewerbe zu betreiben und ohne eine andere, spezielle Rechtsform für die Kooperation zu vereinbaren."[22]

Liegt dieser Zweck im gemeinsamen Betrieb eines *Handels*gewerbes, liegt entweder eine OHG oder eine KG vor.

Dieses Kapitel beschäftigt sich überwiegend mit den so genannten *Außengesellschaften*, bei denen mehrere Personen nach außen einheitlich auftreten und ein gesamthänderisch gebundenes Vermögen bilden.

Davon zu unterscheiden sind die *Innengesellschaften*, bei denen nach außen nur ein Partner allein auftritt. Rechte und Pflichten haben die dahinter stehenden Gesellschafter im Rahmen des Gesellschaftsvertrags lediglich im Verhältnis zu dem im Außenverhältnis tätigen und sichtbaren Hauptgesellschafter. Typische Innengesellschaft ist die *stille Gesellschaft* (§§ 230 ff. HGB).

1.1 Gesellschaft bürgerlichen Rechts (GbR)

Für die GbR kommt jeder beliebige, nicht kaufmännische Gesellschaftszweck in Betracht.

 Beispiele:

Betrieb eines Geschäfts im kleingewerblichen Bereich, Kooperationen mehrerer Unternehmen anlässlich eines gemeinsamen Projekts, z. B. Durchführung eines Bauvorhabens durch eine ARGE, gemeinsame Ausübung eines freien Berufes (z. B. Ärzte, Rechtsanwälte), Tippgemeinschaften, Fahrgemeinschaften u. v. a.

---

22 BGH, Urt. v. 29.1.2001, II ZR 331/00.

Sofern der Zweck auf den Betrieb eines Handelsgewerbes in *kaufmännischer Weise* gerichtet ist, wird die GbR automatisch zur offenen Handelsgesellschaft.

Kleingewerbetreibende üben zwar ein Gewerbe, aber kein Handelsgewerbe aus. Diese haben jedoch die Möglichkeit, durch freiwillige Eintragung ins Handelsregister zu Personenhandelsgesellschaften zu werden. Anderenfalls liegt eine GbR vor.

Übungsfall 15

 Ausgangsfall:[23]

> Die Wirtschaftsinformatik-Studenten *Lars Windig* (W) und *Kai Bitter* (B) sowie die BWL-Studentin *Simone Sparbier* (S) wollen neben ihrem Studium etwas dazuverdienen und ihre frisch erworbenen Kenntnisse gewinnbringend anlegen. Daher beschließen sie, sich selbständig zu machen. Schwerpunkt ihrer Tätigkeit soll die Erstellung von Internetseiten, Beratung über Hard- und Softwareprobleme und der Vertrieb von Hard- und Software über das Internet sein. Sie wollen ihr Unternehmen *„wbs netconsult.com"* nennen. B will seinen bislang privat genutzten, fast neuen PC nebst umfangreichen Zubehör im Zeitwert von 3.000 € in das Unternehmen einbringen. S hat geerbt und will 5.000 € auf das Geschäftskonto einzahlen. W will nur seine angeblich guten Beziehungen und sein *Know-how* zur Verfügung stellen.
>
> Über die rechtliche Ausgestaltung ihrer Tätigkeit machen sie sich nicht viele Gedanken; ein schriftlicher Vertrag soll später – *„wenn wir mal Zeit haben"* – abgeschlossen werden.
>
> a. Was müssen W, B und S bei Aufnahme ihrer Tätigkeit beachten? – Haben sie eine Gesellschaft gegründet, ggf. welche Rechtsform liegt vor? – Ist der Name (*„wbs netconsult.com"*) zulässig?

---

23 Auf diesen Fall wird im Weiteren zurückgekommen.

b. W mietet – ohne zuvor mit B und S Rücksprache zu nehmen – bei dem Vermieter Hai im Namen der *wbs netconsult.com* repräsentative Geschäftsräume für eine monatliche Miete von 1.000 € an. An wen kann Hai sich wegen der Mietforderung halten?

c. Nach 6 Monaten hat das Unternehmen überschlägig einen Gewinn von 30.000 € erwirtschaftet. W, der sich permanent in Geldnot befindet, will hiervon 10.000 € sofort haben. B und S sind hiermit nicht einverstanden. Rechtslage?

d. Bei der Reparatur eines PC bei dem Kunden G beschädigt W durch eine Unachtsamkeit dessen Teppichboden. G fragt, von wem er Schadensersatz verlangen kann.

e. W beschädigt leicht fahrlässig den Firmenwagen. B und S sind der Ansicht, W müsse den Schaden ersetzen.

f. Nach einem Streit mit W ist B verbittert und sieht in der Fortsetzung der Gesellschaft keinen Sinn mehr. Wie kann er das Gesellschaftsverhältnis beenden, und was passiert dann mit dem Geschäftsvermögen? Auf dem Geschäftskonto befinden sich jetzt 50.000 €, es bestehen noch Verbindlichkeit gegenüber Lieferanten in Höhe von 20.000 €. Ein Kunde hat wegen falscher Beratung Schadensersatzansprüche in Höhe von 10.000 € geltend gemacht, deren Berechtigung aber von *wbs netconsult.com* bestritten wird. Der Wert des seinerzeit von B eingebrachten PC beträgt jetzt noch 1.500 €.

g. Wie hätte man es besser machen können? – Formulieren Sie bitte einen Gesellschaftsvertrag für die *wbs netconsult.com*!

Zur Gründung einer GbR sind *mindestens* zwei Personen erforderlich. Einpersonengesellschaften sind – anders als bei Kapitalgesellschaften – nicht möglich.

1.1.1 Gesellschafter

Gesellschafter können sein:

> natürliche Personen (auch Minderjährige)
> juristische Personen
> Personengesellschaften
> Genossenschaften und nicht rechtsfähige Vereine

Zur Gründung einer GbR bedarf es eines (formlos gültigen) Gesellschaftsvertrages, der mindestens enthalten muss, dass sich die Gesellschafter zur Förderung eines gemeinsamen Zwecks zusammenschließen und dazu die vereinbarten Beiträge leisten. Der Gesellschaftsvertrag kann auch durch schlüssiges Verhalten geschlossen werden.

Die Einzelheiten der Organisation der GbR sind im BGB geregelt (§§ 705–740).

Im Innenverhältnis können die Gesellschafter davon abweichend ihre Beziehungen im Wesentlichen frei regeln.

1.1.2 Entstehung, Bezeichnung

Die Gründung einer GbR unterliegt keinem Publizitätserfordernis, insbesondere kann die GbR nicht in das Handelsregister eingetragen werden.

Die Gesellschaft entsteht im Zeitpunkt des Abschlusses des Gesellschaftsvertrags oder in dem dort genannten Anfangsdatum.

Da die GbR kein Kaufmann ist, darf sie keine Firma (§ 17 HGB) führen. Sie kann allerdings einen Namen (Geschäftsbezeichnung) verwenden. Über die Bildung dieses Namens gibt es keine ausdrücklichen gesetzlichen Vorschriften.

Für die Namensführung gelten folgende Leitlinien:

- Der Gesellschaftsname kann unstrittig aus den Namen aller oder mehrerer Gesellschafter gebildet werden.
- Zusätze, die den Geschäftsbetrieb oder das Gesellschaftsverhältnis bezeichnen, sind zulässig, sofern keine Verwechslungsgefahr mit einer kaufmännischen Firma oder der Partnerschaftsgesellschaft entsteht. Der Zusatz „und Partner" ist der Partnerschaftsgesellschaft vorbehalten.
- Der Zusatz „Gesellschaft bürgerlichen Rechts" oder „GbR" ist zu empfehlen, auch wenn Bezeichnungen wie „ARGE", „Konsortium" oder „Gemeinschaft" auf eine GbR hindeuten; zu vermeiden sind das Zeichen „&", die Zusätze „und Cie", „und Co", weil hier eine OHG oder KG vermutet werden könnte, sowie die Namen früherer Gesellschafter.
- Zulässig ist auch ein verkürzter Gesamtname, der nicht alle Gesellschafternamen oder gar keinen enthält (z. B. „ARGE Stadttunnel Freiburg").[24]

---

[24] BVerwG vom 20.2.1987, Az. 7 C 14/84.

- Möglich sind auch „im Verkehr verwendete Sammelbezeichnungen", z. B. „ARGE S."[25]

 Ausgangsfall:

a) W, B und S wollen einen Gewerbebetrieb[24] gründen, Gewerbeanmeldung erforderlich.

Sie haben eine GbR gegründet, hierfür reicht eine mündliche Übereinkunft.

Die Bezeichnung „*wbs netconsult.com*" ist zulässig; jedoch ist zu empfehlen, dass auf den Briefbögen etc. die Namen aller Gesellschafter aufgeführt werden. Auch wird empfohlen, den Zusatz „GbR" zu führen, auch wenn es hierfür keine ausdrückliche Bestimmung gibt.

1.1.3 Geschäftsführung und Vertretung

Der Begriff „Geschäftsführung" bezieht sich auf das *Innenverhältnis* (das Verhältnis der Gesellschafter untereinander und zu „ihrer" Gesellschaft). Das Gesetz sieht Gesamtleitung aller Gesellschafter vor, d. h. für jedes Geschäft ist die Zustimmung aller Gesellschafter erforderlich (§§ 708–713 BGB). Abweichende Regelungen im Gesellschaftsvertrag sind möglich und in der Regel geboten, da sonst die Handlungsfähigkeit der Gesellschaft stark eingeschränkt ist. Die Geschäftsführungsbefugnis kann einem Gesellschafter durch einstimmigen Beschluss der übrigen Gesellschafter aus „wichtigem Grund" wieder entzogen werden, insbesondere bei grober Pflichtverletzung oder Unfähigkeit zur ordnungsmäßigen Geschäftsführung (§ 712 BGB). § 713 verweist hinsichtlich der Rechte und Pflichten der geschäftsführenden Gesellschafter auf das Auftragsrecht (§§ 664–670 BGB), soweit keine speziellen gesellschaftsvertraglichen Regelungen bestehen. Hieraus folgt insbesondere Folgendes:

- Der Geschäftsführer darf seine Befugnisse im Zweifel nicht auf andere übertragen.
- Er ist auskunfts- und rechenschaftspflichtig.
- Er muss alles, was er aus seiner Tätigkeit erlangt, an die Gesellschaft herausgeben.

---

25 BGH NJW 1997, S. 2755.
26 Zum Begriff Gewerbe siehe oben Kapitel Handelsrecht.

- Er hat Anspruch auf Ersatz seiner Auslagen.
- Er hat keinen Anspruch auf besondere Vergütung.

Ein Gesellschafter kann, auch wenn er von der Geschäftsführung ausgeschlossen ist,

- sich von den Angelegenheiten der Gesellschaft persönlich unterrichten,
- die Geschäftsbücher und die Papiere der Gesellschaft einsehen und sich aus ihnen eine Übersicht über den Stand des Gesellschaftsvermögens anfertigen (§ 716 BGB).

Auch nach außen (= *„Vertretung"*) [§§ 714 f. BGB] können wirksame Erklärungen für die Gesellschaft nur abgegeben werden, wenn alle Gesellschafter zusammenwirken. Die Regelung des § 714 BGB setz voraus, dass einem Gesellschafter nach dem Gesellschaftsvertrag die Befugnis zur Geschäftsführung zusteht. Nur dann ist er *im Zweifel* auch ermächtigt, die anderen Gesellschafter Dritten gegenüber zu vertreten.

Abweichende Vereinbarungen im Gesellschaftsvertrag sind auch bei der Vertretung möglich; darüber hinaus können die Gesellschafter im Einzelfall Vollmachten erteilen.

> Im Ausgangsfall (b) hatte W keine Vertretungsmacht, da er weder gesellschaftsvertraglich allein geschäftsführungsbefugt ist noch ihm von B und S Vollmacht erteilt wurde. Der Mietvertrag ist daher gem. § 177 BGB für die GbR schwebend unwirksam. Sofern B und S ihn nicht genehmigen, kann Hai sich nur an W persönlich halten (§ 179 BGB).

1.1.4 Haftung

Für die *Verbindlichkeiten der Gesellschaft* haften grundsätzlich das Gesellschaftsvermögen sowie alle Gesellschafter persönlich als *Gesamtschuldner*.

Ein GbR-Gesellschafter haftet persönlich, wenn er sich rechtsgeschäftlich verpflichtet hat, d. h. wenn er entweder

- am Vertragsschluss selbst mitgewirkt hat oder
- ein GbR-Geschäftsführer mit Vertretungsmacht für den Gesellschafter gehandelt hat oder
- er einen Schuldbeitritt zu einer bereits bestehenden Verbindlichkeit vereinbart hat.

Haben alle Gesellschafter an einem Vertragsschluss mitgewirkt oder hierin eingewilligt, haften sie auch mit ihrem Privatvermögen neben dem Gesellschaftsvermögen.

Wirken nur ein oder mehrere Gesellschafter an einem Vertragsschluss mit Dritten mit, so müssen diese die Vertretungsmacht besitzen, um die übrigen Gesellschafter auch mit ihrem Privatvermögen zu verpflichten. Ein im Namen der Gesellschaft eingegangenes Geschäft begründet grundsätzlich sowohl für die GbR als auch für den einzelnen Gesellschafter unmittelbare Verpflichtungen (Lehre von der Doppelverpflichtung).

Die Gesellschafter können beim Abschluss von Rechtsgeschäften die Haftung von vornherein auf das Gesellschaftsvermögen beschränken, z. B. dadurch, dass die Vertretungsmacht des geschäftsführenden Gesellschafters im Gesellschaftsvertrag so eingeschränkt wird, dass er nur Verpflichtungen für und gegen das Gesellschaftsvermögen begründen darf. Auch eine Vereinbarung dahingehend, dass die Gesellschafter persönlich nur bis zu einem bestimmten Betrag haften, ist möglich.

Der Schutz des Geschäftspartners muss aber gewährleistet sein, z. B. durch:

- Haftungsbeschränkung mit dem konkreten Geschäftspartner durch individuelle Vereinbarung,
- Offenlegung der Beschränkung der Vertretungsmacht durch den vertretungsbefugten Gesellschafter.

Die Haftungsbeschränkung durch bloßen Namenszusatz („GbR mbH") oder in AGB reicht nicht aus.[27]

Die Haftung bezieht sich sowohl auf rechtsgeschäftlich begründete Ansprüche gegen die Gesellschaft (z. B. Vertragserfüllung, vertraglich begründete Schadenersatzansprüche) als auch auf Verbindlichkeiten aus gesetzlichen Schuldverhältnissen (z. B. §§ 812 ff. BGB, §§ 823 ff. BGB i.V.m. § 31 BGB analog).

> Im Ausgangsfall (d) kann G sowohl die GbR (gem. § 280 BGB) als auch W, B und S (gem. §§ 280, 278 BGB) persönlich auf Schadenersatz in Anspruch nehmen.

---

27 BGH, Urt. v. 27.9.99, NJW 1999, S. 3483.

Der in eine GbR neu eingetretene Gesellschafter haftet nach einem neueren BGH-Urteil auch für die *vor* seinem Beitritt begründeten Verbindlichkeiten der Gesellschaft (Altverbindlichkeiten) persönlich und gemeinsam mit den Altgesellschaftern als Gesamtschuldner (§ 130 HGB analog).[28] Mit diesem Urteil hat der BGH seine langjährige Rechtsprechung zu dieser Frage geändert und die GbR auch insoweit mit der OHG und KG gleichgestellt Bis zur Verkündung dieses Urteils am 7.4.2003 erfolgte Beitritte genießen aber Vertrauensschutz, wenn der Neugesellschafter die Altverbindlichkeit, für die er in Anspruch genommen wird, bei seinem Eintritt nicht kannte und auch nicht hätte erkennen können[29].

Übungsfall 16

Die Anwälte A und B haben sich zu einer Anwaltssozietät in der Rechtsform einer GbR zusammengeschlossen. Der Mandant M hat der GbR im Juli 2007 einen Vorschuss in Höhe von 80.000 € überwiesen. Dabei war ihm jedoch ein Irrtum unterlaufen, denn er schuldete der GbR nur 8.000 €. Im September 2007 tritt R, der im August gerade sein zweites Staatsexamen erfolgreich absolviert hat, der GbR bei. M verlangt nun von R Rückzahlung der 72.000 €. Mit Recht?

Im **Innenverhältnis** ist die Haftung der Gesellschafter gem. § 708 BGB auf *die diligentia quam in suis* beschränkt; er hat „nur für diejenige Sorgfalt einzustehen, welche er in eigenen Angelegenheiten anzuwenden pflegt." Zu beachten ist hierbei § 277 BGB (keine Haftungsbefreiung bei grober Fahrlässigkeit).

> Im Ausgangsfall (e) haftet W also nicht, wenn er auch in eigenen Angelegenheiten nicht besonders sorgfältig ist.

1.1.5 Ausscheiden eines Gesellschafters

Normalerweise zieht das Ausscheiden eines Gesellschafters die Auflösung der Gesellschaft nach. Jedoch kann die GbR trotz Ausscheidens eines Gesellschafters dann fortgesetzt werden, wenn im Gesellschaftsvertrag eine *Fortsetzungsklausel* (§§ 736 ff. BGB) vereinbart ist oder die Gesellschafter vor Eintritt der Auflösung die Fortsetzung beschließen. Im Falle einer Fortsetzungsklausel

---

28 BGH vom 7.4.2003, Az. II ZR 56/02.
29 BGH vom 12.12.2005, Az. II ZR 283/03.

kann ein Gesellschafter aus wichtigem Grund i. S. d. § 723 BGB aus der Gesellschaft durch Beschluss der übrigen Gesellschafter ausgeschlossen werden, § 737 BGB.

Darüber hinaus kann jeder Gesellschafter durch den Abschluss einer Austrittsvereinbarung mit seinen Mitgesellschaftern sein Ausscheiden erreichen. Handelt es sich um eine Zwei-Personen-GbR, können die Gesellschafter vereinbaren, dass einer von ihnen das Gesellschaftsvermögen ohne Liquidation mit Aktiva und Passiva übernimmt und den anderen abzufinden hat. In einem solchen Fall wächst das Gesellschaftsvermögen dem Alleinübernehmer an.

Der ausgeschiedene Gesellschafter haftet nach seinem Ausscheiden für die bis dahin begründeten Verbindlichkeiten der GbR gem. § 726 BGB i.V.m. § 160 HGB für max. 5 Jahre weiter. Diese Frist beginnt mit dem Zeitpunkt, zu dem der Gläubiger von dem Ausscheiden Kenntnis erlangt.

Abbildung 15: Nachhaftung bei Ausscheiden

Möglich ist auch die Neuaufnahme eines Gesellschafters. Zu beachten ist in diesem Fall, dass der neue Gesellschafter dann für die bisherigen Verbindlichkeiten der Gesellschaft neben den Altgesellschaftern als Gesamtschuldner mithaftet (analog § 130 HGB).[30]

1.1.6 Gesellschaftsvermögen

Das Gesetz (§ 728 BGB) erkennt an, dass die GbR selbst Vermögen haben kann.

Gem. § 718 BGB werden die Einlagen und sonstigen Beiträge der Gesellschafter und das durch die Tätigkeit der Gesellschaft erworbene Vermögen Gesellschaftsvermögen (= gemeinschaftliches Vermögen der Gesellschafter), das vom sonstigen Vermögen der Gesellschafter streng zu unterscheiden ist.

---

30 BGH vom 7.4.2003, Az. II ZR 56/02.

Zu beachten ist, dass ein Gesellschafter einzelne Gegenstände entweder als Einlage der Gesellschafter übereignen kann – dann werden sie Bestandteile des Gesellschaftsvermögens – oder sie mur der Gesellschaft zur Benutzung (Leihe oder Miete) überlassen kann – dann bleiben sie im Vermögen des betreffenden Gesellschafters.

In das Gesellschaftsvermögen kann nur durch einen gegen die GbR selbst oder durch einen gegen alle Gesellschafter als Gesamtschuldner gerichteten Titel vollstreckt werden. Ein Gesellschafter kann nicht über seinen Anteil am Gesellschaftsvermögen und an einzelnen dazu gehörenden Gegenständen verfügen (§ 719 BGB).

1.1.7 Gewinn und Verlust

Die Anteile am Gewinn und Verlust der Gesellschaft bestimmen sich zunächst nach den Bestimmungen des Gesellschaftsvertrags, in dem beliebige Regelungen hierüber getroffen werden können. Nur bei Fehlen einer vertraglichen Regelung gilt gem. § 722 BGB für jeden Gesellschafter ein gleicher Anteil an Gewinn und Verlust, und zwar unabhängig von der Art und Größe seiner Einlagen und Beiträge. Die Verteilung von Gewinn und Verlust erfolgt mangels abweichender Regelungen „im Zweifel" am Schluss jedes Geschäftsjahrs oder nach Auflösung der Gesellschaft (§ 721 BGB).

Im Ausgangsfall (c) kann W daher noch keine Gewinnausschüttung verlangen.

1.1.8 Auflösung

Bei der Auflösung der Gesellschaft wird der Gesellschaftszweck dahingehend verändert, dass aus einer werbenden Gesellschaft eine Gesellschaft in Liquidation (i.L.) wird, deren Zweck nunmehr auf Abwicklung und Verwertung des Gesellschaftsvermögens gerichtet ist.

Auflösungsgründe (§§ 723 ff. BGB) für die GbR sind – sofern der Gesellschaftsvertrag nichts anderes bestimmt – insbesondere:

- *Kündigung* durch einen Gesellschafter (§ 723 BGB):
  Eine GbR, die auf unbestimmte Zeit eingegangen ist, kann nach dem Gesetz von jedem Gesellschafter ohne Einhaltung einer Kündigungsfrist jederzeit gekündigt werden (ordentliche Kündigung). Ein besonderer Kündigungsgrund ist nicht erforderlich.

Vertraglich kann dieses Recht eingeschränkt werden (z. B. durch Vereinbarung angemessener Kündigungsfristen und -termine; Ausschluss des Kündigungsrechts auf Zeit durch Vereinbarung einer Mindestlaufzeit, während der nicht gekündigt werden kann). Ein dauernder vertraglicher Ausschluss dieses ordentlichen Kündigungsrechts ist nicht möglich (§ 724 BGB).

- Eine GbR kann außerdem bei Vorliegen eines *wichtigen Grundes* immer gekündigt werden (außerordentliche Kündigung), auch wenn sie auf Zeit geschlossen oder die ordentliche Kündigung ausgeschlossen oder an bestimmte Zeitpunkte oder Fristen gebunden ist (§ 723 Abs. 3 BGB).
- *Tod eines Gesellschafters* (§ 727 BGB) (sofern keine Fortsetzungsklausel im Gesellschaftsvertrag enthalten ist)
- *Insolvenz der Gesellschaft* (die Gesellschaft ist selbst insolvenzfähig, 728 BGB)
- *Insolvenz eines Gesellschafters* (sofern keine Fortsetzungsklausel im Gesellschaftsvertrag enthalten ist)
- *Zweckerreichung* oder *Unmöglichkeit* der Zweckerreichung (§ 726 BGB); Unmöglichkeit liegt z. B. dann vor, wenn die Gesellschaft dauerhaft nicht mehr in der Lage ist, den Gesellschaftszweck zu erfüllen (z. B. Gewerbeuntersagung, Entziehung der Zulassung bei Freiberuflern).
- *Zeitablauf* (wenn die Gesellschaft nur für eine bestimmte Zeit eingegangen ist)
- Beschluss der Gesellschafter:

Dieser – im Gesetz nicht ausdrücklich geregelte – Fall setzt Einstimmigkeit oder die im Gesellschaftsvertrag vorgesehene Mehrheit der Stimmen (§ 709 Abs. 2 BGB) voraus.

> Im Ausgangsfall (f) kann B kündigen, ohne an bestimmte Fristen gebunden zu sein. Die Kündigung führt dann zur Auflösung der Gesellschaft.

1.1.9 Liquidation

Das Liquidationsverfahren (Auseinandersetzungsverfahren, §§ 730 ff. BGB) beinhaltet

- die Beendigung der schwebenden Geschäfte,
- die Rückgabe von zur Nutzung überlassenen Gegenständen,
- „Versilberung" (= Umsetzung in Geld) des Gesellschaftsvermögens,
- die Tilgung der Schulden,

- die Rückerstattung von Einlagen,
- die Verteilung des Restvermögens bzw. die Einziehung von Nachschüssen bei Verlust.

Im Ausgangsfall (f) sind zunächst die Gläubiger zu befriedigen (20.000 €). Für die ungewisse Verbindlichkeit ist eine entsprechende Rückstellung zu bilden (10.000 €). Sodann sind die Einlagen zu erstatten: S erhält 5.000 €, B (nach Verkauf des PC) 3.000 €. Den verbleibenden Überschuss erhalten W, B und S zu gleichen Anteilen (je 4.500 €).[31]

1.2 Offene Handelsgesellschaft

Bitter und *Sparbier* beschließen, sich jetzt in der Rechtsform einer OHG in ihrem bisherigen Geschäftszweig zu betätigen. B leistet eine (Bar-)Einlage in Höhe von 5.000 €, S eine solche von 10.000 €.

a. Was müssen sie bei der Gründung der OHG beachten?
b. Wie könnte die Firma der OHG lauten?
c. Angenommen, die OHG erzielt im Jahr 01 einen Gewinn von 60.000 €. Wie ist der Gewinn zwischen den Gesellschaftern aufzuteilen, wenn der Gesellschaftsvertrag keine besondere Regelung hierüber enthält?

Überlegen Sie bitte zunächst selbst!

1.2.1 Wesen der OHG

Die offene Handelsgesellschaft ist eine Personengesellschaft, deren *Zweck* der gemeinsame Betrieb eines Handelsgewerbes ist und bei der alle Gesellschafter den Gläubigern gegenüber uneingeschränkt haften (§ 105 HGB). Mitglieder einer OHG können natürliche Personen, Personalgesellschaften oder juristische Personen sein; erforderlich sind mindestens zwei Gesellschafter. Die Errichtung erfolgt durch den formlos möglichen Abschluss eines Gesellschaftsvertrages, wobei allerdings mindestens Schriftform dringend zu empfehlen ist. Die OHG muss als Vollkaufmann in das Handelsregister eingetragen werden. In das Handelsregister einzutragen sind gemäß § 106 HGB alle Gesellschafter, die

---

[31] B hat den PC der GbR nicht zur Nutzung überlassen – dann würde er ihn ohne Wertausgleich gem. § 732 BGB zurückerhalten –, sondern als Einlage erbracht: er erhält den Wert ersetzt, den der PC zur Zeit der Einbringung hatte.

Firma der Gesellschaft und der Ort der Niederlassung sowie der Zeitpunkt des Beginns der Gesellschaft.

☞ Auf die OHG finden ergänzend die Vorschriften über die GbR (§§ 705 ff. BGB) Anwendung (§ 105 Abs. 3 HGB). Im Folgenden wird daher nur auf die Regelungen eingegangen, in denen sich die OHG von der GbR unterscheidet.

> Im Ausgangsfall sollten (nicht: müssen!) B und S einen schriftlichen Gesellschaftsvertrag abschließen. Sie müssen die OHG im Handelsregister eintragen lassen. Die Kosten der Gründung beim Handelsregister sind belaufen sich – abhängig von der Anzahl der Gesellschafter – bei zwei Gesellschaftern z. B. ca.154 € (Gericht und Notar).
>
> Die Firma muss zwingend den Zusatz „offene Handelsgesellschaft" oder „OHG" haben, sie könnte z. B. „B&S netconsult. com OHG" lauten.

1.2.2 Innenverhältnis der Gesellschafter

☞ Die Gesellschafter können für das Innenverhältnis beliebige Regelungen im Gesellschaftsvertrag treffen und insbesondere von den gesetzlichen Vorschriften abweichen (§ 109 HGB).

Nur wenn nichts anderes vereinbart ist, gilt das Folgende:

Für die *Geschäftsführung* gilt das Prinzip der *Selbstorganschaft*, d. h. Geschäftsführer können nur Gesellschafter sein. Mangels abweichender Vereinbarung sind alle Gesellschafter zur Geschäftsführung berechtigt und verpflichtet. Jeder Gesellschafter ist allein geschäftsführungsbefugt (§ 115 Abs. 1 HGB). Widerspricht jedoch ein anderer geschäftsführungsbefugter Gesellschafter dem beabsichtigten Geschäft, so muss dieses unterbleiben. Die Geschäftsführungsbefugnis bezieht sich auf die Handlungen, die der gewöhnliche Betrieb des Handelsgeschäftes mit sich bringt. Darüber hinausgehende Handlungen bedürfen der Einwilligung (= vorherigen Zustimmung) sämtlicher Gesellschafter.

In einer Reihe von Fällen sind Gesellschafterbeschlüsse erforderlich, um eine Entscheidung herbeizuführen. Dies gilt insbesondere für Handlungen, die über den gewöhnlichen Betrieb des Handelsgewerbes der Gesellschaft hinausgehen, für die Erteilung der Prokura und eine Änderung des Gesellschaftsvertrages. Mangels abweichender Vereinbarung müssen Gesellschafterbeschlüsse einstim-

II. Gesellschaftsrecht

mig getroffen werden. Im Gesellschaftsvertrag können Mehrheitsbeschlüsse vorgesehen werden. In diesem Fall ist die Mehrheit im Zweifel nach der Zahl der Gesellschafter zu berechnen. Möglich ist aber auch, die Mehrheit nach den Kapitalanteilen zu bestimmen.

Die Geschäftsführungsbefugnis kann einem Gesellschafter nur durch gerichtliche Entscheidung aus wichtigem Grund (grobe Pflichtverletzung, Unfähigkeit zur ordnungsgemäßen Geschäftsführung) entzogen werden.

Die Gesellschafter unterliegen gemäß § 112 HGB einem gesetzlichen Wettbewerbsverbot, d. h. sie dürfen weder in dem Handelszweige der Gesellschaft Geschäfte machen noch sich an einer anderen gleichartigen Handelsgesellschaft als persönlich haftende Gesellschafter beteiligen. Die übrigen Gesellschafter können jedoch auf dieses Wettbewerbsverbot verzichten.

Verletzt ein Gesellschafter das Wettbewerbsverbot, so kann die OHG Schadenersatzansprüche geltend machen oder selbst in die getätigten Geschäfte eintreten (§ 113 HGB).

Jeder Gesellschafter hat an der OHG einen Kapitalanteil. Hierunter ist das Beteiligungsverhältnis des Gesellschafters am Gesamtvermögen der Gesellschaft zu verstehen. Die Höhe des Kapitalanteils hat vor allem Bedeutung für:

- die Gewinnverteilung,
- die Berechnung des Auflösungs- bzw. des Abfindungsguthabens bei Beendigung der Gesellschaft oder Ausscheiden aus der Gesellschaft,
- Abstimmungen, sofern nach dem Gesellschaftsvertrag bei Abstimmungen die Mehrheit nach der Höhe der Kapitalanteile zu berechnen ist (§ 119 HGB: nach der Zahl der Gesellschafter).

1.2.2.1 Gewinn- und Verlustverteilung

Am Schluss eines jeden Geschäftsjahres muss aufgrund der Bilanz der Gewinn oder Verlust eines Geschäftsjahres festgestellt und für jeden Gesellschafter der entsprechende Anteil errechnet werden (§ 120 Abs. 1 HGB). Für die Erstellung der Bilanz gelten die allgemeinen handelsrechtlichen Vorschriften (3. Buch des HGB, §§ 238 ff HGB). Die Bilanz ist durch die Gesellschafter aufzustellen (§ 245 Satz 2 HGB).

Die *Gewinnverteilung* erfolgt mangels abweichender Vereinbarung nach § 121 HGB:

Zunächst ist ein Anteil von 4% des Kapitalanteiles dem Gesellschafter gutzubringen. Übersteigt der Jahresgewinn diese Gewinnanteile, wird der Restbetrag unter die Gesellschafter nach Köpfen verteilt. Reicht dagegen der Jahresgewinn nicht aus, bestimmen sich die Gewinnanteile nach einem entsprechend niedrigeren Satz.

Verluste werden unter den Gesellschaftern nach Köpfen verteilt.

Sofern der Gesellschaftsvertrag von der gesetzlichen Regelung abweichende Vereinbarungen für den Gewinn enthält, gilt dies gemäß § 722 Abs. 2 BGB im Zweifel auch für den Verlustanteil.

> Im Ausgangsfall ist der Gewinn wie folgt zu verteilen:
>
> B: vorab 4% von 5.000 € = 200 €
>
> S: vorab 4% von 10.000 € = 400 €
>
> Restbetrag 59.400 €, jeweils 29.700 €, d. h. S bekommt insgesamt 31.100 €, B 29.900 €.

1.2.2.2 Wettbewerbsverbot

Die Gesellschafter unterliegen einem gesetzlichen Wettbewerbsverbot, d. h., sie dürfen ohne Einwilligung der anderen Gesellschafter in der Branche der Gesellschaft weder selbst Geschäfte Gesellschafter beteiligen machen noch sich an einer anderen Gesellschafter als persönlich haftende Gesellschafter beteiligen (§ 112 HGB). Verstöße gegen dieses Wettbewerbsverbot verpflichten zum Schadensersatz (§ 113 HGB).

1.2.2.3 Kontrollrecht

Jeder Gesellschafter hat das Recht, sich „von den Angelegenheiten der Gesellschaft persönlich zu unterrichten" und die Handelsbücher einzusehen, selbst wenn er von der Geschäftsführung ausgeschlossen ist (§ 118 HGB).

1.2.3 Außenverhältnis

Anders als im Innenverhältnis sind die gesetzlichen Vorschriften für das Außenverhältnis im Interesse des Gläubigerschutzes überwiegend zwingend. Dies gilt insbesondere für die Haftung der Gesellschafter für Gesellschaftsschulden Dritten gegenüber.

Die OHG kann zunächst unter ihrer Firma Rechte erwerben und Verbindlichkeiten eingehen sowie Eigentum an Grundstücken erwerben sowie vor Gericht klagen und verklagt werden. Insofern ist die OHG einer juristischen Person weitgehend angenähert.

Die *Vertretung* der Gesellschaft erfolgt durch die (geschäftsführenden) Gesellschafter. Ein Nicht-Gesellschafter kann die Gesellschaft nur als Prokurist oder Handlungsbevollmächtigter vertreten, nicht aber als Geschäftsführer. Grundsätzlich ist *jeder Gesellschafter allein vertretungsberechtigt*. Allerdings können im Gesellschaftsvertrag insoweit Abweichungen vorgesehen sein, als einzelne Gesellschafter von der Vertretungsmacht ausgeschlossen sind oder nur im Zusammenwirken einem anderen Gesellschafter eine Vertretungsmacht gegeben ist (Gesamtvertretung). Auch kann eine Gesamtvertretung mit einem Prokuristen vorgesehen werden. Ausnahmen von der Einzelvertretungsmacht sind in das Handelsregister einzutragen und bekanntzumachen. Im Übrigen ist die Vertretungsmacht nicht beschränkbar. Die Vertretungsmacht ist umfassender als die Geschäftsführungsbefugnis nach den §§ 115 ff. (vgl. § 126 HGB).

Bei Vorliegen eines wichtigen Grundes kann die Vertretungsmacht einem Gesellschafter durch gerichtliche Entscheidung entzogen werden.

 Übungsfall 17

Albert, Bernhard und Bianca sind Gesellschafter der AB&B OHG. Im Gesellschaftsvertrag wird in Bezug auf die Geschäftsführung auf die „gesetzlichen Bestimmungen" verwiesen.

Albert möchte der Bürokraft Claudia C. imponieren und erteilt ihr – ohne vorherige Rücksprache mit Bernhard und Bianca, die sich auf einer längeren Geschäftsreise befinden – Prokura. C., der die kärgliche Ausstattung ihres Büros schon seit ihrer Einstellung missfällt, kauft im Namen der OHG bei dem Einrichtungshaus „Exclusivdesign GmbH" neue Büromöbel für 25.000 € und lässt außerdem die Geschäftsräume der OHG von dem Malermeister Müller e.K. für 30.000 € renovieren. Sie meint, im Interesse der Gesellschaft zu handeln, weil das bisherige Erscheinungsbild potentielle Kunden eher abgeschreckt habe.

Als Bernhard und Bianca von ihrer Geschäftsreise zurückkehren, sind sie entsetzt über das eigenmächtige Verhalten von Albert und Claudia. Sie sind der Auffassung, dass die Prokura ohne ihre Einwilligung gar nicht hätte erteilt werden können und damit die von C. abgeschlossenen Verträge unwirksam seien.

Können „Exclusivdesign GmbH" und Müller e.K. von der OHG und Albert, Bernhard und Bianca Zahlung verlangen?

Könnte die OHG und/oder Bernhard und Bianca von Albert Ersatz verlangen, falls die OHG doch zahlen muss?

1.2.4 Haftung der Gesellschafter

Die Gesellschafter haften für alle Gesellschaftsschulden unmittelbar, persönlich, unbeschränkbar und gesamtschuldnerisch. Entgegenstehende Vereinbarungen sind Dritten gegenüber unwirksam.

Ein neu eintretender Gesellschafter haftet nach § 130 HGB für die Altschulden der Gesellschaft in gleicher Weise wie die übrigen Gesellschafter. Auch ein ausgeschiedener Gesellschafter haftet für die Schulden weiter, die vor seinem Ausscheiden entstanden sind. Allerdings verjähren die Verbindlichkeiten spätestens in 5 Jahren seit der Eintragung seines Ausscheidens in das Handelsregister (§ 159 HGB).

1.2.5 Auflösung der Gesellschaft

Es gelten im Wesentlichen dieselben Grundsätze wie bei der GbR.

Besonderheiten bei der OHG:

- Durch Kündigung, Tod, Kündigung eines Privatgläubigers eines Gesellschafters wird die OHG *nicht* aufgelöst (§ 131 Abs. 3 HGB), sondern führen mit dem Eintritt des ihn betreffenden Ereignisses zum Ausscheiden des Gesellschafters.
- Die Kündigung eines Gesellschafters ist nur mit einer Frist von 6 Monaten zum Schluss eines Geschäftsjahrs möglich.
- Ein Gesellschafter kann nur durch gerichtliches Urteil aus der Gesellschaft ausgeschlossen werden (§ 140 HGB).
- Die Auflösung der OHG sowie das Ausscheiden eines Gesellschafters sind im Handelsregister einzutragen.

1.3 Kommanditgesellschaft (KG)

Die KG ist eine Personenhandelsgesellschaft (§§ 161 ff. HGB), auf die weitgehend das Recht der OHG (und damit indirekt auch das Recht der GbR) Anwendung findet (§ 161 Abs. 2 HGB). Die Unterschiede zur OHG ergeben sich vor allem daraus, dass bei der KG zwei verschiedene Gruppen von Gesellschaftern vorhanden sein müssen, nämlich *Komplementär(e)* (auch *Vollhafter* oder *persönlich haftende Gesellschafter* [phG] genannt) und *Kommanditist(en)* (auch *Teilhafter* genannt).

 Für die Komplementäre gilt dasselbe wie für die Gesellschafter einer OHG.

Unterschiede zur OHG ergeben sich vor allem bei den Kommanditisten:

- Sie sind gesetzlich von der Geschäftsführung und Vertretung (§ 170 HGB) der Gesellschaft ausgeschlossen. Im Hinblick auf die Geschäftsführung können im Gesellschaftsvertrag aber abweichende Regelungen vorgesehen werden. Vertretungsmacht kann ihnen z. B. in Form von Prokura oder Handlungsvollmacht erteilt werden.
- Sie haben nur eingeschränkte Kontrollrechte (§ 166 HGB).
- Sie unterliegen keinem gesetzlichen Wettbewerbsverbot (§ 165 HGB).
- Der Gewinn wird, sofern im Gesellschaftsvertrag nichts vereinbart wurde, „angemessen" verteilt (§ 168 Abs. 2 HGB); am Verlust nimmt der Kommanditist nur bis zum Betrage seines Kapitalanteils teil.
- Die Haftung der Kommanditisten ist beschränkt auf die Höhe ihrer (im Handelsregister eingetragenen) Einlage (§ 171 f. HGB). Diese Haftung ist ausgeschlossen, soweit die Einlage geleistet ist. Sie lebt aber wieder auf, wenn die Einlage an den Kommanditisten zurückbezahlt wird (§ 172 Abs. 4 HGB).

Achtung: Beginnt die KG ihre Geschäftstätigkeit vor ihrer Eintragung in das Handelsregister, haftet jeder Kommanditist, der dem Geschäftsbeginn zugestimmt hat, für die bis zur Eintragung begründeten Verbindlichkeiten der Gesellschaft gleich einem Komplementär (§ 176 Abs. 1 HGB). Ein entsprechendes Haftungsrisiko besteht auch bei Eintritt eines neuen Kommanditisten in eine bestehende Handelsgesellschaft (§ 176 Abs. 2 HGB).

Übungsfall 18

Lars und seine Ehefrau Isolde führen als persönlich haftende Gesellschafter die Speedy OHG. Die OHG ist im Handelsregister eingetragen. Gegenstand des Handelsgewerbes ist der Betrieb eines Transportunternehmens.

Ein neuer LKW muss angeschafft werden. Der Bruder der Isolde, Tristan, tritt daraufhin als Kommanditist in die OHG ein gegen eine Einlage von 100.000 €. Davon soll der Ankauf des LKW finanziert werden. Tristan stimmt dem Ankauf des Fahrzeugs zu einem Kaufpreis von 100.000 € zu. Lars schließt daraufhin im April 2013 mit der Firma Seemann GmbH einen entsprechenden Kaufvertrag namens der Speedy OHG ab, nachdem L seine Einlage im März 2013 in die OHG eingebracht hat. Im Mai 2013 wird T als Kommanditist ins Handelsregister eingetragen und die Firma in Speedy KG umbenannt. L zahlt an Schmitz 50.000 €. Als S. erfährt, dass die KG, Lars und Isolde nahezu vermögenslos sind, begehrt er von T Zahlung des restlichen Kaufpreises in Höhe von 50.000 €. T weigert sich zu zahlen. Er beruft sich darauf, dass er seine Kommanditeinlage erbracht habe.

Kann S mit Erfolg von T Zahlung von 50.000 € verlangen?

1.4 Mischform: GmbH & Co. KG/AG & Co. KG

Als (alleinige) Komplementärin einer KG kann auch eine Kapitalgesellschaft (GmbH oder AG) dienen. Diese haftet dann nur mit ihrem Gesellschaftsvermögen; die Kommanditisten haften ohnehin begrenzt auf ihre jeweilige Kommanditeinlage, sodass keine natürliche Person unbegrenzt mit ihrem (Privat-) Vermögen haftet. Die Kapitalgesellschaft & Co. KG ist als solche – auch steuerlich – Personenhandelsgesellschaft und damit in Abt. A des Handelsregisters einzutragen. Sie wird durch ihre Komplementärin – diese wiederum durch ihren Geschäftsführer bzw. Vorstand – vertreten.

1.5 Partnerschaftsgesellschaft (PartG)

Die Partnerschaftsgesellschaft (PartG) ist eine Personengesellschaft, in der sich nur Angehörige freier Berufe (Rechtsanwälte, Steuerberater, Wirtschaftsprüfer u. a.) zusammenschließen können. Rechtsgrundlage ist das PartGG.

Besonderheiten:

Der Partnerschaftsvertrag bedarf der Schriftform.

Der Partnerschaftsvertrag muss enthalten:

- den Namen und den Sitz der Partnerschaft;
- den Namen und den Vornamen sowie den in der Partnerschaft ausgeübten Beruf und den Wohnort jedes Partners;
- den Gegenstand der Partnerschaft.

Die PartG muss den Namen mindestens eines Partners, den Zusatz „und Partner" oder „Partnerschaft" und die Berufsbezeichnungen aller in der PartG vertretenen Berufe enthalten.

☞ Den Zusatz *„Partnerschaft"* oder *„und Partner"* dürfen nur Partnerschaften nach dem PartGG führen.

Die PartG wird in das Partnerschaftsregister eingetragen und mit ihrer Eintragung in das Partnerschaftsregister wirksam. § 124 HGB ist entsprechend anzuwenden.

Auf die Vertretung der Partnerschaft sind die Vorschriften des § 125 Abs. 1 und 2 sowie der §§ 126 und 127 HGB entsprechend anzuwenden.

Für Verbindlichkeiten der Partnerschaft haften den Gläubigern neben dem Vermögen der Partnerschaft die Partner als Gesamtschuldner. Die §§ 129 und 130 HGB sind entsprechend anzuwenden.

Waren nur einzelne Partner mit der Bearbeitung eines Auftrags befasst, so haften nur sie für berufliche Fehler neben der Partnerschaft.

Durch Gesetz (z. B. § 51a BRAO) kann für einzelne Berufe eine Beschränkung der Haftung für Ansprüche aus Schäden wegen fehlerhafter Berufsausübung auf einen bestimmten Höchstbetrag zugelassen werden, wenn zugleich eine Pflicht zum Abschluss einer Berufshaftpflichtversicherung der Partner oder der Partnerschaft begründet wird (wie z. B. in § 51 BRAO). Zu beachten ist, dass die Haftungsbeschränkung sich nur auf Schadenersatzansprüche wegen fehlerhafter Berufsausübung bezieht, für sonstige Ansprüche, die sich gegen die PartG richten, haften alle Partner unbeschränkt und unbeschränkbar, wie sich aus der Verweisung auf das OHG-Recht ergibt.

1.6 EWIV

Die EWIV – **E**uropäische **W**irtschaftliche **I**nteressen**v**ereinigung – setzt die Beteiligung von *Unternehmen* (z. B. auch Freiberufler) aus mindestens zwei Mitgliedsstaaten der EU voraus. Rechtsgrundlagen sind die VO (EWG) Nr. 2137/85 und das deutsche EWIV-Ausführungsgesetz von 1988. Ähnlichkeiten bestehen zur OHG. Die EWIV gilt als Handelsgesellschaft im Sinne des HGB.

1.7 Stille Gesellschaft

Die stille Gesellschaft ist eine reine *Innengesellschaft*, bei der nach außen hin allein der Inhaber des Handelsgeschäfts (z. B. OHG, KG, e.K., GmbH) in Erscheinung tritt. Rechtsgrundlagen sind die §§ 230 ff. HGB. Stille Gesellschafter können nicht nur natürliche Personen sein, sondern auch alle juristischen Personen. Der stille Gesellschafter ist lediglich mittels einer Vermögenseinlage beteiligt. Diese Einlage geht in das Vermögen des Inhabers des Handelsgeschäfts über und wird nicht gemeinschaftliches Gesellschaftsvermögen.

Bei der sog. atypischen stillen Gesellschaft hat der „Stille" weitergehende Mitspracherechte und ist evtl. als Prokurist oder Handlungsbevollmächtigter auch zur Vertretung des Unternehmens berechtigt; auch kann er an den stillen Reserven beteiligt sein. Steuerlich gilt er unter bestimmten Voraussetzungen als Mitunternehmer.

1.8 Betriebsaufspaltung

Eine Betriebsaufspaltung liegt vor, wenn eine Personengesellschaft (Besitzunternehmen) eine wesentliche Betriebsgrundlage an eine Kapitalgesellschaft (Betriebsunternehmen) zur Nutzung überlässt, z. B. aufgrund eines Pachtvertrags (sachliche Verflechtung) und eine Person oder mehrere Personen zusammen beide Unternehmen beherrschen (persönliche Verflechtung). Motiv hierfür ist vor allem, dass wesentliche Teile des Betriebsvermögens im Insolvenzfall des Betriebsunternehmens den Gesellschaftern erhalten bleiben.

Abbildung 16: Betriebsaufspaltung

	BGB-Gesellschaft	**OHG/KG**
Gesetzliche Grundlagen	§§ 705 ff. BGB	§§ 105 ff. HGB
Entstehung	Gesellschaftsvertrag (formlos möglich)	Gesellschaftsvertrag + evtl. Eintragung im Handelsregister
Zweck	beliebig (z. B. Fahrgemeinschaft, Anwaltssozietät, Bankenkonsortium)	gemeinsamer Betrieb eines Handelsgewerbes; eigene Firma, rechtlich selbständiges Gesellschaftsvermögen
Geschäftsführung	alle Gesellschafter gemeinschaftlich [Einstimmigkeitsprinzip][30]	jeder Gesellschafter allein (§ 114 HGB) [nur gewöhnliche Geschäfte][31] Kommanditisten ausgeschlossen[32]
Vertretung	alle Gesellschafter gemeinschaftlich[33]	jeder Gesellschafter allein[34] Kommanditisten ausgeschlossen
Haftung	alle Gesellschafter gesamtschuldnerisch[35]	OHG und alle Gesellschafter gesamtschuldnerisch (§§ 124, 128 HGB)/Kommanditisten beschränkt (§ 171 HGB)
Gewinnverteilung	im Zweifel nach Köpfen	im Zweifel 4% vom Kapitalanteil, Rest nach Köpfen KG „angemessen" (§§ 121, 168 HGB)
Verlust	im Zweifel nach Köpfen	im Zweifel nach Köpfen KG: „angemessen"

---

32 Abweichende Vereinbarungen im Gesellschaftsvertrag möglich.
33 Abweichende Vereinbarungen im Gesellschaftsvertrag möglich.
34 Abweichende Vereinbarungen im Gesellschaftsvertrag möglich.
35 Abweichende Vereinbarungen im Gesellschaftsvertrag möglich.
36 Abweichende Vereinbarungen im Gesellschaftsvertrag möglich, Eintragung im HR erforderlich.
37 Abweichende Vereinbarungen im Gesellschaftsvertrag möglich.

Auflösung	• Zeitablauf (wenn vereinbart) • Insolvenz der Gesellschaft • Kündigung eines Gesellschafters (jederzeit möglich, § 723 BGB) • Tod eines Gesellschafters • Insolvenz eines Gesellschafters • Zweckerreichung oder Unmöglichkeit der Zweckerreichung • Beschluss der Gesellschafter	• Zeitablauf (wenn vereinbart) • Beschluss der Gesellschafter • Insolvenz der Gesellschaft • Gerichtliche Entscheidung • Weitere Gründe im Gesellschaftsvertrag möglich • Kündigung nur mit 6 Monaten Frist zum Schluss eines Geschäftsjahres möglich
Auflösungsfolgen	*Liquidation* nach Maßgabe der §§ 730 ff. BGB	*Liquidation* nach Maßgabe der §§ 145 ff. HGB

Abbildung 17: Vergleich GbR/OHG u. KG

2. Körperschaften

Vorbemerkung

Juristische Personen (= Körperschaften) sind Organisationen des öffentlichen oder privaten Rechts.

Juristische Personen des öffentlichen Rechts sind die öffentlich-rechtlichen Körperschaften (z. B. der Bund, die Bundesländer, Städte und Gemeinden, Universitäten, IHK, Kirchen), Anstalten (z. B. Landesrundfunkanstalt, Sparkasse) und Stiftungen (z. B. Stiftung preußischer Kulturbesitz), nicht aber Behörden, die lediglich Organe der jeweiligen juristischen Person sind.

Die juristischen Personen des privaten Rechts sind *Personenvereinigungen* (z. B. Verein, § 21 BGB) und *Zweckvermögen* (Stiftungen, §§ 80 ff BGB).

Die juristischen Personen des Privatrechts erlangen Rechtsfähigkeit durch staatlichen Hoheitsakt (Eintragung in das entsprechende Register, z. B. Vereinsregister, Handelsregister, Genossenschaftsregister). Bei der Stiftung ist eine staatliche Genehmigung erforderlich, vgl. §§ 22, 80 BGB).

Die juristischen Personen können nur durch ihre Organe handeln (Vorstand, Geschäftsführer) und haften gem. §§ 31, 89 BGB für diese.

Die rechtlichen Attribute der juristischen Personen sind:
- Rechtsfähigkeit
- Name bzw. Firma
- Sitz

Die Grundform der juristischen Personen ist der <u>Verein</u> (e.V., §§ 21 ff. BGB).

Der nicht rechtsfähige Verein wird (theoretisch) ähnlich wie die GbR behandelt (vgl. § 54 BGB).

Ist der Geschäftsbetrieb des Vereins auf wirtschaftliche Tätigkeit mit Gewinnerzielungsabsicht gerichtet, so kann er die Rechtsfähigkeit nur durch staatliche Verleihung erlangen), was nur in seltenen Fällen vorkommt. Nicht wirtschaftliche Vereine (Idealvereine) erlangen die Rechtsfähigkeit durch Eintragung ins Vereinsregister und erhalten den Zusatz „e.V." (eingetragener Verein).

92 II. Gesellschaftsrecht

Die Vorschriften des BGB über den Verein gelten subsidiär auch für die übrigen juristischen Personen, so z. B. § 31 BGB (Haftung des Vereins für den Schaden, den der Vorstand durch eine in Ausführung der ihm zustehenden Verrichtungen begangene, zum Schadensersatz verpflichtende Handlung einem Dritten zufügt). Teilweise wird der Begriff „Verein" auch synonym für „juristischen Person" verwendet (so z. B. in § 6 HGB).

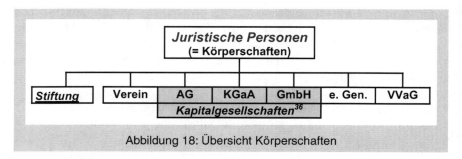

Abbildung 18: Übersicht Körperschaften

Die Entstehung einer *Körperschaft* vollzieht sich in zwei Akten:

(1) Errichtung des Gesellschaftsvertrages (der Satzung), wobei zumeist notarielle Beurkundung vorgeschrieben ist (§§ 23 AktG, 2 GmbHG).

(2) Eintragung in das Handelsregister bzw. GenR. Vor der Eintragung existiert die Gesellschaft „als solche" *nicht* (§§ 41 I AktG, 11 I GmbHG, 13 GenG).

Der Zusammenschluss der Gründer einer Körperschaft vor Errichtung des Gesellschaftsvertrages (der Satzung) wird als *Vorgründungsgesellschaft* bezeichnet (GbR mit dem einzigen Zweck, einen Gesellschaftsvertrag abzuschließen). Nach Errichtung des Gesellschaftsvertrages entsteht die *Vorgesellschaft* (VorG, z. B. Vor-AG) als notwendiges Durchgangsstadium im Prozess der Gründung einer Körperschaft. Sie ist nach der Rechtsprechung[39] eine „Organisation, die einem Sonderrecht untersteht" (BGH). Mit der Eintragung der Körperschaft in das entsprechende Register gehen das Vermögen und die Verbindlichkeiten der VorG auf diese im Wege der Gesamtrechtsnachfolge über.

---

38 Die Bezeichnung „Kapitalgesellschaft" bezieht sich auf das (im Handelsregister einzutragende) Nennkapital (Grund- bzw. Stammkapital in gesetzlich bestimmter Mindesthöhe).

39 BGH in st. RSpr., z. B. BGHZ 20, S. 281 [285 f.].

Wird eine juristische Person zahlungsunfähig oder überschuldet, haben die Mitglieder ohne schuldhaftes Zögern, spätestens aber drei Wochen nach Eintritt der Zahlungsunfähigkeit oder Überschuldung, einen *Insolvenzantrag* zu stellen. Das Gleiche gilt für die organschaftlichen Vertreter der zur Vertretung der Gesellschaft ermächtigten Gesellschafter oder die Abwickler bei einer Gesellschaft ohne Rechtspersönlichkeit, bei der kein persönlich haftender Gesellschafter eine natürliche Person ist; dies gilt nicht, wenn zu den persönlich haftenden Gesellschaftern eine andere Gesellschaft gehört, bei der ein persönlich haftender Gesellschafter eine natürliche Person ist (§ 15a InsO).

2.1 Verein

2.1.1 Allgemeines

Ein Verein ist ein freiwilliger, auf eine gewisse Dauer angelegter, körperschaftlich organisierter und vom Wechsel seiner Mitglieder unabhängiger Zusammenschluss mehrerer Personen unter einem Gesamtnamen (Vereinsnamen) zur Verfolgung gemeinsamer Zwecke.

Der Verein besteht aus mindestens drei[40] Personen, ist auf einen wechselnden Mitgliederbestand angelegt und körperschaftlich organisiert, d.h. er hat einen Vorstand und tritt nach innen und außen als Einheit auf.

Der Verein spielt hauptsächlich als nicht wirtschaftlicher Verein (*Idealverein*) eine Rolle: Er kann die Rechtsfähigkeit, d.h. die Fähigkeit, selbst Träger von Rechten und Pflichten zu sein, durch Eintragung ins Vereinsregister (§ 21 BGB) erlangen (dadurch erhält er den Zusatz „e.V.", eingetragener Verein). Auf den nicht eingetragenen und damit nicht rechtsfähigen Idealverein (§ 54 BGB) wird nach der Rechtsprechung ebenfalls teilweise Vereinsrecht angewendet, sofern dieses keine Rechtsfähigkeit voraussetzt, so dass er viele Gemeinsamkeiten mit dem eingetragenen Idealverein aufweist.

Ein auf wirtschaftliche Tätigkeit mit Gewinnerzielungsabsicht gerichteter Geschäftsbetrieb kann dagegen praktisch nicht als rechtsfähiger Verein betrieben werden, da wirtschaftliche Vereine die Rechtsfähigkeit nur durch staatliche Verleihung erlangen (§ 22 BGB), was nur in seltenen Fällen vorkommt und nur, wenn wegen besonderer Umstände eine Organisation als AG, GmbH oder Ge-

---

40 Zur Gründung eines e.V. sind mindestens 7 Gründer erforderlich (§ 56 BGB).

nossenschaft unzumutbar ist. Liegt ein wirtschaftlicher Geschäftsbetrieb vor, ist die Annahme eines Idealvereins aber nicht notwendig ausgeschlossen, sofern der Verein im Übrigen einen *ideellen Hauptzweck* verfolgt (z. B. Vereinsgaststätte eines Sportvereins). Ein Idealverein kann unter den Voraussetzungen der §§ 51–68 AO von der Körperschaftsteuer befreit werden, wenn er ausschließlich und unmittelbar gemeinnützige Zwecke verfolgt (diese Möglichkeit besteht auch für andere Körperschaften, z. B. gemeinnützige GmbH [gGmbH], gemeinnützige Aktiengesellschaft [gAG], gemeinnützige Genossenschaft [g.e.G.]).

Ein nicht rechtsfähiger Verein mit wirtschaftlicher Hauptbetätigung unterscheidet sich dagegen im Hinblick auf das anwendbare Recht nicht von einer Gesellschaft: Betreibt er ein Handelsgewerbe, so findet auf ihn OHG-Recht Anwendung. Möglich sind auch Mischformen, auf die teilweise Vereinsrecht und teilweise Gesellschaftsrecht anzuwenden ist.

2.1.2 Gründung, Erlangung der Rechtsfähigkeit

Zur Gründung eines e.V. sind mindestens 7 Gründer erforderlich (§ 56 BGB). Zunächst ist die Vereinssatzung in schriftlicher Form zu errichten. Die Satzung muss den *Zweck*, den *Namen* und den *Sitz des Vereins* enthalten und ergeben, dass der Verein eingetragen werden soll (§ 57 BGB). Die Satzung soll darüber hinaus Bestimmungen enthalten:

- über den Eintritt und Austritt der Mitglieder,
- darüber, ob und welche Beiträge von den Mitgliedern zu leisten sind,
- über die Bildung des Vorstandes,
- über die Voraussetzungen, unter denen die Mitgliederversammlung zu berufen ist, über die Form der Berufung und über die Beurkundung der Beschlüsse (§ 58 BGB).

Sodann ist der Vorstand zu bilden. Der Vorstand hat den Verein sodann zur Eintragung in das Vereinsregister anzumelden (zu den Formalitäten siehe § 59 BGB). Mit der Eintragung wird der Verein rechtsfähig. Die Eintragung wird in dem elektronischen Informations- und Kommunikationssystem bekannt gemacht (§ 66 BGB).

2.1.3 Organe des Vereins

Notwendige Organe des Vereins sind die Mitgliederversammlung und der Vorstand. Weitere Organe können in der Satzung vorgesehen werden (z. B. Beirat, Kuratorium).

Die **Mitgliederversammlung** (MV) ist zuständig für die Beschlussfassung über die „Angelegenheiten des Vereins", soweit sie nicht vom Vorstand oder einem anderen Vereinsorgan zu besorgen sind (§ 32 BGB). Zur Gültigkeit des Beschlusses ist erforderlich, dass der Gegenstand bei der Einberufung der MV bezeichnet wird. Bei der Beschlussfassung entscheidet die Mehrheit der abgegebenen Stimmen. Satzungsänderungen fallen zwingend in den Zuständigkeitsbereich der MV und erfordern eine ¾-Mehrheit der abgegebenen Stimmen (§ 33 BGB). § 33 BGB ist allerdings dispositiv (§ 40 BGB); die Satzung kann andere Mehrheiten vorsehen.

Der **Vorstand** kann aus einer oder mehreren Personen bestehen. Er vertritt den Verein gerichtlich und außergerichtlich er hat die „Stellung des gesetzlichen Vertreters" des Vereins (§ 26 BGB). Besteht der Vorstand aus mehreren Personen, so wird der Verein durch die Mehrheit der Vorstandsmitglieder vertreten. Die Satzung kann aber auch Einzelvertretung oder Gesamtvertretung vorsehen. Beschränkungen des Umfangs der Vertretungsmacht des Vorstands sind möglich (§ 26 Abs. 1 S. 3 BGB), können aber Dritten nur dann entgegen gehalten werden, wenn sie im Vereinsregister eingetragen und bekannt gemacht sind (§§ 70, 68 BGB).

Dem Vorstand obliegt die Geschäftsführung des Vereins, soweit einzelne Angelegenheiten nicht durch Satzung besonderen Organen oder der MV zugewiesen sind. Soweit die Satzung nichts anderes bestimmt, entspricht der Umfang der Geschäftsführungsbefugnis dem Umfang der Vertretungsmacht und umgekehrt.[41] § 27 Abs. 3 BGB verweist im Übrigen auf das Auftragsrecht des BGB (§§ 664–670). Daraus folgt u. a.:

- Befolgung von Weisungen (z. B. der MV)
- Auskunfts- und Rechenschaftspflicht
- Herausgabepflicht (z. B. von Dritten erhaltene Provisionen)
- Anspruch auf Ersatz von Aufwendungen

Die Tätigkeit des Vorstands ist grundsätzlich ehrenamtlich; das Vorstandsmitglied hat nur dann Anspruch auf Vergütung, wenn es in der Satzung so bestimmt ist.

---

41 BGHZ 119, S. 379.

2.1.4 Haftung

Für die Verbindlichkeiten des e.V. haftet grundsätzlich nur das Vereinsvermögen.

☞ Der Verein haftet auch für Schäden, „die ein Mitglied des Vorstands oder ein anderer verfassungsmäßig berufener Vertreter durch eine in Ausführung der ihm zustehenden Verrichtungen begangene, zum Schadensersatz verpflichtende Handlung einem Dritten zufügt" (§ 31 BGB). Diese Vorschrift wird auch auf andere Körperschaften des privaten und des öffentlichen Rechts und analog auch für Personengesellschaften angewendet.

Daneben kann es aber auch zu einer persönlichen Haftung von Vorstandsmitgliedern und anderen Vertretern kommen.

Zu unterscheiden ist dabei die Innen- und die Außenhaftung. Innenhaftung ist die Haftung gegenüber dem Verein, Außenhaftung bezeichnet die (persönliche) Haftung gegenüber Dritten.

Innenhaftung: Grundsätzlich haftet das Vorstandsmitglied gem. § 280 BGB und/oder dem. §§ 823 ff. BGB auch persönlich. Diese Haftung ist jedoch eingeschränkt, wenn der Vorstand ehrenamtlich tätig ist oder eine jährliche Vergütung von max. 720 € erhält: er haftet dann nur noch bei Vorsatz oder grober Fahrlässigkeit (§ 31a BGB). Dieses Haftungsprivileg gilt auch gegenüber Vereinsmitgliedern.

Außenhaftung: Gesetzlich geregelt ist der Fall der Insolvenzverschleppung: Gem. § 42 Abs. 2 BGB hat der Vorstand hat im Falle der Zahlungsunfähigkeit oder der Überschuldung die Eröffnung des Insolvenzverfahrens zu beantragen. Wird die Stellung des Antrags verzögert, so sind die Vorstandsmitglieder, denen ein Verschulden zur Last fällt, den Gläubigern für den daraus entstehenden Schaden verantwortlich; sie haften als Gesamtschuldner.

Außerdem haften Vorstandsmitgliedern nach den allgemeinen Vorschriften (z.B. § 823 BGB) persönlich für Schäden, die sie Dritten zufügen. Allerdings kann er von dem Verein die Befreiung von der Verbindlichkeit verlangen, wenn er in Wahrnehmung seiner Vorstandspflichten gehandelt hat, außer wenn der Schaden vorsätzlich oder grob fahrlässig verursacht wurde (§ 31a Abs. 2 BGB).

Körperschaften

 Übungsfall 19

Transportprobleme

R ist Sportwart im Luftsportverein Quax e.V. und damit das für den Sportbetrieb zuständige Vorstandsmitglied. Für einen Segelflugwettbewerb in Bayern unternimmt er den Transport eines Segelflugzeugs in einem Spezialanhänger des Vereins von Norddeutschland nach Bayern. In einer scharfen Kurve unterschätzt R die Länge des Anhängers und schrammt einen dort parkenden PKW des Fahrzeughalters F. Dabei werden auch der Anhänger und das darin befindliche Segelflugzeug des Vereins beschädigt. F verlangt von Quax e.V. Ersatz des Schadens. Dieser beruft sich darauf, dass R normalerweise ein sehr sorgfältiger Fahrer sei und noch nie einen Unfall mit dem Anhänger gehabt habe. F solle sich ggf. direkt an R halten.

1. Hat F Anspruch auf Schadensersatz gegen den Verein?
2. Kann der Verein Schadensersatz von R verlangen?

<u>Hinweis:</u> Es sind nur Ansprüche aus dem BGB zu prüfen, d.h. insbesondere keine Ansprüche aus dem Straßenverkehrsgesetz (StVG).

Abwandlung 1:

Der Verein begleicht den Schaden. Kann er von R Ersatz dieser Aufwendungen verlangen?

Abwandlung 2:

F nimmt nicht den Verein, sondern R persönlich in Anspruch.

2.1.5 Auflösung des Vereins

Auflösungsgründe sind:

- Beschluss der MV (mit ¾-Mehrheit, sofern die Satzung keine höhere oder geringere Mehrheit vorschreibt)
- Eröffnung des Insolvenzverfahrens
- Unterschreiten der Mindestmitgliederzahl unter drei (§ 73 BGB)

Was geschieht dann mit dem Vereinsvermögen?

Das Gesetz (§ 45 BGB) nennt hier mehrere Möglichkeiten:
1. Das Vereinsvermögen fällt an die in der Satzung bestimmten Personen.
2. Die MV beschließt, an wen das Vereinsvermögen fällt.
3. Das Vereinsvermögen wird unter den Mitgliedern gleichmäßig aufgeteilt.
4. Das Vereinsvermögen fällt an den Staat (Fiskus).

Zu beachten ist, dass bei gemeinnützigen Vereinen das Vereinsvermögen nur für steuerbegünstigte Zwecke verwendet werden darf (§§ 55 Abs. 1 Nr. 4, 61 Abs. 1 AO).

Bevor das Vereinsvermögen verteilt werden kann, muss eine *Liquidation* nach Maßgabe der §§ 47 ff. BGB stattfinden:

- die laufenden Geschäfte sind zu beendigen,
- die Forderungen sind einzuziehen,
- das übrige Vermögen ist in Geld umzusetzen,
- die Gläubiger sind zu befriedigen,
- der Überschuss ist den Anfallberechtigten auszukehren.

Die Liquidation erfolgt durch den Vorstand oder durch besondere Liquidatoren, die von der MV zu wählen sind.

2.2 Gesellschaft mit beschränkter Haftung (GmbH)

2.2.1 Allgemeines

Die Gesellschaft mit beschränkter Haftung ist eine mit eigener Rechtspersönlichkeit ausgestattete Gesellschaft (juristische Person, Körperschaft), an der sich Gesellschafter mit Einlagen auf das in Geschäftsanteile zerlegte Stammkapital beteiligen, ohne persönlich für die Verbindlichkeit dieser Gesellschaft zu haften. Sie ist eine Handelsgesellschaft und als solche stets Formkaufmann (§§ 13 GmbHG, 6 HGB). Die Gesellschaft kann wie jede andere natürliche oder juristische Person selbst Gesellschafter einer anderen Gesellschaft sein. Trotz ihrer Zugehörigkeit zu den juristischen Personen besteht eine gewisse Ähnlichkeit mit den Personengesellschaften. Dies wird dadurch deutlich, dass die Gesellschafter die innere Struktur der Gesellschaft ohne wesentliche Einschränkungen frei bestimmen können. Daher können die Gesellschafter ihre Beziehungen innerhalb der Gesellschaft weitgehend nach den für die Personengesellschaften geltenden Grundsätzen ordnen.

Das neue GmbH-Recht (in Kraft seit 1.11.2008 „Gesetz zur Modernisierung des GmbH-Rechts und zur Bekämpfung von Missbräuchen" [**MoMiG**]) kennt zwei Varianten der GmbH. Neben die bisherige GmbH mit einem Mindeststammkapital von 25.000 € tritt die **haftungsbeschränkte Unternehmergesellschaft [UG]** (§ 5a GmbHG). Sie bietet eine Einstiegsvariante der GmbH und ist für Existenzgründer interessant, die zu Beginn ihrer Tätigkeit wenig Stammkapital haben und benötigen.[42] Bei der haftungsbeschränkten Unternehmergesellschaft handelt es sich nicht um eine neue Rechtsform, sondern um eine GmbH, die ohne bestimmtes Mindeststammkapital gegründet werden kann.

2.2.2 Gründung

Nach § 1 GmbHG kann die GmbH zu jedem beliebigen – nicht nur gewerblichen – Zweck gegründet werden.

Die Entstehung erfolgt in mehreren Abschnitten. Die erste Phase der Entwicklung ist das Stadium bis zum Abschluss des Gesellschaftsvertrages. Wenn vor dem Abschluss des Gesellschaftsvertrages im Sinne des §§ 2 ff. GmbHG zwischen den Gründern verbindliche Vereinbarungen im Hinblick auf die Errichtung der GmbH getroffen werden, so entsteht damit eine Vorgründungsgesellschaft. In diesem Stadium handelt es sich um eine Gesellschaft des bürgerlichen Rechts (GbR), deren gemeinsamer Zweck die Vorbereitung der GmbH-Gründung ist. Da diese Gesellschaft im Rechtssinne nicht mit der GmbH identisch ist, haften alle Beteiligten für die Verbindlichkeiten unbeschränkt und persönlich.

Der Abschluss des Gesellschaftsvertrages bedarf nach § 2 Abs. 1 GmbHG der notariellen Beurkundung.

Er muss folgende Mindestinhalte haben (§ 3 Abs.1GmbHG):

- Firma und Sitz der Gesellschaft
  Die Firmenbezeichnung muss entweder von dem Gegenstand des Unternehmens entlehnt sein (Sachfirma) oder den Namen (Personenfirma) mindestens eines Gesellschafters (mit dem Zusatz des Gesellschaftsverhältnisses; § 4 Abs. 1 GmbHG) enthalten.
- Gegenstand der Unternehmung
  Der Gegenstand der Unternehmung wird durch den Zweck, zu dem es gegründet wurde, vorgegeben.
- Den Betrag des Stammkapitals

---

42 BMJ Pressemitteilung v. 30.10.2008.

II. Gesellschaftsrecht

Das Stammkapital umfasst die Summe aller Stammeinlagen (s. u.) und muss mindestens 25.000 € betragen (§ 5 Abs. 1 GmbHG, Ausnahme: *UG (haftungsbeschränkt,* s. o.).

- Die Beträge der Geschäftsanteile (Stammeinlagen)

  Unter der Stammeinlage ist die Einlage zu verstehen, die jeder Gesellschafter auf das Stammkapital aufgrund des Gesellschaftsvertrages leisten muss. Diese Kapitaleinbringung kann sowohl in Form von Geldeinlagen als auch von Sachanlagen geschehen. Bei Einbringung von Sachanlagen ist eine entsprechende Regelung in der Satzung und eine Bewertungsprüfung nötig. Der Mindestwert der Stammeinlage beträgt 1 € (§ 5 Abs. 1 GmbHG).

Die GmbH kann (nicht: muss) im vereinfachten Verfahren durch Verwendung des Musterprotokolls gem. Anlage zu § 2 Abs. 1a) GmbHG gegründet werden, wenn sie nicht als 3 Gesellschafter und nur einen Geschäftsführer hat (§ 2 Abs. 1a) GmbHG). Auch hierbei ist notarielle Beurkundung vorgeschrieben.

Mit der Beurkundung des Gesellschaftsvertrags entsteht eine *Vorgesellschaft* (auch Vor-GmbH oder GmbH i. G. [in Gründung] genannt). Ist vor der Eintragung in das Handelsregister im Namen dieser Gesellschaft gehandelt worden, haften die Handelnden gem. § 11 GmbHG persönlich und solidarisch (gesamtschuldnerisch). Diese Haftung entfällt aber wieder, wenn die Gesellschaft in das Handelsregister eingetragen ist. Die GmbH tritt dann als Rechtsnachfolgerin in die Rechte und Pflichten ihrer Vorgesellschaft ein.

Die GmbH besteht als solche erst mit der Eintragung in das Handelsregister (§ 11 GmbHG).

Die Gesellschafter sind verpflichtet, auf jeden von ihnen übernommenen Geschäftsanteil eine Einlage in Höhe des im Gesellschaftsvertrag festgesetzten Nennbetrags des Geschäftsanteils zu leisten (§ 14 GmbHG). Die Summe der Nennbeträge aller Geschäftsanteile muss mit dem Stammkapital übereinstimmen (§ 5 Abs. 3 GmbHG).

Die Anmeldung zum Handelsregister darf erst erfolgen, wenn auf jede Stammeinlage mindestens ein Viertel, insgesamt aber mindestens 12.500 € auf ein Konto der GmbH zur freien Verfügung der Geschäftsführer eingezahlt ist.

Sacheinlagen (das sind alle Einlagen, die nicht in Bargeld bestehen, also z. B. Grundstücke, Gebäude, Maschinen, ganze Unternehmen, Patente, Forderungen etc.) sind in voller Höhe zu leisten (§§ 7 f. GmbHG). Sie sind nur zulässig, wenn sie im Gesellschaftsvertrag vorgesehen sind (§ 5 Abs. 4 GmbHG). Erforderlich ist weiter ein Sachgründungsbericht, aus dem sich die Angemessenheit der Bewertung der Sacheinlage ergibt.

Eine *verdeckte Sacheinlage* liegt vor, wenn zwar formell eine Bareinlage vereinbart und geleistet wird, die Gesellschaft bei wirtschaftlicher Betrachtung aber einen Sachwert erhalten soll. Das Gesetz (§ 19 Abs. 4 GmbHG) sieht vor, dass der Wert der geleisteten Sache auf die Bareinlageverpflichtung des Gesellschafters angerechnet wird. Die Anrechnung erfolgt erst nach Eintragung der Gesellschaft in das Handelsregister. Weiß der Geschäftsführer von der geplanten verdeckten Sacheinlage, liegt also eine vorsätzliche verdeckte Sacheinlage vor, so darf er in der Handelsregisteranmeldung nicht versichern, die Bareinlage sei erfüllt. Es gibt hier kein Recht zur Lüge.

Die *Kosten der Gründung* sind abhängig von der Höhe des Stammkapitals. Bei dem Mindeststammkapital von 25.000 € und 2 Gesellschaftern betragen sie für die notarielle Beurkundung der Satzung und die Anmeldung zum Handelsregister etwa 380 € zuzügl. USt., für die Eintragung im Handelsregister 150 €. Hinzu kommen ggf. Rechts- und Steuerberatungskosten, evtl. Kosten für Wirtschaftsprüfer u. a. m.

Die Kosten betragen bei Verwendung des als Anlage zum GmbHG beigefügten Musterprotokolls dann insgesamt ca. 360 €. Zu beachten ist, dass dabei am Text des Protokolls keinerlei Änderungen vorgenommen werden dürfen.

Vorgründungs-gesellschaft →	Vorgesellschaft (GmbH i.G.) →	→ GmbH
Gesellschaftsvertrag	Einzahlung der Stammeinlagen Bestellung des Geschäftsführers Anmeldung zum Handelsregister	Eintragung ins Handelsregister

Abbildung 19: GmbH-Gründungsphasen

2.2.3 Organe der GmbH

⇨ **Gesellschafterversammlung**

Die Gesellschafterversammlung ist das oberste Gesellschaftsorgan, durch welches sämtliche für die GmbH wesentlichen Entscheidungen durch formlosen Beschluss mit einfacher Mehrheit erfolgen. Die Stimmrechte der Gesellschafter untereinander werden durch die Höhe der Stammeinlage bestimmt. Außerdem werden auch die Gewinnverteilung sowie der Liquidationserlös anhand der Höhe der Stammeinlage berechnet.

Die Aufgaben der Gesellschafterversammlung sind nach § 46 GmbHG:

- die Feststellung des Jahresabschlusses und die Verwendung des Ergebnisses;
- die Entscheidung über die Offenlegung eines Einzelabschlusses nach internationalen Rechnungslegungsstandards (§ 325 Abs. 2a des Handelsgesetzbuchs) und über die Billigung des von den Geschäftsführern aufgestellten Abschlusses;
- die Billigung eines von den Geschäftsführern aufgestellten Konzernabschlusses;
- die Einforderung von Einzahlungen auf die Stammeinlagen;
- die Rückzahlung von Nachschüssen;
- die Teilung sowie die Einziehung von Geschäftsanteilen;
- die Bestellung und die Abberufung von Geschäftsführern sowie die Entlastung derselben;
- die Maßregeln zur Prüfung und Überwachung der Geschäftsführung;
- die Bestellung von Prokuristen und von Handlungsbevollmächtigten zum gesamten Geschäftsbetrieb;
- die Geltendmachung von Ersatzansprüchen, welche der Gesellschaft aus der Gründung oder Geschäftsführung gegen Geschäftsführer oder Gesellschafter zustehen, sowie die Vertretung der Gesellschaft in Prozessen, welche sie gegen die Geschäftsführer zu führen hat.

⇨ **Geschäftsführer**

Geschäftsführer können nur natürliche, unbeschränkt geschäftsfähige Personen sein. Die Gesellschaft kann einen oder mehrere Geschäftsführer haben (§ 6 GmbHG), die sie allein oder zusammen, gerichtlich und außergerichtlich vertreten (§ 35 Abs. 1 GmbHG).

Die Vertretungsmacht ist im Außenverhältnis unbeschränkbar. Im Innenverhältnis kann sie durch den Gesellschaftsvertrag oder durch den Beschluss der Gesellschafterversammlung eingeengt werden (§ 37 Abs. 1 GmbHG).

Zusätzlich besteht die Möglichkeit, den Geschäftsführer durch die Gesellschafterversammlung von den Beschränkungen der Selbstkontrahierung des § 181 BGB zu befreien. Dieses ist im Handelsregister einzutragen.

Ausschlussgründe für Geschäftsführer (§ 6 Abs. 2 Satz 3 GmbHG, § 76 Abs. 3 Satz 3 AktG) sind u. a. Verurteilungen wegen Insolvenzverschleppung, falscher Angaben und unrichtiger Darstellung sowie Verurteilungen auf Grund allgemeiner Straftatbestände mit Unternehmensbezug (§§ 263 bis 264a und §§ 265b bis § 266a StGB). Das gilt auch bei Verurteilungen wegen vergleichbarer Straftaten im Ausland. Außerdem haften Gesellschafter, die vorsätzlich oder grob fahrlässig einer Person, die nicht Geschäftsführer sein kann, die Führung der Geschäfte überlassen, der Gesellschaft für Schäden, die diese Person der Gesellschaft zufügen.

Wenn Geschäftsführer ihre Pflichten verletzen, haften sie solidarisch für den entstandenen Schaden (§ 43 Abs. 2 GmbHG), insbesondere für die unerlaubte Rückzahlung des Stammkapitals (§ 43 Abs. 3 GmbHG). Unabhängig davon haften die Geschäftsführer aufgrund besonderer gesetzlicher Bestimmungen persönlich für Steuerschulden der GmbH, wenn diese durch vorsätzliche oder grob fahrlässige Verletzung der Pflicht entstanden sind (§ 69 AO). Dasselbe gilt für die Nichtabführung der Sozialversicherungsbeiträge eines Arbeitnehmers.

⇨ **Aufsichtsrat (fakultativ)**

Ein Aufsichtsrat ist nicht zwingend vorgeschrieben. Er kann jedoch im Gesellschaftsvertrag vorgesehen werden. Bei Gesellschaften mit über 500 Mitarbeitern ist die Einrichtung eines Aufsichtsrates vorgeschrieben (§ 1 DrittelbG, § 1 MitbestG), da diese Gesellschaften der Mitbestimmung durch die Arbeitnehmer unterliegen, die – je nach Anzahl der Arbeitnehmer – ein Drittel oder die Hälfte der Aufsichtsratsmitglieder stellen. Auf den Aufsichtsrat findet die Vorschriften des Aktiengesetzes entsprechende Anwendung.

2.2.4 Einmann-GmbH

Seit 1981 ist auch die Gründung einer Einmann-GmbH, bei der sich alle Gesellschaftsanteile in der Hand einer Person vereinigen, durch allein diese eine Person zulässig. An die Stelle des Gesellschaftsvertrages tritt die einseitige notariell beurkundete Erklärung desjenigen, der die Gesellschaft zu gründen beabsichtigt (§§ 1, 2 Abs. 1 GmbHG).

Zu den Zielsetzungen der Einmann-GmbH zählen unter anderem die Haftungsbeschränkungen im einzelkaufmännischen Unternehmen, die Sicherung der Unternehmenskontinuität, die Wahrnehmung der Geschäftsführung in einer Komplementär-GmbH und der Einsatz der Einmann-GmbH als Instrument der Konzernbildung.

Auch bei der Gründung einer Einmann-GmbH entsteht zunächst eine Vorgesellschaft, die bereits einen Rechtsträger darstellt. Bei der Einmann-GmbH hat der alleinige Gesellschafter alle Rechte, die bei einer Mehrpersonen-GmbH die Gesamtheit der Gesellschafter hat. Er kann also allein Beschlüsse fassen, für die gemäß §§ 46, 47 GmbHG ein Gesellschafterbeschluss notwendig ist. Beschlüsse, die der Gesellschafter trifft, sind unverzüglich nach der Beschlussfassung durch eine von ihm unterzeichnete Niederschrift festzuhalten (§ 48 Abs. 3 GmbHG).

Der Gesellschafter kann zugleich auch der Geschäftsführer sein.

2.2.5 Haftung

Für die Verbindlichkeiten der Gesellschaft haftet nur das Gesellschaftsvermögen (§ 13 Abs. 2 GmbHG).

Dieser Grundsatz wird in der Praxis aber „aufgeweicht". So machen Banken die Kreditgewährung an eine GmbH meist von Bürgschaften oder Schuldmitübernahmen des Geschäftsführers und/oder der Gesellschafter abhängig. Darüber hinaus haften die Geschäftsführer persönlich, wenn sie ihre Obliegenheiten verletzen (§ 43 GmbHG) oder verspätet Insolvenzantrag stellen.

Auch kann eine Firmenführung ohne Rechtsformzusatz eine persönliche Haftung des aktiv Handelnden (Geschäftsführers, Gesellschafters) auslösen.

Die Gesellschafter haften, wenn das zur Erhaltung des Stammkapitals erforderliche Vermögen an sie ausgezahlt wurde (§§ 30 f. GmbHG).

Nach der Rechtsprechung kommt in einigen Fällen außerdem eine *Durchgriffshaftung* auf die Gesellschafter in Frage, z. B. bei einer Vermögensvermischung des Gesellschafts- mit dem Privatvermögen oder bei der Unterkapitalisierung (das Stammkapital steht nicht im angemessenen Verhältnis zu Geschäftsart und Geschäftsumfang der Gesellschaft).

2.2.6 Kapitalerhaltung

Das zur Erhaltung des Stammkapitals erforderliche Vermögen der Gesellschaft darf nicht an die Gesellschafter ausgezahlt werden (§ 30 GmbHG).

Eine Leistung der Gesellschaft an einen Gesellschafter kann gem. § 30 Abs. 1 S. 2 GmbHG nicht als verbotene Auszahlung von Gesellschaftsvermögen gewertet werden, wenn ein reiner Aktivtausch vorliegt, also der Gegenleistungs- oder Rückerstattungsanspruch der Gesellschaft gegen den Gesellschafter die Auszahlung deckt und zudem vollwertig ist.

Eine entsprechende Regelung gilt auch im Bereich der Kapitalaufbringung. Diese stellt allerdings strengere Anforderungen: Im Bereich der Kapitalaufbringung ist erforderlich, dass der Rückgewähranspruch nicht nur vollwertig, sondern liquide ist. Er muss also jederzeit fällig sein oder durch fristlose Kündigung durch die Gesellschaft fällig gestellt werden können (§ 19 Abs. 5 GmbHG). Denn beispielsweise bei einem erst nach längerer Zeit kündbaren Darlehen ist eine Prognose sehr unsicher, ob der Rückzahlungsanspruch tatsächlich vollwertig ist. Zudem ist das Hin- und Herzahlen in der Anmeldung der Gesellschaft offenzulegen, damit der Registerrichter prüfen kann, ob die Voraussetzungen einer Erfüllungswirkung trotzdem gegeben sind (§ 19 Abs. 5 S. 2 GmbHG).

 Übungsfall 20

F wollte das von ihm bislang einzelkaufmännisch betriebene Bauunternehmen in eine neu zu gründende Einpersonen-GmbH einbringen. Der Gesellschaftsvertrag sah ein Stammkapital von 250.000 € vor. F zahlte diesen Betrag zunächst auf das Gesellschaftskonto ein. Sodann schloss er (als von den Beschränkungen des § 181 BGB befreiter Alleingeschäftsführer der GmbH) mit sich selbst einen Kaufvertrag über die 4 bisher ihm gehörenden Baufahrzeuge zum Preis von je 50.000 € und veräußerte außerdem die vorhandene Geschäftseinrichtung zum Preis von weiteren 50.000 € an die GmbH. Baufahrzeuge und Geschäftseinrichtung haben in der Tat einen Wert von weit über 250.000 €. Zur Begleichung des Kaufpreises überwies F wenig später die zuvor eingezahlten 250.000 € auf sein Privatkonto zurück. Später wird die GmbH aufgrund der schlechten wirtschaftlichen Lage im Speditionsgewerbe insolvent.

Kann der Insolvenzverwalter von F Einzahlung von 250.000 € verlangen?

II. Gesellschaftsrecht

2.2.7 Deregulierung des Eigenkapitalersatzrechts

Beim Eigenkapitalersatzrecht geht es um die Frage, ob Kredite, die Gesellschafter ihrer GmbH geben, als Darlehen oder als Eigenkapital behandelt werden. Das Eigenkapital steht in der Insolvenz hinter allen anderen Gläubigern zurück. Grundgedanke der Neuregelung ist, dass die Organe und Gesellschafter der gesunden GmbH einen einfachen und klaren Rechtsrahmen vorfinden sollen.[43] Dazu wurden die Rechtsprechungs- und Gesetzesregeln über die kapitalersetzenden Gesellschafterdarlehen (§§ 32a, 32b GmbHG a.F.) im Insolvenzrecht (§§ 135, 138 InsO) neu geordnet; die sogenannten „Rechtsprechungsregeln" nach §§ 30 ff. GmbHG wurden aufgehoben. Eine Unterscheidung zwischen „kapitalersetzenden" und „normalen" Gesellschafterdarlehen gibt es nicht mehr.

Für alle Arten von Gesellschafterdarlehen gilt danach:

- Rückzahlungsansprüche aus Gesellschafterdarlehen sind im Insolvenzverfahren nachrangig.
- Die Rückzahlung von Gesellschafterdarlehen außerhalb des Insolvenzverfahrens ist grundsätzlich erlaubt.
- Die Rückzahlung von Gesellschafterdarlehen, die innerhalb eines Jahres vor Insolvenzantrag erfolgt ist, kann im Insolvenzverfahren angefochten werden (§§ 135, 138 InsO).

2.2.8 Unternehmergesellschaft (haftungsbeschränkt)

Die haftungsbeschränkte Unternehmergesellschaft [UG] (§ 5a GmbHG) ist keine eigenständige Rechtsform, sondern eine Unterform der GmbH mit einem Stammkapital von (theoretisch) 1 € bis 24.999 €. Sie darf ihre Gewinne nicht voll ausschütten. In der Bilanz des Jahresabschlusses ist eine gesetzliche Rücklage zu bilden, in die ¼ des um den Verlustvortrag aus dem Vorjahr geminderten Jahresüberschusses einzustellen ist. Die Rücklage darf nur für eine Kapitalerhöhung aus Gesellschaftsmitteln oder zum Ausgleich eines Jahresfehlbetrags oder Verlustvortrags verwendet werden. Die UG soll auf diese Weise das Mindeststammkapital der normalen GmbH nach und nach ansparen. Die Bezeichnung muss „*Unternehmergesellschaft (haftungsbeschränkt)*" oder „*UG (haftungsbeschränkt)*" statt GmbH lauten. Die UG kann sich – wenn sie ihr Stammkapital auf mindestens 25.000 € erhöht – in eine „normale" GmbH umwandeln (§ 5a Abs. 5 GmbHG).

---

[43] BMJ Pressemitteilung v. 23.05.2007.

2.2.9 Besteuerung

Die GmbH verfügt über eine eigene Rechtspersönlichkeit. Für juristische Personen gibt es eine eigene Steuerart, die Körperschaftsteuer. Die Körperschaftsteuer wird im Unterschied zur Einkommensteuer mit einem gleich bleibenden Steuersatz (z.Zt. 15% des Gewinns) erhoben, da es bei den juristischen Personen nicht darum geht, eine sozialverträgliche Belastung des Steuerpflichtigen zu erreichen. Das zentrale Thema der Steuerreformen der letzten Jahre ist gewesen, wie eine doppelte steuerliche Erfassung von Gewinnen auf der Ebene der Gesellschaft und des Gesellschafters vermieden werden kann. Von der Tendenz her besteht die Neigung des Gesetzgebers, die Besteuerung künftig eher auf der Gesellschafterebene anzusetzen und die Kapitalgesellschaften zu schonen.

2.2.10 Beendigung

Die Gründe für die Auflösung der GmbH (§§ 60,61 GmbHG) sind:

- Ablauf der im Gesellschaftsvertrag vereinbarten Zeit (selten)
- durch Beschluss der Gesellschafter (¾-Mehrheit)
- durch gerichtliches Urteil oder Entscheidung einer Verwaltungsbehörde
- durch Eröffnung eines Insolvenzverfahrens
- durch Verfügung des Registergerichts bei Mängeln des Gesellschaftsvertrages oder Nichteinhaltung von Verpflichtungen
- durch weitere Regelungen des Gesellschaftsvertrages
- Unmöglichkeit der Erreichung des Gesellschaftszwecks

Vorteile:	Nachteile:
• den Gläubigern haftet nur das Gesellschaftsvermögen, so dass das Privatvermögen der Gesellschafter unangetastet bleibt • die GmbH kann zu jedem Zweck gegründet werden; es muss kein Handelsgewerbe betrieben werden • Fremdorganschaft ist möglich (Vorteil insbesondere bei Familienbetrieben, wenn die Erben des Gründers nicht zur Geschäftsführung in der Lage sind) • die Gehälter der Geschäftsführer sind als Betriebsausgaben zu verbuchen und verringern den zu versteuernden Gewinn	• die GmbH ist vor allem bei niedrigem Stammkapital insolvenzanfällig • durch die vorgegebene Haftungsgrenze fällt die Kreditbasis geringer aus, wenn nicht zusätzliche Sicherheiten geleistet werden. Somit kann die Fremdkapitalbeschaffung mit Problemen verbunden sein • das Kapital der GmbH ist gebunden und steht nicht zur freien Disposition der Gesellschafter • die Veräußerung der Geschäftsanteile muss notariell beurkundet werden (Kosten!) • Mitbestimmung der Arbeitnehmer im Aufsichtsrat (ab 500 Arbeitnehmern) • die steuerliche Belastung der GmbH kann höher sein als bei einer Personengesellschaft • Höherer Gründungsaufwand als bei Personengesellschaften • Publizitätspflicht • GmbH gilt immer als Handelsgesellschaft

Abbildung 20: Vor- und Nachteile der GmbH

2.3 Aktiengesellschaft (AG)

2.3.1 Allgemeines

Die AG ist als Rechtsform primär für größere Unternehmen interessant, die ihren hohen Kapitalbedarf durch Ausgabe von Anteilen (Aktien) an eine Vielzahl von Gesellschaftern (Aktionären) sicherstellen wollen. Das erste Handelsunternehmen, das rein auf Aktienkapital basiert, war die *Vereenigde Oostindische Compagnie* (VOC), gegründet 1602 in Amsterdam.[44] Mit Beginn der Industrialisierung entstand auch in Deutschland ein großer Kapitalbedarf, der von einzelnen nicht aufzubringen war. Die neue Rechtsform der AG ermöglichte zugleich die Aufbringung des benötigten Kapitals als auch eine Begrenzung des unternehmerischen Risikos auf dasjenige, was für den erworbenen Anteil aufgebracht worden ist. Ausdrückliche gesetzliche Regelungen über Aktiengesellschaften finden sich in Deutschland erstmals im Allgemeinen Deutschen Handelsgesetzbuch (ADHGB) von 1861.[45]

Rechtsgrundlage für die AG ist heute das Aktiengesetz (AktG).[46]

Soweit das AktG keine speziellen Regelungen enthält, gelten die Regelungen über der Verein (§§ 21 ff. BGB) als Grundform der Körperschaft entsprechend.

Die AG ist nach § 1 AktG eine *Kapitalgesellschaft* mit eigener Rechtspersönlichkeit (Körperschaft, juristische Person) und mit einem festen *Grundkapital* (mind. 50.000 €, §§ 6, 7 AktG), das in Aktien (Anteile, Mindestbetrag: 1 €) zerlegt ist. Für die Verbindlichkeiten der AG haftet nur das Gesellschaftsvermögen. Die AG gilt immer als Handelsgesellschaft i. S. d. HGB (§ 3 AktG).

 Grundkapital und Gesellschaftsvermögen sind nicht identisch!

Grundkapital ist der von den Gründern mindestens aufzubringende Kapitalbetrag, der in das Handelsregister einzutragen ist. Seine Höhe kann grundsätz-

---

44 Vgl. Schüler, Ein kapitaler Irrweg, in: Mare, Nr. 96, 2013, S. 33 ff.
45 ADHGB Artikel 207. „Eine Handelsgesellschaft ist eine Aktiengesellschaft, wenn sich die sämmtlichen Gesellschafter nur mit Einlagen betheiligen, ohne persönlich für die Verbindlichkeiten der Gesellschaft zu haften. Das Gesellschaftskapital wird in Aktien oder auch in Aktienantheile zerlegt."
46 AktG v. 6.9.1965, zuletzt geändert durch Gesetz vom 20. Dezember 2012 (BGBl. I S. 2751).

lich nur durch Satzungsänderung (Kapitalheraufsetzung oder -herabsetzung) verändert werden.

Gesellschaftsvermögen ist das tatsächliche Vermögen (= Summe aller der AG zustehenden Gegenstände abzüglich der Verbindlichkeiten) der AG. Es ist keine feste Größe, sondern ändert sich jeweils mit der Geschäftsentwicklung; es kann höher oder – bei ungünstigem Geschäftsverlauf – auch geringer sein als das Grundkapital.

Das Grundkapital ist zerlegt in *Aktien*.

Nach § 8 AktG können Aktien entweder als Nennbetragsaktien oder als Stückaktien begründet werden. Nennbetragsaktien müssen auf mindestens einen Euro lauten. Höhere Aktiennennbeträge müssen auf volle Euro lauten.

Stückaktien lauten auf keinen Nennbetrag. Die Stückaktien einer Gesellschaft sind am Grundkapital in gleichem Umfang beteiligt. Der auf die einzelne Aktie entfallende anteilige Betrag des Grundkapitals darf einen Euro nicht unterschreiten.

Die Aktie ist

- Anteil am Grundkapital, der Anteil am Grundkapital bestimmt sich bei Nennbetragsaktien nach dem Verhältnis ihres Nennbetrags zum Grundkapital, bei Stückaktien nach der Zahl der Aktien,
- Mitgliedschaftsrecht (Gewinnanspruch [Dividende], Mitverwaltungsrecht),
- Wertpapier.

Arten (Gattungen) der Aktie sind Inhaberaktien, Namensaktien, vinkulierte Namensaktien; Stammaktien und Vorzugsaktien (= Recht auf Vorzug bei Dividendenzahlung, meist ohne Stimmrecht [§ 139 AktG]); Mehrstimmrechtsaktien sind grundsätzlich unzulässig.

Inhaberaktien lauten auf den Inhaber und sind Wertpapiere (das Recht aus dem Papier folgt dem Recht am Papier); sie sind frei übertragbar durch Einigung und Übergabe nach den §§ ff. 929 BGB.

Namensaktien lauten auf den Namen des jeweiligen Inhabers und können nur durch Indossament übertragen werden. Der jeweilige Inhaber muss sich durch eine lückenlose Kette von Indossamenten legitimieren. Außerdem muss er gem.

§ 67 AktG in das vom Vorstand der AG zu führende Aktienregister eingetragen werden, um seine Rechte gegenüber der AG geltend machen zu können.

Vinkulierte Namensaktien können nur mit Zustimmung des Vorstands der AG übertragen werden.

Stammaktien (Normalfall) sind mit Stimmrecht, dem Recht auf Dividendenzahlung und Liquidationserlös ausgestattet.

Vorzugsaktien sind häufig mit dem Anspruch auf Vorzugsdividende ausgestattet, dafür aber häufig ohne Stimmrecht.

Börsenfähig sind nur wenige Aktiengesellschaften – ca. 10% – (besondere Voraussetzungen nach BörsG). Börsennotiert sind Gesellschaften, deren Aktien zu einem Markt zugelassen sind, der von staatlich anerkannten Stellen geregelt und überwacht wird, regelmäßig stattfindet und für das Publikum mittelbar oder unmittelbar zugänglich ist (§ 3 Abs. 2 AktG).

2.3.2 Gründung

Die Gründung der AG erfolgt durch einen oder mehrere Gründer und vollzieht sich in drei Phasen:

(1) *Vorgründungsgesellschaft:* Zusammenschluss der Gründer bis zur Errichtung der Satzung

(2) *Vorgesellschaft*, (VorAG, AG i.G.): besteht nach Errichtung der Satzung bis zur Eintragung im Handelsregister; u. a.:
- Übernahme aller Aktien durch die Gründer,
- Bestellung der Organe (§§ 30 f. AktG),
- Gründungsbericht (§ 32 AktG), Gründungsprüfung (§§ 33 ff. AktG),
- Einzahlung mindestens 1/4 des Grundkapitals,
- Anmeldung zum Handelsregister,
- Besonderheiten bestehen bei der „qualifizierter Gründung" (z. B. §§ 26 f. AktG).

(3) *Eintragung im Handelsregister*: erst jetzt entsteht die Aktiengesellschaft als solche (vgl. § 41 AktG).

II. Gesellschaftsrecht

I. Vorgründungs-gesellschaft →	II. Vorgesellschaft (Vor-AG, AG i.G.) →	→ AG
Ziel: Feststellung der Satzung; endet mit notarieller Beurkundung der Satzung	„Errichtung der AG", §§ 29 ff. AktG: Übernahme aller Aktien durch die Gründer Bestellung des Aufsichtsrats Bestellung des Vorstands Bestellung der Gründungsprüfer Leistung der Einlagen Anmeldung zum Handelsregister	Eintragung in das Handelsregister, Beginn der Rechtsfähigkeit als AG

Abbildung 21: AG-Gründung

Die Ausgabe der Aktien (Emission) ist erst nach Eintragung im Handelsregister zulässig. Die Unterparie-Emission (unterhalb des Nennwerts) ist verboten. Die Aktiengesellschaft darf grundsätzlich keine eigenen Aktien erwerben (Grundsatz der Erhaltung des Grundkapitals; Ausnahmen § 71 AktG).

Die **Satzung** (der „Gesellschaftsvertrag" der AG) bedarf der notariellen Beurkundung und muss gem. § 23 AktG bestimmte Mindestangaben enthalten, insbesondere

- die Gründer (= die Aktionäre, die die Satzung festgestellt haben);
- bei Nennbetragsaktien der Nennbetrag, bei Stückaktien die Zahl, der Ausgabebetrag und, wenn mehrere Gattungen bestehen, die Gattung der Aktien, die jeder Gründer übernimmt;
- der eingezahlte Betrag des Grundkapitals;
- die Firma (§ 4 AktG);
- den Sitz der Gesellschaft (gem. § 5 AktG der Ort im Inland, den die Satzung bestimmt);
- den Gegenstand des Unternehmens;
- die Höhe des Grundkapitals;
- Gattung der Aktien;
- die Zahl der Mitglieder des Vorstands.

Mit der notariellen Beurkundung der Satzung entsteht die Vorgesellschaft. Deren rechtliche Einordnung ist nicht eindeutig; § 41 AktG bestimmt eine persönliche Haftung der Handelnden, die im Namen der Vorgesellschaft Rechtsgeschäfte tätigen. Allerdings setzen sich bei der späteren Eintragung der AG im Handelsregister die Verbindlichkeiten der Vor-AG als Verbindlichkeiten der AG fort.[47] Nach der Rechtsprechung entfällt dann die Haftung der Handelnden.

2.3.3 Firma

Die Firma der AG ist grundsätzlich *Sachfirma* (z. B. MAN, BMW), häufig aber auch *Personenfirma* (z. B. Daimler, Porsche, Siemens u.v.a).

AG gilt immer als Handelsgesellschaft i. S. d. HGB (§ 3 AktG).

Für die Verbindlichkeiten der AG haftet grundsätzlich – wie bei der GmbH – nur das Gesellschaftsvermögen (§ 1 AktG).

Die Rechtsform ist vor allem für Unternehmen mit großem Kapitalbedarf geeignet. (Kapitalsammelfunktion der Aktie).

2.3.4 Organe

Notwendige Organe der Aktiengesellschaft sind

- Der Vorstand (Geschäftsführung und Vertretung),
- Der Aufsichtsrat (Wahl und Kontrolle des Vorstandes),
- Die Hauptversammlung (Bestellung der Aktionärsvertreter im Aufsichtsrat, Verwendung des Gewinns, Kapitalerhöhung und -herabsetzung, Satzungsänderungen, Entlastung des Vorstandes und des AR).

Aufgaben und Pflichten der Organe:

2.3.4.1 Vorstand (§§ 76 ff. AktG)

Mitglied des Vorstands kann nur eine natürliche, unbeschränkt geschäftsfähige Person sein. Die Ausschlussgründe sind ähnlich wie bei GmbH-Geschäftsführern geregelt (vgl. § 76 III AktG).

Der Vorstand hat folgende Aufgaben:

- Der Vorstand hat unter eigener Verantwortung die Gesellschaft zu *leiten (Geschäftsführung)*.
- Der Vorstand *vertritt* die Gesellschaft gerichtlich und außergerichtlich. Die Vertretungsbefugnis des Vorstands kann nicht beschränkt werden.

---

47 Schmidt 2002, § 27 II 4 d).

Im Innenverhältnis sind die Vorstandsmitglieder verpflichtet, die Beschränkungen einzuhalten, die im Rahmen der Vorschriften über die Aktiengesellschaft die Satzung, der Aufsichtsrat, die Hauptversammlung und die Geschäftsordnungen des Vorstands und des Aufsichtsrats für die Geschäftsführungsbefugnis getroffen haben.

- Vorbereitung der Hauptversammlung
- Wettbewerbsverbot
- Verschwiegenheitspflicht
- Der Vorstand hat dem *Aufsichtsrat zu berichten* über
    o die beabsichtigte Geschäftspolitik und andere grundsätzliche Fragen der Unternehmensplanung (insbesondere die Finanz-, Investitions- und Personalplanung), wobei auf Abweichungen der tatsächlichen Entwicklung von früher berichteten Zielen unter Angabe von Gründen einzugehen ist;
    o die Rentabilität der Gesellschaft, insbesondere die Rentabilität des Eigenkapitals;
    o den Gang der Geschäfte, insbesondere den Umsatz, und die Lage der Gesellschaft;
    o Geschäfte, die für die Rentabilität oder Liquidität der Gesellschaft von erheblicher Bedeutung sein können.
- Der Vorstand hat dafür zu sorgen, dass die erforderlichen *Handelsbücher* geführt werden.
- Der Vorstand hat geeignete Maßnahmen zu treffen, insbesondere ein *Überwachungssystem* einzurichten, damit den Fortbestand der Gesellschaft gefährdende Entwicklungen früh erkannt werden (Risikomanagement).
- Ergibt sich bei Aufstellung der Jahresbilanz oder einer Zwischenbilanz oder ist bei pflichtmäßigem Ermessen anzunehmen, dass ein *Verlust in Höhe der Hälfte des Grundkapitals* besteht, so hat der Vorstand unverzüglich die Hauptversammlung einzuberufen und ihr dies anzuzeigen.
- Die Vorstandsmitglieder haben bei ihrer Geschäftsführung die *Sorgfalt eines ordentlichen und gewissenhaften Geschäftsleiters* anzuwenden.
- *Schadensersatzpflicht* bei Pflichtverletzungen gegenüber der AG
- *Schadensersatzpflicht* gegenüber den Gläubigern der AG, wenn die AG zahlungsunfähig ist.

2.3.4.2 Aufsichtsrat (§§ 95 ff. AktG)

Mitglied des Aufsichtsrats kann nur eine natürliche, unbeschränkt geschäftsfähige Person sein. Mitglied des Aufsichtsrats kann *nicht* sein, wer

- bereits in zehn Handelsgesellschaften, die gesetzlich einen Aufsichtsrat zu bilden haben, Aufsichtsratsmitglied ist,
- gesetzlicher Vertreter eines von der Gesellschaft abhängigen Unternehmens ist oder
- gesetzlicher Vertreter einer anderen Kapitalgesellschaft ist, deren Aufsichtsrat ein Vorstandsmitglied der Gesellschaft angehört.
- Ein Aufsichtsratsmitglied kann nicht zugleich Vorstandsmitglied, Stellvertreter von Vorstandsmitgliedern, Prokurist oder zum gesamten Geschäftsbetrieb ermächtigter Handlungsbevollmächtigter der Gesellschaft sein.

Aufgaben:

- Der Aufsichtsrat hat die Geschäftsführung zu *überwachen*.
- Der Aufsichtsrat kann die Bücher und Schriften der Gesellschaft sowie die Vermögensgegenstände, namentlich die Gesellschaftskasse und die Bestände an Wertpapieren und Waren, *einsehen und prüfen*.
- Er erteilt dem Abschlussprüfer den *Prüfungsauftrag* für den Jahres- und den Konzernabschluss gemäß § 290 des Handelsgesetzbuchs.
- Der Aufsichtsrat hat eine *Hauptversammlung einzuberufen*, wenn das Wohl der Gesellschaft es fordert.
- Die Aufsichtsratsmitglieder können ihre Aufgaben nicht durch andere wahrnehmen lassen.
- *Vertretung* der Gesellschaft gegenüber Vorstandsmitgliedern.
- *Sorgfaltspflicht:* Für die Sorgfaltspflicht und Verantwortlichkeit der Aufsichtsratsmitglieder gilt § 93 über die Sorgfaltspflicht und Verantwortlichkeit der Vorstandsmitglieder sinngemäß. Die Aufsichtsratsmitglieder sind insbesondere zur Verschwiegenheit über erhaltene vertrauliche Berichte und vertrauliche Beratungen verpflichtet.

2.3.4.3 Hauptversammlung (§§ 118 ff. AktG)

Die Hauptversammlung besteht aus den Anteilseignern (Aktionären) und wird durch den *Vorstand* einberufen. Sie muss einberufen werden

- in den durch das Gesetz oder die Satzung bestimmten Fällen,
- wenn das Wohl der Gesellschaft es erfordert,
- auf Verlangen einer Minderheit (20%) der Aktionäre.

Aufgaben der Hauptversammlung sind insbesondere:

- *Bestellung der Mitglieder des Aufsichtsrats*;
- Entscheidung über die Verwendung des *Bilanzgewinns*;
- die *Entlastung* der Mitglieder des Vorstands und des Aufsichtsrats;
- die Bestellung des *Abschlussprüfers*;
- *Satzungsänderungen* (mindestens ¾-Mehrheit erforderlich);
- Maßnahmen der *Kapitalbeschaffung und der Kapitalherabsetzung*;
- die *Bestellung von Prüfern* zur Prüfung von Vorgängen bei der Gründung oder der Geschäftsführung;
- die *Auflösung der Gesellschaft*.
- Jedem Aktionär ist auf Verlangen in der Hauptversammlung vom Vorstand *Auskunft* über Angelegenheiten der Gesellschaft zu geben, soweit sie zur sachgemäßen Beurteilung des Gegenstands der Tagesordnung erforderlich ist.

2.3.5 Auflösung der AG

Auflösungsgründe bei der AG sind vor allem:

- Auflösungsbeschluss (HV mit mind. ¾-Mehrheit)
- Zeitablauf (praktisch selten)
- Eröffnung des Insolvenzverfahrens
- Löschung im Handelsregister wegen Vermögenslosigkeit

Vorteile:	Nachteile:
• den Gläubigern haftet nur das Gesellschaftsvermögen, so dass das Privatvermögen der Gesellschafter unangetastet bleibt • die AG kann zu jedem Zweck gegründet werden • Risiko der beteiligten Aktionäre begrenzt • keine Nachschusspflicht, • keine langfristige Bindung der Aktionäre • i. d. R. breite Kapitalstreuung • Fremdorganschaft • Möglichkeit der Beteiligung der Arbeitnehmer am Produktivvermögen • Eigenkapitalbeschaffung	• Hohes Grundkapital erforderlich • das Kapital der AG ist gebunden und steht nicht zur freien Disposition der Gesellschafter • die steuerliche Belastung der AG kann höher sein als bei einer Personengesellschaft • Hoher Gründungsaufwand • Publizitätspflicht (§§ 325 ff. HGB) • AG ist immer Handelsgewerbe • Mitbestimmung der Arbeitnehmer im Aufsichtsrat (ab 500 Arbeitnehmern) • wirtschaftliche Machtkonzentration, insbes. auch durch Depotstimmrecht der Banken • Gründer kann Kontrolle über „seine" Gesellschaft verlieren

Abbildung 22: Vor- und Nachteile AG

2.4 Kommanditgesellschaft auf Aktien (KGaA)

Die Kommanditgesellschaft auf Aktien (KGaA) ist eine Verbindung zwischen KG und AG; sie wird dadurch charakterisiert, dass bei ihr mindestens ein Gesellschafter den Gesellschaftsgläubigern unbeschränkt haftet (persönlich haftender Gesellschafter bzw. Komplementär), während die übrigen an dem in Aktien zerlegten Grundkapital beteiligt sind, ohne persönlich für die Verbindlichkeiten der Gesellschaft zu haften (Kommanditaktionäre, § 78 Abs. 1 AktG).

Das Recht der KGaA ist in den §§ 278–290 AktG geregelt. Für das Rechtsverhältnis der Komplementäre untereinander, das Innenverhältnis zu den Kommanditaktionären und für die Befugnisse der Geschäftsführung und Vertretung gegenüber Dritten gilt das Recht der KG (§ 278 Abs. 2 AktG i. V. m. §§ 161 ff. HGB). Im Übrigen ist das erste Buch des Aktiengesetzes (§§ 1–277 AktG) sinngemäß anwendbar (§ 278 Abs. 3 AktG).

Nach neuerer Rechtsprechung[48] kann Komplementär auch eine juristische Person (GmbH, AG) sein, z.B. AG & Co. KGaA.[49]

Zur Gründung einer KGaA sind wenigstens fünf Personen erforderlich. Hiervon muss mindestens ein Gesellschafter Komplementär sein, der persönlich für die Gesellschaftsschulden haftet. Darüber hinaus kann die KGaA beliebig viele Komplementäre und beliebig viele Kommanditaktionäre haben.

Der Komplementär ist Organ der KGaA und für die Geschäftsführung und Vertretung verantwortlich. Es gilt der Grundsatz der Selbstorganschaft, wonach die Geschäftsführung und Vertretung zwingend durch die Gesellschafter erfolgt. Weitere Organe sind die Hauptversammlung und der Aufsichtsrat (analog zur AG).

2.5 Eingetragene Genossenschaft (e.G.)

2.5.1 Überblick

Die Genossenschaft ist eine Gesellschaft ohne geschlossene Mitgliederzahl mit dem Zweck, den Erwerb oder die Wirtschaft ihrer Mitglieder mittels gemeinschaftlichen Geschäftsbetriebes zu fördern. Entsprechend dieser Zwecksetzung ist das ursprüngliche Ziel der Genossenschaft die Selbsthilfe der Mitglieder durch gegenseitige Förderung. Ihre Tätigkeit ist nicht primär auf Gewinnerzielung ausgerichtet. Sie kann jederzeit auch ohne Zustimmung der bisherigen Mitglieder neue Mitglieder aufnehmen. Nach § 17 GenG ist die eingetragene Genossenschaft eine juristische Person und somit selbst Träger von Rechten und Pflichten. Die Genossenschaften sind Kaufleute im Sinne des HGB.

2.5.2 Gründung der Genossenschaft

Zur Gründung einer Genossenschaft sind nach § 4 GenG mindestens drei Mitglieder erforderlich. Diese beschließen nach § 5 GenG eine Satzung. Eine notarielle Beurkundung ist nicht notwendig, Schriftform reicht aus. Das Gründungsverfahren wird mit der Eintragung in das Genossenschaftsregister abgeschlossen, § 10 GenG. Dieses wird von dem Amtsgericht geführt, in dessen Bezirk der Sitz der Genossenschaft liegt. Die Eintragung wirkt konstitutiv. Der Zusatz „eingetragene Genossenschaft" beziehungsweise die Abkürzung „e.G." muss in der Firma enthalten sein.

---

48 BGH vom 24.2.1997, Az. II ZB 11/96.
49 Z.B. Drägerwerk AG & Co. KGaA.

Die Genossenschaft hat kein festes Kapital. Allerdings kann in der Satzung ein Mindestkapital bestimmt werden. Jedes Mitglied zeichnet im Sinne des § 7 Nr. 1 GenG einen oder mehrere Geschäftsanteile, auf den Einzahlungen geleistet werden müssen (Mindesteinlage). Dies kann auch in Form von Sacheinlagen geschehen. Die Höhe der Einlagen wird von den Mitgliedern in der Satzung festgelegt. Da sich das Kapital aus den Einlagen der Mitglieder zusammensetzt, ist es abhängig von der Mitgliederzahl. Zudem sind auch rein investierende Mitglieder möglich.

2.5.3 Mitgliedschaft

Der Erwerb der Mitgliedschaft erfolgt entweder durch Teilnahme an der Gründung oder durch späteren Beitritt. Beendet wird die Mitgliedschaft durch Tod, Austritt oder Ausschließung. Die Mitgliedschaft ist an sich nicht übertragbar. Lediglich Vererbung ist möglich, sofern dies in der Satzung so vorgesehen ist. Wichtigstes Mitgliedschaftsrecht ist das Recht auf Benutzung der gemeinschaftlichen Fördereinrichtungen. Weiterhin haben die Mitglieder nach § 43 GenG das Recht, an der Generalversammlung teilzunehmen und ihr Stimmrecht auszuüben. Die Mitglieder bestimmen im Rahmen der gesetzlichen Grenzen auch über die Verteilung des Jahresüberschusses. Wichtigste Mitgliederpflicht ist die Einzahlung der Einlage.

2.5.4 Organe

Bei der Genossenschaft gilt das Prinzip der Selbstorganschaft, das heißt, alle Organe können nur mit eigenen Mitgliedern besetzt werden. Die Genossenschaft hat in der Regel drei Organe: die Generalversammlung, den Aufsichtsrat und den Vorstand.

- Die **Generalversammlung** besteht aus allen Mitgliedern der Genossenschaft. Hat sie allerdings mehr als 1500 Mitglieder, kann gemäß § 43a GenG eine Vertreterversammlung gewählt werden, die dann die Aufgaben der Generalversammlung übernimmt.

  Als oberstes Entscheidungsorgan wählt die Generalversammlung den Aufsichtsrat und beschließt über die Führung der Geschäfte und die Gewinnverteilung.

- Der **Aufsichtsrat** besteht aus mindestens drei von der Generalversammlung zu wählenden Mitgliedern (§ 36 Abs. 1 S. 1 GenG). Die ihm zugewiesenen Aufgaben werden durch § 38 GenG definiert. Hauptaufgabe ist demnach die Überwachung der Tätigkeit des Vorstands. Der Aufsichtsrat besitzt dafür umfassende Unterrichtungs- und Informationsrechte gegenüber dem Vorstand der Genossenschaft.

II. Gesellschaftsrecht

Genossenschaften, die nicht mehr als 20 Mitglieder haben, haben nach § 9 Abs. 1 GenG die Möglichkeit, auf einen Aufsichtsrat zu verzichten. Dessen Aufgaben werden dann weitgehend von der Generalversammlung wahrgenommen.

- Der Vorstand wird von der Generalversammlung gewählt und abberufen und besteht aus mindestens zwei Mitgliedern. Bei Genossenschaften mit nicht mehr als 20 Mitgliedern kann der Vorstand auch nur aus einer Person bestehen. Dem Vorstand obliegt die Geschäftsführung und Vertretung. Der Vorstand leitet die Genossenschaft in eigener Verantwortung. Die Vorstandsmitglieder sind nur zur gemeinschaftlichen Vertretung befugt, sofern die Satzung nichts anderes bestimmt. Im Innenverhältnis haben sie dabei die ihnen durch die Satzung auferlegten Beschränkungen und die Beschlüsse der Generalversammlung zu beachten. Diese Beschränkung gilt allerdings nicht im Verhältnis zu Dritten, § 27 Abs. 2 GenG.

2.5.5 Haftung

Für Verbindlichkeiten der Genossenschaft haftet nach § 2 GenG grundsätzlich nur das Vermögen der Genossenschaft. In der Satzung kann allerdings gem. § 6 Nr. 2 GenG eine Nachschusspflicht der Mitglieder für den Fall der Insolvenz der Genossenschaft vorgesehen werden.

Die Genossenschaft hat sich nach § 53 ff. GenG regelmäßig einer Prüfung hinsichtlich ihrer wirtschaftlichen Verhältnisse und Geschäftsführung zu unterziehen und muss hierzu einem entsprechenden Prüfungsverband beitreten.

2.6 „Limited" (Private Company Limited by Shares)

Aufgrund eines Urteils des EuGH[50] müssen Gesellschaften, die ihren Verwaltungssitz aus dem EU-Ausland nach Deutschland verlegen, grundsätzlich als ausländische Gesellschaften nach dem Recht ihres Gründungsstaates anerkannt werden.

Der Begriff „Limited" oder „englische Limited" wird in Deutschland üblicherweise verwendet, um die *Private Company Limited by Shares* in England und Wales zu bezeichnen. Der Name *„Company Limited by Shares"* rührt daher, dass die Gesellschafter bei dieser Gesellschaftsform grundsätzlich nur für die

---

[50] EuGH vom 5.11.2002, Az. C-208/00 „Überseering"; BGH vom 13.3.2003, Az. VII ZR 370/98.

Bezahlung ihrer Anteile gegenüber der Gesellschaft haften. *„Private"* bedeutet, dass ihre Anteile – im Gegensatz zu denen der *Public Company Limited by Shares* – nicht öffentlich angeboten werden dürfen.

Eine englische Limited kann zu jedem erlaubten Zweck von den (auch ausländischen) Gesellschaftern gegründet werden. Die Limited hat zwingend 2 Organe, den Direktor *(director)* und die Gesellschafterversammlung *(shareholders, members)*. Auch eine Ein-Personen-Limited ist möglich.

Eine Limited ist wirksam gegründet und rechtsfähig, wenn sie durch das *Companies House* in das Unternehmensregister eingetragen wurde. Für die Eintragung erforderlich sind die Übersendung zweier ausgefüllter Formblätter *(form 10, form 12)*, einer Satzung, die sich aus der Gründungsurkunde *(memorandum of association)* und den das Innenrecht der Gesellschaft regelnden *articles of association* zusammensetzt, eines Schecks zur Begleichung der Eintragungsgebühr *(registration fee)* von derzeit 20 £; diese erhöht sich auf 50 £, wenn eine Eintragung noch am selben Tag gewünscht wird.

Liegen alle Voraussetzungen vor, so trägt der Registerführer *(registrar of companies)* die Gesellschaft in das Register ein, teilt ihr eine Nummer zu und stellt eine Bescheinigung über die Eintragung der Gesellschaft aus (Gründungsbescheinigung, *certificate of incorporation)*. Zuvor erfolgt eine Prüfung der Unterlagen, allerdings nur auf Vollständigkeit, nicht auf materielle Richtigkeit. Das Ausstellungsdatum auf der Bescheinigung ist Gründungsdatum der Gesellschaft. Damit ist die Gesellschaft selbst Trägerin von Rechten und Pflichten, d. h. rechtsfähig und im Prozess parteifähig; die Haftung ist nunmehr auf das Gesellschaftsvermögen beschränkt. Ihr Mindestkapital beträgt lediglich 1 £.

Aus rechtlichen Gründen kommen die Gründer einer Limited mit Verwaltungssitz in Deutschland um die Eintragung einer Zweigniederlassung im deutschen Handelsregister nicht herum (§ 13d HGB). Nach überwiegender Ansicht wird die Niederlassung in Deutschland – auch wenn es sich dabei faktisch um die Hauptniederlassung handelt – als Zweigniederlassung behandelt. Betreibt die Limited ihre Tätigkeit ausschließlich in Deutschland, so sind die Merkmale einer Zweigniederlassung (räumliche, organisatorische und personelle Selbständigkeit) bei ihr zwangsläufig gegeben. Eine Zweigniederlassung muss beim Handelsregister angemeldet werden, sobald sie errichtet ist. Maßgebend sind die §§ 13d–13g HGB.

Auf allen Geschäftsbriefen und Bestellscheinen, die von einer Limited verwendet werden, müssen folgende Angaben gemacht werden (§ 35a Abs. 4 GmbHG):

- ausländische Firma mit Rechtsformzusatz und Sitz,
- Register und -nummer der Zweigniederlassung,
- Namen der Direktoren mit Familiennamen und mindestens einem Vornamen.

Diese Angabepflichten treffen nicht nur eingetragene Zweigniederlassungen einer Limited, sondern auch nicht eingetragene Zweigniederlassungen und Betriebsstätten.

2.7 Europäische Aktiengesellschaft (SE)

Die Europäische Aktiengesellschaft (Societas Europaea, abgekürzt SE) ist eine Rechtsform europäischen Rechts. Sie geht auf die Verordnung über das Statut der Europäischen Gesellschaft (im Folgenden: SEVO) und auf die Richtlinie zur Ergänzung des Statuts der Europäischen Gesellschaft hinsichtlich der Beteiligung der Arbeitnehmer (im Folgenden: SE-RL) zurück.

Wesensmerkmale

Die SE ist ihrer Rechtsform nach Aktiengesellschaft und als solche börsenfähig. Sie verfügt über eine eigene Rechtspersönlichkeit (Art. 1 Abs. 3 SEVO) und über ein festes in Aktien zerlegtes Kapital, das sich auf mindestens 120.000 € belaufen muss (Art. 4 Abs. 2 SEVO). Die Aktionäre schulden lediglich die Erbringung der Einlage; für die Verbindlichkeiten der Gesellschaft haften sie nicht.

Der Zugang zur SE unterliegt Beschränkungen. Die Gründung von SE erfolgt hauptsächlich durch die Umstrukturierung bestehender Unternehmen und verlangt, dass mindestens 2 Gründungsgesellschaften aus verschiedenen Mitgliedsstaaten der EU stammen.

Möglich sind:

- Verschmelzung oder Umwandlung von Aktiengesellschaften,
- Errichtung einer Holding durch AGs oder GmbHs oder
- Gründung von Tochtergesellschaften, an der sich u. a. auch Personengesellschaften beteiligen können.

Der Sitz der SE muss in der Europäischen Gemeinschaft liegen, und zwar in dem Mitgliedstaat, in dem sich die Hauptverwaltung der SE befindet (Art. 7 S. 1 SEVO).

Die Verfassung der SE ist dadurch gekennzeichnet, dass zwischen dem monistischen Verfassungsmodell (Board-Modell) und dem dualistischen Verfassungsmodell (Vorstand – Aufsichtsrat) gewählt werden kann. Unabhängig davon, welches Verwaltungssystem zur Anwendung gelangt, können im Verwaltungs- bzw. Aufsichtsorgan Arbeitnehmervertreter vertreten sein. Ob dies der Fall ist, hängt zum einen von der im Rahmen der Gründung abgeschlossenen Vereinbarung bzw. zum anderen von dem zum Zuge kommen der Auffangregelung, die für das Eingreifen der Mitbestimmung bestimmte Schwellenwerte vorsieht, ab.

Die SE kann ihren satzungsmäßigen Sitz in einen anderen Mitgliedstaat verlegen (Art. 8 SEVO) und nach Ablauf von zwei Jahren in eine AG nationalen Rechts umgewandelt werden (Art. 66 SEVO). In den meisten anderen Bereichen unterliegt sie nationalem Aktienrecht (z. B. Kapitalerhaltung, -erhöhung und -herabsetzung, eigene Aktien).

Angesprochene Unternehmens-Zielgruppe

Ziel der neuen Rechtsform ist es, grenzüberschreitende Unternehmenszusammenschlüsse, Konzernierungsvorgänge und Unternehmenskooperationen zu erleichtern. Durch das Anbieten grenzüberschreitender Sitzverlegungen, Verschmelzungen und die Gründung von Holding- und Tochtergesellschaften bietet die SE verschiedene Möglichkeiten, durch die eine komplizierte Konzernstruktur und die damit verbundenen Errichtungs- und Managementkosten reduziert werden können.

Für die Gründung einer SE geeignet sind vor allem große Unternehmen, die entweder bereits grenzüberschreitend tätig sind oder sich mit Unternehmen aus anderen Mitgliedstaaten zusammenschließen wollen. Für eine SE-Gründung ist stets ein EU-Bezug der Gründungsgesellschaften erforderlich.

Beispiel: Die 2007 gegründete *Porsche Automobile Holding SE* bildet das Dach der operativ tätigen Tochtergesellschaft *Dr. Ing. h.c. F. Porsche AG* und führt die Beteiligung an der *Volkswagen AG*. Die Eintragung der SE in das Handelsregister erfolgte am 13. November 2007. Juristisch betrachtet sind die *Porsche Automobil Holding SE* und die frühere *Dr. Ing. h.c. F. Porsche AG* ein und derselbe Rechtsträger. Das bedeutet, dass es durch den Formwechsel in eine Europäische Aktiengesellschaft zu keiner Übertragung von Aktiva und Passiva kam. Dennoch erhielt die Gesellschaft eine neue Registernummer beim Amtsgericht Stuttgart. Alle Aktionäre der früheren *Dr. Ing. h.c. F. Porsche AG* wurden durch den Formwechsel zu Anteilseignern der Porsche Automobil Holding SE.[51]

---

[51] Quelle: www.porsche-se.com/pho/de/porschese/.

3. Rechtsformübergreifende Probleme

Vor dem Hintergrund zahlreicher Finanzskandale (z. B. *Metallgesellschaft, Bremer Vulkan, Babcock, Kirch, Mannesmann, Balsam, Phillip Holzmann*, aus neuester Zeit: *Hypo Real Estate*) wurden von der Gesetzgebung und der Rechtsprechung die Haftungsvoraussetzungen im Unternehmensbereich präzisiert und verschärft. Als wichtigste Beispiele sind zu erwähnen:

- *Gesetz zur Kontrolle und Transparenz* (KonTraG), 1998
    o Pflicht zur Errichtung eines Überwachungssystems (§ 91 Abs. 2 AktG)
    o Effektivere Kontrolle der Unternehmensleitung durch den Aufsichtsrat
- *1.–4. Finanzmarktsförderungsgesetz* (FMFG)
    o Pflicht zu Ad-hoc-Mitteilungen
- *Transparenz- und Publizitätsgesetz*, 2002
    o Corporate Governance Kodex, 2002 ff.
- „*Gesetz zur Unternehmensintegrität und Modernisierung des Anfechtungsrechts* (UMAG)," 2005
- Richtlinie 2006/43/EG des Europäischen Parlaments und des Rates vom 17. Mai 2006 über Abschlussprüfungen von Jahresabschlüssen und konsolidierten Abschlüssen[52]
- *MoMiG*, 2008
    o Änderungen des GmbHG, AktG und der InsO

Beispiele aus der neueren Rechtsprechung sind:

- ARAG/Garmenbeck-Urteil des BGH[53] (*Business Judgement Rule*)
- OLG Oldenburg[54] (*Due Diligence beim Unternehmenskauf*)
- Mannesmann (Ackermann/Esser u. a.), BGH[55]

Vorbild für einige der Neureglungen ist der *Sarbanes-Oxley-Act (SOA)* von 2002, der vor dem Hintergrund einiger Bilanzskandale (*Enron, WorldCom, Quest, Global Crossing,*) in den USA erlassen wurde. Der SOA beinhaltet ein weitreichendes Maßnahmenpaket zur Verbesserung der Transparenz und des

---

52 Amtsblatt Nr. L 157 vom 09/06/2006 S. 0087–0107.
53 BGHZ 135, S. 244.
54 Urteil vom 22.6.2006, Aktenzeichen: 1 U 34/03.
55 BGH, Urt. v. 21.12.2005, 3 StR 470/04.

Anlegerschutzes. Heute müssen Unternehmen ein unabhängiges Audit Committee beauftragen. Der Chief Executive Officer (CEO) und der Chief Financial Officer (CFO) müssen einen sog. „Bilanzeid" abgeben, d. h. schriftlich bestätigen, dass die der *Securities and Exchange Commission* (SEC) vorgelegten Berichte die wirtschaftliche Lage des Unternehmens korrekt und vollständig wiedergeben. Inkorrekte Berichte werden mit bis zu 20 Jahren Gefängnisstrafe sanktioniert. Ein Bundesrichter verurteilte den früheren *WorldCom Inc.* Chief Executive *Bernard J. Ebbers* zu 25 Jahren Gefängnisstrafe, ebenso den *Tyco*-Vorstand *Dennis Kozlowski* und den vorherigen Finanzvorstand *Mark Swartz*[56].

3.1 Kontrolle und Transparenz, Compliance

Nach § 93 Abs. 2 AktG hat der Vorstand geeignete Maßnahmen zu treffen, insbesondere ein Überwachungssystem (*Risikomanagement*) einzurichten, damit den Fortbestand der Gesellschaft gefährdende Entwicklungen früh erkannt werden. Diese Vorschrift betrifft zwar ihrem Wortlaut nach nur die Vorstandsmitglieder einer AG, ist jedoch auf andere Gesellschaftsformen, zumindest auf die Geschäftsführer einer GmbH, entsprechend anzuwenden.[57] Zum Risikomanagement gehören operative und strategische Frühwarnsysteme. Operative Systeme beruhen auf Informationen über Erfolg und Zahlungsfähigkeit eines Unternehmens, die durch eine Bilanzanalyse gewonnen werden. Dabei wird anhand finanzwirtschaftlicher Kennzahlen (z. B. Umlaufvermögen, Anlagevermögen, Gewinn, Umsatz, Rücklagen, Fremd- und Eigenkapital, Cashflow) ein Schwellenwert ermittelt, der als Indikator für eine Unternehmenskrise dient.[58]

Strategische Frühwarnsysteme versuchen durch Beobachtung des Unternehmensumfelds und Erstellung entsprechender Risikoanalysen künftige Entwicklungen frühzeitig zu erkennen. Zu beachten sind dabei insbesondere folgende Risikofelder:

- Änderungen der rechtlichen Rahmenbedingungen
- Zins-, Währungs-, Kredit- und Liquiditätsrisiken
- Verhalten der Konkurrenten (neue Produkte, Preispolitik etc.)
- Nachfrageverhalten der Kunden.[59]

---

56 Möllers, Effizienz als Maßstab des Kapitalmarktrechts – Die Verwendung empirischer und ökonomischer Argumente zur Begründung zivil-, straf- und öffentlichrechtlicher Sanktionen, AcP 208 (2008) Heft 1, S. 1.
57 Memento Gesellschaftsrecht 2008, Nr. 6051 m. w. N.
58 Memento Gesellschaftsrecht 2008, Nr. 6052.
59 Memento Gesellschaftsrecht 2008, Nr. 6053.

Gem. § 161 AktG haben Vorstand und Aufsichtsrat einer börsennotierten Gesellschaft jährlich zu erklären, dass den vom Bundesministerium der Justiz im amtlichen Teil des elektronischen Bundesanzeigers bekannt gemachten Empfehlungen der „Regierungskommission Deutscher Corporate Governance Kodex" entsprochen wurde und wird oder welche Empfehlungen nicht angewendet wurden oder werden. Die Erklärung ist den Aktionären dauerhaft zugänglich zu machen.

Mit dem Deutschen Corporate Governance Kodex[60] sollen die in Deutschland geltenden Regeln für Unternehmensleitung und –überwachung für nationale wie internationale Investoren transparent gemacht werden, um so das Vertrauen in die Unternehmensführung deutscher Gesellschaften zu stärken. Der Kodex adressiert alle wesentlichen – vor allem internationalen – Kritikpunkte an der deutschen Unternehmensverfassung, nämlich

- mangelhafte Ausrichtung auf Aktionärsinteressen;
- die duale Unternehmensverfassung mit Vorstand und Aufsichtsrat;
- mangelnde Transparenz deutscher Unternehmensführung;
- mangelnde Unabhängigkeit deutscher Aufsichtsräte;
- eingeschränkte Unabhängigkeit der Abschlussprüfer.

Die Bestimmungen und Regelungen des Kodex gehen auf jeden einzelnen dieser Kritikpunkte ein und berücksichtigen dabei die gesetzlichen Rahmenbedingungen. Der Kodex kann selbstverständlich nicht jedes Thema in allen Einzelheiten regeln, sondern gibt einen Rahmen vor, der von den Unternehmen auszufüllen ist.

In dem aktuellen Kodex heißt es u. a.:

„Der Vorstand informiert den Aufsichtsrat regelmäßig, zeitnah und umfassend über alle für das Unternehmen relevanten Fragen der Planung, der Geschäftsentwicklung, der Risikolage, des Risikomanagements und der Compliance. Er geht auf Abweichungen des Geschäftsverlaufs von den aufgestellten Plänen und Zielen unter Angabe von Gründen ein. Der Aufsichtsrat soll die Informations- und Berichtspflichten des Vorstands nä-

---

[60] Wird im amtlichen Teil des elektronischen Bundesanzeigers veröffentlicht, derzeitige Fassung vom 6.6.2008.

her festlegen. Berichte des Vorstands an den Aufsichtsrat sind in der Regel in Textform zu erstatten. Entscheidungsnotwendige Unterlagen, insbesondere der Jahresabschluss, der Konzernabschluss und der Prüfungsbericht, werden den Mitgliedern des Aufsichtsrats möglichst rechtzeitig vor der Sitzung zugeleitet."

„Der Vorstand leitet das Unternehmen in eigener Verantwortung. Er ist dabei an das Unternehmensinteresse gebunden und der Steigerung des nachhaltigen Unternehmenswertes verpflichtet.

Der Vorstand entwickelt die strategische Ausrichtung des Unternehmens, stimmt sie mit dem Aufsichtsrat ab und sorgt für ihre Umsetzung.

Der Vorstand hat für die Einhaltung der gesetzlichen Bestimmungen und der unternehmensinternen Richtlinien zu sorgen und wirkt auf deren Beachtung durch die Konzernunternehmen hin (Compliance).

Der Vorstand sorgt für ein angemessenes Risikomanagement und Risikocontrolling im Unternehmen."

Unter **Compliance** werden organisatorische Maßnahmen zur Sicherstellung eines rechtskonformen Verhaltens im Hinblick auf sämtliche rechtlichen Gebote und Verbote verstanden Ein gesetzeskonformes Verhalten soll sowohl für Handlungen des Unternehmens als auch für Handlungen der einzelnen Mitarbeiter sichergestellt werden. Bezweckt ist, bereits im Vorfeld durch eine entsprechende Organisation Gesetzesverstöße zu verhindern.

Neben einer rein rechtlichen Perspektive beinhaltet Compliance auch eine ethische Dimension: Danach gilt es auch im Hinblick auf selbstgesetzte Standards, *Soft Law* sowie moralische Grundsätze ein ordnungsgemäßes Verhalten sicherzustellen.

Die **Business-Judgement-Rule** besagt, dass für unternehmerische Führungs- und Gestaltungsaufgaben in der Regel ein weiter Beurteilungs- und Ermessensspielraum eröffnet ist. „*Die Anerkennung eines solchen weiten Handlungsspielraums findet ihre Rechtfertigung darin, dass unternehmerische Entscheidungen regelmäßig aufgrund einer zukunftsbezogenen Gesamtabwägung von Chancen und Risiken getroffen werden müssen, die wegen ihres Prognosecharakters die Gefahr erst nachträglich erkennbarer Fehlbeurteilungen enthält. Deshalb ist eine Pflichtverletzung nicht gegeben, solange die Grenzen, in denen sich ein von Verantwortungsbewusstsein getragenes, ausschließlich am Unternehmenswohl orientiertes, auf sorgfältiger Ermittlung der Entscheidungs-*

grundlagen beruhendes unternehmerisches Handeln bewegen muss, nicht überschritten sind."[61]

3.2 Managerhaftung

Unter „Managerhaftung" wird im Folgenden die persönliche Haftung des Geschäftsführers einer GmbH bzw. des Vorstandsmitglieds oder des Aufsichtsratsmitglieds einer AG verstanden. Grundsätzlich bestimmen zwar die §§ 1 AktG, 13 II GmbHG, dass für die Verbindlichkeiten der Gesellschaft den Gläubigern nur das Gesellschaftsvermögen haftet. Dieser Grundsatz wird in der Praxis jedoch von (zahlreichen) Ausnahmen durchbrochen.

Diese Haftung kann sich gegenüber der Gesellschaft und deren Gesellschaftern (Innenhaftung) oder gegenüber Dritten (Außenhaftung) ergeben.

Abbildung 23: Managerhaftung

---

61 BGHZ 135, S. 244, S. 253 f.; 111, S. 224, S. 227; BGH, Urt. v. 21.12.2005, 3 StR 470/04 (Mannesmann/Ackermann u. a.).

3.2.1 Innenhaftung

Die Innenhaftung gegenüber der Gesellschaft ist teilweise gesetzlich normiert. So bestimmt § 93 II AktG, dass Vorstandsmitglieder, die ihre Pflichten verletzen, der Gesellschaft zum Ersatz des daraus entstehenden Schadens als Gesamtschuldner verpflichtet sind. Eine ähnliche Regelung findet sich in § 43 II GmbHG für die GmbH-Geschäftsführer. Haftungsmaßstab ist die „Sorgfalt eines ordentlichen und gewissenhaften Geschäftsleiters" (AG) bzw. die „Sorgfalt eines ordentlichen Geschäftsmannes" (GmbH). Das AktG führt eine Reihe von Beispielen auf, in denen insbesondere Ersatz zu leisten ist, nämlich:

wenn entgegen dem AktG

- Einlagen an die Aktionäre zurückgewährt werden,
- den Aktionären Zinsen oder Gewinnanteile gezahlt werden,
- eigene Aktien der Gesellschaft oder einer anderen Gesellschaft gezeichnet, erworben, als Pfand genommen oder eingezogen werden,
- Aktien vor der vollen Leistung des Ausgabebetrags ausgegeben werden,
- Gesellschaftsvermögen verteilt wird,
- Zahlungen entgegen § 92 Abs. 2 geleistet werden,
- Vergütungen an Aufsichtsratsmitglieder gewährt werden,
- Kredit gewährt wird,
- bei der bedingten Kapitalerhöhung außerhalb des festgesetzten Zwecks oder vor der vollen Leistung des Gegenwerts Bezugsaktien ausgegeben werden

(vgl. § 93 III AktG).

Diese Vorschrift (§ 93 AktG) gilt für die Sorgfaltspflicht und Verantwortlichkeit der *Aufsichtsratsmitglieder* sinngemäß (§ 116 AktG).

Gem. § 91 AktG hat der Vorstand dafür zu sorgen, dass die erforderlichen *Handelsbücher* geführt werden.

Außerdem hat er „geeignete Maßnahmen zu treffen, insbesondere ein Überwachungssystem einzurichten, damit den Fortbestand der Gesellschaft gefährdende Entwicklungen früh erkannt werden."[62]

---

[62] § 91 II AktG.

Eine Pflichtverletzung liegt *nicht* vor, wenn das Vorstandsmitglied bei einer unternehmerischen Entscheidung vernünftigerweise annehmen durfte, auf der Grundlage angemessener Information zum Wohle der Gesellschaft zu handeln. Diese bereits erwähnte *Business-Judgement-Rule*[63] billigt dem Vorstand für unternehmerische Führungs- und Gestaltungsaufgaben in der Regel einen weiten Beurteilungs- und Ermessensspielraum zu. „Die Anerkennung eines solchen weiten Handlungsspielraums findet ihre Rechtfertigung darin, dass unternehmerische Entscheidungen regelmäßig aufgrund einer zukunftsbezogenen Gesamtabwägung von Chancen und Risiken getroffen werden müssen, die wegen ihres Prognosecharakters die Gefahr erst nachträglich erkennbarer Fehlbeurteilungen enthält. Deshalb ist eine Pflichtverletzung nicht gegeben, solange die Grenzen, in denen sich ein von Verantwortungsbewusstsein getragenes, ausschließlich am Unternehmenswohl orientiertes, auf sorgfältiger Ermittlung der Entscheidungsgrundlagen beruhendes unternehmerisches Handeln bewegen muss, nicht überschritten sind."[64]

3.2.2 Außenhaftung

Die persönliche Haftung des Managers gegenüber Dritten kann sich aus dem Gesetz, ausnahmsweise auch aus Vertrag ergeben.

Manager treten in aller Regel Dritten gegenüber ausdrücklich oder konkludent als Vertreter des von ihnen repräsentierten Unternehmens auf. Ihre Handlungen sind deshalb nicht ihnen selbst, sondern dem Unternehmen zuzurechnen (§§ 164 ff. BGB). Auch eine Überschreitung der ihnen im Innenverhältnis auferlegten Beschränkungen berührt ihre Vertretungsmacht grundsätzlich nicht (§§ 82 Abs. 1 AktG, 37 Abs. 2 GmbHG, 50, 54 Abs. 3 HGB).

Ausnahmsweise ist aber eine Haftung möglich, wenn der Manager „in besonderem Maße Vertrauen für sich in Anspruch nimmt und dadurch ... den Vertragsabschluss erheblich beeinflusst"[65].

Gesetzliche Ansprüche können sich insbesondere ergeben aus:

- § 823 Abs. 1 BGB (schuldhafte Verletzung fremder Rechtsgüter)
- § 823 Abs. 2 BGB i.V.m. der Verletzung eines Schutzgesetzes

---

63 Vgl. § 93 I S. 2 AktG.
64 Vgl. BGHZ 135, S. 244, S. 253 f.; 111, S. 224, S. 227.
65 Vgl. § 311 Abs. 3 BGB.

132   II. Gesellschaftsrecht

- o persönliche Haftung des Vorstands bzw. des Geschäftsführers bei Verletzung der Insolvenzantragspflicht[66]
- o wissentlich falsche Angaben über die in den §§ 399 AktG, 82 GmbHG bezeichneten Tatbestände
- o Vorenthaltung von Sozialversicherungsbeiträgen (§ 266a StGB)
- o Unterlassung von Aufsichtsmaßnahmen (§ 130 OWiG)
- § 826 BGB (z. B. Verschweigen der schlechten Vermögenslage der Gesellschaft[67])
- Verstöße gegen Immaterialgüterrechte (UrhG, MarkenG, PatentG etc.)
- § 69 AO (Verletzung steuerlicher Pflichten)

 Übungsfall 21

Die A-AG trat in Geschäftsbeziehungen zu der G. Ltd., einer in London gegründeten, dort jedoch nur eine Briefkastenadresse unterhaltenden Gesellschaft, deren geschäftsführender Direktor der mehrfach vorbestrafte Elektroinstallateur W. Am. war, der im wesentlichen über diese Gesellschaft vor allem von der Schweiz aus Anlagen- und Anlagenvermittlungsgeschäfte abwickelte. Die G. Ltd. nahm einerseits Kapital zu erheblich über dem Kapitalmarktniveau liegenden Zinsen entgegen und gewährte andererseits unterhalb des marktüblichen Zinsniveaus liegende Billigkredite. Die Verluste aus dieser Geschäftstätigkeit konnten nur für eine begrenzte Zeit durch Ausweitung des Geschäftsumfanges nach Art eines „Schneeball-Systems" aufgefangen werden. Anfang 1990 brach die G.-Gruppe schließlich zusammen. Infolge dieses Zusammenbruchs erlitt die A-AG aus Darlehensgeschäften einen Zinsausfallschaden von ca. 421.000 DM. Aus damit zusammenhängenden Kreditanlagegeschäften entstand der A-AG darüber hinaus ein Schaden von ca. 80 Mio. DM. Da die G. Ltd. ihrer Verpflichtung, das ihr von der A-AG gewährte, mit Bankkrediten finanzierte Darlehen durch unmittelbare Rückführung der Bankkredite zu tilgen, bei deren Fälligkeit im Jahre 1990 aufgrund ihres Zusammenbruchs nicht nachkommen konnte, war die A-AG gezwungen, für deren Rückzahlung einzustehen. Sie hatte die für diese Kredite von bestimmten Banken abgegebenen Garantieerklärungen durch Patronatserklärungen, die u. a. von ihrem Vorstandsvorsitzenden unterzeichnet waren, besichert. Eine zur Absicherung des Geschäftes vorgesehene Garantieerklärung der S. Rückversicherung lag in dem Zeitpunkt, in

---

[66] BGH NJW 1994, S. 2220.
[67] BGH NJW-RR 1991, S. 1312 (S. 1315).

dem es der G. Ltd. ermöglicht wurde, durch ihren geschäftsführenden Direktor Am. auf den Darlehensbetrag Zugriff zu nehmen, nicht vor.[68]

1. Haftet der Vorstandsvorsitzende Dr. F. der A-AG für diesen Schaden?
2. Ist der Aufsichtsrat der A-AG verpflichtet, den Anspruch gegen Dr. F. geltend zu machen?

---

[68] Fall (vereinfacht) nach BGH, Urteil vom 21. April 1997, Az: II ZR 175/95 („ARAG/Garmenbeck").

4. Verbundene Unternehmen

Verbundene Unternehmen (Definition: § 15 AktG) sind gem. §§ 15 ff., 291 f. AktG rechtlich selbständige Unternehmen, die durch Beteiligungen, Unternehmensverträge oder im Rahmen eines Konzerns wirtschaftlich miteinander verbunden sind. „Unternehmen" in diesem Sinne sind nicht nur die AG, sondern auch solche, die in anderer Rechtsform (Einzelunternehmen, Personen- oder Kapitalgesellschaften) geführt werden. Voraussetzung für die Anwendung des AktG ist aber, dass an der Unternehmensverbindung mindestens eine AG oder KGaA beteiligt ist. Ist das nicht der Fall, spricht man von einem „faktischen Konzern".

Die o.g. Vorschriften dienen dem Schutz

- der Aktionäre,
- der Gläubiger und
- der Sicherung der Transparenz (Mitteilungs- und Rechnungslegungspflichten).

§ 16 AktG
- In Mehrheitsbesitz stehende/mit Mehrheit beteiligte Unternehmen

§ 17 AktG
- abhängige/herrschende Unternehmen

§ 18 AktG
- Konzerne

§ 19 AktG
- wechselseitig beteiligte Unternehmen

§§ 291 f. AktG
- Unternehmensverträge

Abbildung 24: Verbundene Unternehmen

4.1 Mehrheitsbeteiligung

Eine Mehrheitsbeteiligung liegt vor, wenn einem Unternehmen die *Mehrheit der Anteile* **oder** die *Mehrheit der Stimmrechte* an einem anderen Unternehmen zusteht (§ 16 AktG).

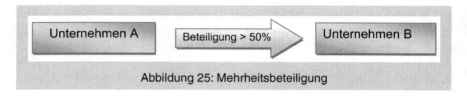

Abbildung 25: Mehrheitsbeteiligung

Sobald einem Unternehmen mehr als 25% der Anteile an einer anderen Kapitalgesellschaft mit Sitz im Inland oder eine Mehrheitsbeteiligung gehört, hat es dies der anderen Gesellschaft unverzüglich mitzuteilen (§§ 20, 21 AktG).

4.2 Abhängige Unternehmen

Abhängige Unternehmen sind rechtlich selbständige Unternehmen, auf die ein anderes Unternehmen (das herrschende Unternehmen) einen beherrschenden Einfluss ausüben kann (§ 17 AkfG).

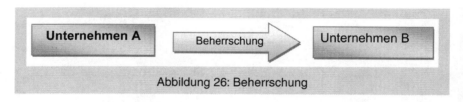

Abbildung 26: Beherrschung

Der beherrschende Einfluss kann sich aus einer Mehrheitsbeteiligung (gesetzliche Vermutung gem. § 17 Abs. 2 AktG), aus Beherrschungs- oder ähnlichen Verträgen oder aus Satzungsbestimmungen ergeben.

4.3 Konzern

Ein Konzern liegt vor, wenn ein herrschendes und ein oder mehrere abhängige Unternehmen unter der einheitlichen Leitung des herrschenden Unternehmens zusammengefasst sind (Unterordnungskonzern, § 18 Abs. 1 AktG) oder wenn rechtlich selbständige Unternehmen, ohne dass das eine Unternehmen von dem anderen abhängig ist, unter einheitlicher Leitung zusammengefasst sind (Gleichordnungskonzern, § 18 Abs. 2 AktG).

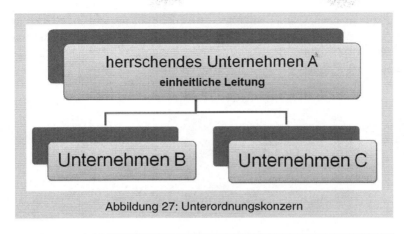

Abbildung 27: Unterordnungskonzern

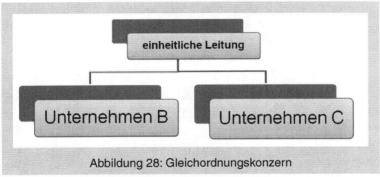

Abbildung 28: Gleichordnungskonzern

4.4 Wechselseitig beteiligte Unternehmen

Wechselseitig beteiligte Unternehmen sind Unternehmen mit Sitz im Inland in der Rechtsform einer Kapitalgesellschaft, die dadurch verbunden sind, dass jedem Unternehmen mehr als der vierte Teil der Anteile des anderen Unternehmens gehört (§ 19 AktG).

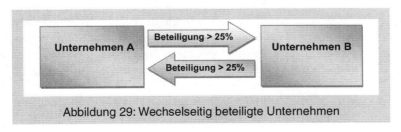

Abbildung 29: Wechselseitig beteiligte Unternehmen

Gehört einem wechselseitig beteiligten Unternehmen an dem anderen Unternehmen eine Mehrheitsbeteiligung oder kann das eine auf das andere Unternehmen unmittelbar oder mittelbar einen beherrschenden Einfluss ausüben, so ist das eine als herrschendes, das andere als abhängiges Unternehmen anzusehen.

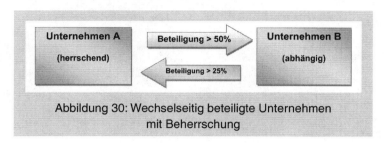

Abbildung 30: Wechselseitig beteiligte Unternehmen mit Beherrschung

Gehört jedem der wechselseitig beteiligten Unternehmen an dem anderen Unternehmen eine Mehrheitsbeteiligung oder kann jedes auf das andere unmittelbar oder mittelbar einen beherrschenden Einfluss ausüben, so gelten *beide* Unternehmen als herrschend und als abhängig (§ 19 Abs. 3 AktG).

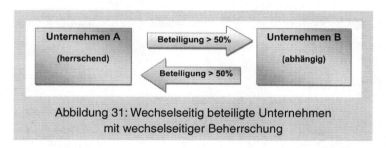

Abbildung 31: Wechselseitig beteiligte Unternehmen mit wechselseitiger Beherrschung

4.5 Unternehmensverträge

Unternehmensverträge sind gem. § 291 AktG Verträge, durch die eine Aktiengesellschaft oder Kommanditgesellschaft auf Aktien die Leitung ihrer Gesellschaft einem anderen Unternehmen unterstellt (Beherrschungsvertrag) oder sich verpflichtet, ihren ganzen Gewinn an ein anderes Unternehmen abzuführen (Gewinnabführungsvertrag). Ein Unternehmensvertrag bedarf der Zustimmung der Hauptversammlung (mit mindestens ¾-Mehrheit), bedarf der Schriftform und wird erst mit Eintragung im Handelsregister wirksam.

Zu beachten ist weiter, dass Unternehmenszusammenschlüsse unter bestimmten Voraussetzungen der Fusionskontrolle durch die Kartellbehörden unterliegen (siehe hierzu LO Wettbewerbsrecht).

5. Umwandlungen

In der Wirtschaftspraxis ergibt sich häufig die Notwendigkeit, Unternehmen umzustrukturieren und zu reorganisieren. Die rechtlichen Rahmenbedingungen stellt das UmwG[69] zur Verfügung. Rechtsträger mit Sitz im Inland können umgewandelt werden

- durch Verschmelzung (Übertragung des Vermögens eines Rechtsträgers als Ganzes auf einen anderen bestehenden Rechtsträger oder Neugründung durch Übertragung der Vermögen zweier oder mehrerer Rechtsträger jeweils als Ganzes auf einen neuen, von ihnen dadurch gegründeten Rechtsträger);
- durch Spaltung (Aufspaltung, Abspaltung, Ausgliederung);
- durch Vermögensübertragung;
- durch Formwechsel (ein Rechtsträger kann durch Formwechsel eine andere Rechtsform erhalten).

Eine Umwandlung ist grundsätzlich nur in den im UmwG geregelten Fällen möglich; von den Vorschriften dieses Gesetzes kann nur abgewichen werden, wenn dies ausdrücklich zugelassen ist.

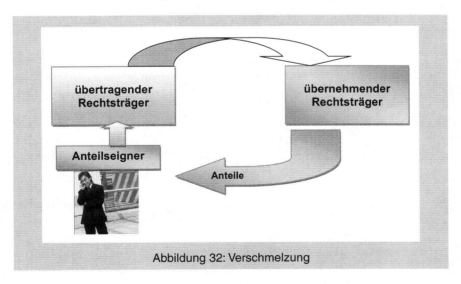

Abbildung 32: Verschmelzung

---

[69] Umwandlungsgesetz vom 28. Oktober 1994 (BGBl. I S. 3210; 1995 I S. 428), zuletzt geändert durch Artikel 5 des Gesetzes vom 24. September 2009 (BGBl. I S. 3145).

Das Vermögen eines Rechtsträgers wird als Ganzes auf einen anderen bestehenden Rechtsträger gegen Gewährung von Anteilen oder Mitgliedschaften des übernehmenden oder neuen Rechtsträgers an die Anteilsinhaber des übertragenden Rechtsträger übertragen.

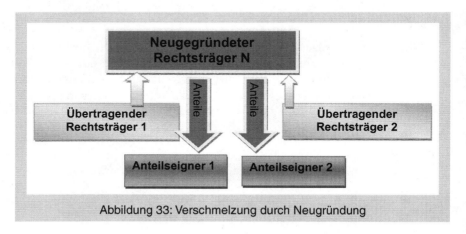

Abbildung 33: Verschmelzung durch Neugründung

Spaltung

Die Umwandlung durch Spaltung kann erfolgen durch

- Übertragung auf einen bestehenden Rechtsträger (Spaltung zur Aufnahme),
- Übertragung auf einen neuen Rechtsträger (Spaltung zur Neugründung).

Bei der *Aufspaltung* (§ 123 Abs. 1 UmwG) gehen die Vermögensteile auf 2 oder mehrere Rechtsträger über; der übertragende Rechtsträger geht unter. Die Anteilseigner des übertragenden Rechtsträgers erhalten Anteile der übernehmenden Rechtsträger.

Bei der *Abspaltung* (§ 123 Abs. 2 UmwG) werden Vermögensteile auf einen anderen Rechtsträger übertragen; der übertragende Rechtsträger bleibt bestehen. Die Anteilseigner des übertragenden Rechtsträgers erhalten Anteile des übernehmenden Rechtsträgers.

Bei der *Ausgliederung* (§ 123 Abs. 3 UmwG) werden ebenfalls Vermögensteile auf einen anderen Rechtsträger übertragen, die Anteile fallen aber nicht an die Anteilseigner, sondern an den übertragenden Rechtsträger.

Beispiel: Die A-AG stellt PKW und LKW her. Die beiden Unternehmensbereiche sollen getrennt werden. Sie hat folgende Möglichkeiten:

a) Aufspaltung:

Gründung von 2 Unternehmen (B: PKW und C: LKW); Übertragung der jeweiligen Bereiche auf die neuen Unternehmen. Die Aktionäre der A-AG erhalten Anteile von B und C, A geht unter.

b) Abspaltung:

Gründung eines neuen Unternehmens B, Übertragung des Bereichs LKW auf B. Die Aktionäre der A-AG erhalten Anteile von B, A bleibt bestehen.

c) Ausgliederung:

Gründung eines neuen Unternehmens B, Übertragung des Bereichs LKW auf B. Die A-AG erhält die Anteile von B.

Formwechsel:

Die Identität des Unternehmens bleibt erhalten, die Rechtsform wird geändert (§§ 190 ff. UmwG). Möglich sind folgende Rechtsformwechsel:

- Personenhandelsgesellschaften in Kapitalgesellschaften und umgekehrt
- PartG in Kapitalgesellschaften und umgekehrt
- Kapitalgesellschaften in GbR
- GmbH in AG oder KGaA und umgekehrt
- Kapitalgesellschaften in eG und umgekehrt
- e.V. in Kapitalgesellschaften oder e.G.
- VVaG in AG
- öffentlich-rechtliche Körperschaften in Kapitalgesellschaften

Erforderlich ist ein notariell beurkundeter Umwandlungsbeschluss (mindestens ¾-Mehrheit), ein Umwandlungsbericht und die Eintragung im HR.

Übungsfall 22 (Übungsaufgabe)

1.	**Eine GbR**
	1. kann kein Gewerbe betreiben
	2. ist nicht rechtsfähig
	3. ist eine Körperschaft
	4. muss mindestens 2 Gesellschafter haben
2.	**Die Gesellschafter einer GbR**
	1. haften nur mit der „diligentia quam in suis"
	2. haften beschränkt auf ihre Einlage
	3. haften gar nicht
	4. haften den Gläubigern der GbR zusammen mit der GbR als Gesamtschuldner
3.	**Die Gesellschafter einer oHG**
	1. sind alleine geschäftsführungsbefugt
	2. sind nur gemeinschaftlich geschäftsführungsbefugt
	3. sind nur vertretungsbefugt, wenn das im HR eingetragen ist
	4. sind nur gemeinschaftlich vertretungsbefugt
4.	**Das Stammkapital einer UG haftungsbeschränkt**
	1. beträgt mindestens 25.000,00 €.
	2. muss nicht vor Anmeldung der Gesellschaft zum Handelsregister eingezahlt werden.
	3. kann auch als Sacheinlage geleistet werden.
	4. beträgt maximal 24.999 €.
5.	**Der Kommanditist haftet für die Verbindlichkeiten der KG**
	1. mit seinem Privatvermögen unbeschränkt
	2. gar nicht
	3. den Gläubigern bis zur Höhe seiner Kommanditeinlage persönlich
	4. nur gegenüber der KG bis zur Höhe seiner Kommanditeinlage
6.	**Die Eintragung einer Gesellschaft im Handelsregister**
	1. wirkt immer konstitutiv
	2. wirkt bei Kapitalgesellschaften konstitutiv
	3. wirkt immer deklaratorisch
	4. ist reine Formsache ohne rechtliche Bedeutung
7.	**Der Geschäftsführer einer GmbH**
	1. haftet nie für die Schulden der GmbH.
	2. haftet bei Pflichtverletzungen persönlich.

	3. haftet nur bei vorsätzlichen Pflichtverletzungen persönlich.
	4. haftet neben der GmbH als Gesamtschuldner persönlich.
8.	**Keine juristische Person ist**
	1. die KG
	2. der eingetragene Verein (e.V.)
	3. die Kommanditgesellschaft auf Aktien
	4. die Unternehmergesellschaft (haftungsbeschränkt)
9.	**Notwendige Organe der GmbH sind**
	1. Hauptversammlung und Geschäftsführer
	2. Gesellschafterversammlung, Aufsichtsrat und Vorstand
	3. Gesellschafterversammlung und Geschäftsführer
	4. Gesellschafterversammlung, Beirat und Geschäftsführer
10.	**Vor Eintragung der GmbH im Handelsregister**
	1. haften die Handelnden persönlich
	2. haftet nur das Gesellschaftsvermögen
	3. haften nur die Gesellschafter persönlich
	4. haftet niemand, da die GmbH noch nicht rechtsfähig ist
11.	**Eine GmbH**
	1. hat ein Stammkapital von mindestens 10.000 €
	2. hat ein Stammkapital von mindestens 12.500 €
	3. hat ein Stammkapital von mindestens 25.000 €
	4. hat ein Stammkapital von mindestens 50.000 €
12.	**Notwendige Organe der AG sind**
	1. Vorstand, Geschäftsführung und Vertreterversammlung
	2. Hauptversammlung, Aufsichtsrat und Betriebsrat
	3. Hauptversammlung, Aufsichtsrat und Vorstand
	4. Gesellschafterversammlung und Vorstand
13.	**Der Vorstand einer AG**
	1. besteht aus mindestens 2 Personen
	2. besteht aus mindestens 5 Personen
	3. kann aus einer oder mehreren Personen bestehen
	4. kann auch eine juristische Person sein
14.	**Die AG**
	1. hat ein Mindestgrundkapital von 1 €
	2. hat ein Mindestgrundkapital von 100.000 €
	3. hat ein Mindestgrundkapital von 50.000 €
	4. hat ein Mindestgrundkapital von 1.000.000 €

15.	**Die KGaA**
	1. ist eine Personengesellschaft
	2. ist eine Mischform zwischen KG und AG und gehört zu den Kapitalgesellschaften
	3. ist dasselbe wie eine AG & Co.KG
	4. muss mindestens eine natürliche Person als Komplementär haben
16.	**Ein Konzern**
	1. besteht aus mindestens 2 Unternehmen unter einheitlicher Leitung
	2. ist ein Unternehmenszusammenschluss
	3. ist in Deutschland verboten
	4. kann nur aus Aktiengesellschaften bestehen

III. Gewerblicher Rechtsschutz und Wettbewerbsrecht

Lernziele

In diesem Kapitel werden Sie mit den wesentlichen Begriffen und Erscheinungsformen des Wettbewerbsrechts, des Gewerblichen Rechtsschutzes und des Urheberrechts und bekannt gemacht. Inhalte sind:

- Unlauterer Wettbewerb
- Kartellrecht
- Markenrecht
- Grundzüge des Patentrechts
- Grundzüge des Urheberrechts

Ergänzende Literaturhinweise

Berlit, Wolfgang	Wettbewerbsrecht, 5. Aufl., München 2004 [C.H. Beck]
Chrocziel, Peter	Einführung in den Gewerblichen Rechtsschutz und das Urheberrecht, 2. Aufl., München 2002 [C.H. Beck]
Eisenmann, Hartmut/ Ulrich Jautz	Grundriss Gewerbliche Rechtsschutz und Urheberrecht, 8. Aufl., Heidelberg 2009 [C.F. Müller]
Ekey, Friedrich L.	Grundriss des Wettbewerbs- und Kartellrechts, 3. Aufl., Heidelberg 2009 [C.F. Müller]
Heße, Manfred	Wettbewerbsrecht – schnell erfasst, Berlin/Heidelberg 2006 [Springer]
Ilzhöfer, Volker/ Rainer Engels	Patent-, Marken- und Urheberrecht, 8. Aufl., München 2010 [Vahlen]
Köhler, Helmut/ Joachim Bornkamm/ Adolf Baumbach/ Wolfgang Hefermehl	Wettbewerbsrecht: Gesetz gegen den unlauteren Wettbewerb, Preisangabenverordnung, Unterlassungsklagengesetz, 25. Aufl., München 2007 [C.H. Beck]

Pierson, Matthias/ Recht des geistigen Eigentums, 3. Aufl., Baden-Baden
Thomas Ahrens/ 2014 [Nomos]
Karsten R. Fischer

Gesetzessammlungen (Anschaffung empfehlenswert!) z. B.:

„Wettbewerbsrecht, Gewerblichen Rechtsschutz und Urheberrecht", 4. Aufl. 2013 [C.F. Müller] oder

„Wettbewerbsrecht, Markenrecht und Kartellrecht: WettbR", 2015 [C.H. Beck]

1. Allgemeines

Das Wettbewerbsrecht hat zum einen die Aufgabe, sicherzustellen, dass Wettbewerb überhaupt stattfindet, also nicht durch Missbrauch wirtschaftlicher Macht, durch Kartelle oder durch Monopole behindert wird (Kartellrecht, GWB und EGV sowie EG-VOen).

Zum anderen soll gewährleistet werden, dass dieser Wettbewerb sich in vernünftigen Bahnen bewegt und nicht ausartet (Recht gegen den unlauteren Wettbewerb, insbesondere UWG).

Gewerbliche Schutzrechte sind die Rechtsnormen, die die *geistig-gewerbliche Leistung* des Einzelnen schützen, insbesondere das Patentrecht, das Gebrauchsmusterrecht, das Geschmacksmusterrecht, das Markenrecht und – ergänzend – das Wettbewerbsrecht.

Das Urheberrecht schützt ebenfalls geistige Leistungen, nämlich *persönliche geistige Schöpfungen* im Bereich der Literatur, Wissenschaft und Kunst.

Der Inhaber des Schutzrechts soll gegen die unberechtigte Übernahme und Ausbeutung seiner Leistung durch Nachahmer geschützt werden. Auf der anderen Seite besteht ein Interesse der Allgemeinheit daran, dass der aktuelle Stand der Wissenschaft, Technik und Kultur grundsätzlich allen zur Verfügung stehen sollte, um darauf aufbauend etwas Neues zu entwickeln. Der technische und wirtschaftliche Fortschritt einer Gesellschaft erfordert, dasjenige in den Entwicklungsprozess aufzunehmen, was sich als besser und erfolgreicher erwiesen hat. Das Rad muss (kann) nicht immer wieder neu erfunden werden. Der gewerbliche Rechtsschutz versucht, einen gerechten Ausgleich dieser gegensätzlichen Interessen herbeizuführen.

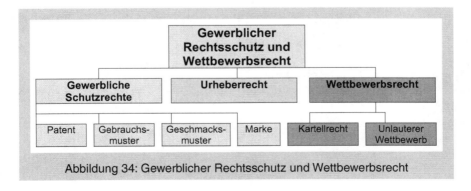

Abbildung 34: Gewerblicher Rechtsschutz und Wettbewerbsrecht

2. Wettbewerbsrecht

2.1 Kartellrecht

Rechtsgrundlagen:

- Gesetz gegen Wettbewerbsbeschränkungen (GWB, auch „Kartellgesetz" genannt) in der Fassung der Bekanntmachung vom 15.07.2009, BGBl. I S. 2114; 2009 I S. 3850
- Vertrag über die Arbeitsweise der Europäischen Union (AEUV), insbesondere Art. 101–106), ABl. Nr. C 83 vom 30.03.2010, S. 47
- Buchpreisbindungsgesetz (BuchPrG)
- Gruppenfreistellungsverordnung [VO(EG) Nr. 270/1999]

Das GWB soll den Missbrauch wirtschaftlicher Macht verhindern. Es umfasst Kartelle und alle Vereinbarungen, Maßnahmen und Absprachen zwischen Unternehmen, die den Wettbewerb beschränken können. Untersagt sind:

- Kartelle (z. B. Preisabsprachen)
- Missbräuchliches Wettbewerbsverhalten
- Unternehmenszusammenschlüsse (unter bestimmten Voraussetzungen)

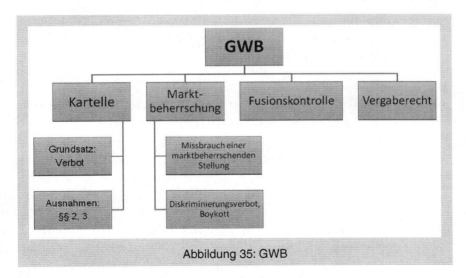

Abbildung 35: GWB

Das GWB gilt **sachlich** für alle Unternehmen und für Unternehmensvereinigungen. Unternehmen sind zunächst alle Gewerbebetriebe, aber auch freiberuflich Tätige und öffentlich-rechtliche Körperschaften, soweit sie privatwirtschaftlich handelnd am Markt auftreten (z. B. gesetzliche Krankenkassen, Gemeinden bei der Beschaffung von Gütern oder Dienstleistungen).

Räumlich findet das GWB auf alle wettbewerbsbeschränkenden Maßnahmen Anwendung, die sich auf Märkte innerhalb Deutschlands auswirken (sog. Wirkungsprinzip), unabhängig davon, wo die beteiligten Unternehmen ihren Sitz haben oder handeln, vgl. Art. 6 Abs. 3 a) ROM II: „Auf außervertragliche Schuldverhältnisse aus einem den Wettbewerb einschränkenden Verhalten ist das Recht des Staates anzuwenden, dessen Markt beeinträchtigt ist oder wahrscheinlich beeinträchtigt wird."

 Aktuelle Beispiele zum Kartellverbot:

„Schienenfreunde"

Handelsblatt (30.06.2011):

Preisabsprachen: Staatsanwaltschaft ermittelt gegen Stahlunternehmen

Die Staatsanwaltschaft Bochum ermittelt gegen zehn Stahlunternehmen. Sie sollen unter anderem die Deutsche Bahn betrogen haben. Auch Thyssen-Krupp soll betroffen sein - und hat bereits Konsequenzen gezogen.

Düsseldorf/Berlin *Die Bochumer Staatsanwaltschaft ermittelt wegen mutmaßlicher Kartellabsprachen im Schienengeschäft. Die Untersuchungen richteten sich gegen etwa zehn Firmen und rund 30 Personen, sagte ein Behördensprecher am Donnerstag und bestätigte damit einen Bericht der „Westdeutschen Allgemeinen Zeitung". Die Ermittlungen seien in einem frühen Stadium. Angaben zur Schadenshöhe könnten nicht gemacht werden. Die Deutsche Bahn geht nach eigenem Bekunden davon aus, dass sie Millionen wegen der mutmaßlichen Absprachen verlor.*

Mitte Mai hatte das Bundeskartellamt wegen des Verdachts von Absprachen bei Preisen und Aufträgen Büroräume mehrerer Unternehmen aus der Bahntechnik-Branche in Nordrhein-Westfalen, Bayern, Niedersachsen, Berlin und Baden-Württemberg durchsucht.

Die Firmen, die Schienen an Regional- und Industriebahnen, Nahverkehrskunden oder Bauunternehmen verkaufen, standen nach Angaben des Amtes im Verdacht, Einzelaufträge seit mindestens 2001 regional abgesprochen zu haben.

Der Deutsche Bahn teilte mit, es würden Schadensersatzansprüche geprüft. „Sobald wir aus dem Ermittlungsverfahren ein klares Bild von dem Kartell ha-

ben, werden wir mögliche Ansprüche gegen die Kartellbeteiligten prüfen", kündigte Gerd Becht, Vorstand Recht des Unternehmens an."

„Stromkartell"

Das Bundeskartellamt hat schwere Vorwürfe gegen die vier großen deutschen Energieversorger E.ON, RWE, Vattenfall Europe und EnBW erhoben. Nach Informationen des SPIEGEL haben die Wettbewerbshüter zahlreiche Indizien und Belege dafür zusammengetragen, dass sich führende Manager und sogar Vorstandsvorsitzende der Strombranche über Jahre hinweg in geheimen Runden getroffen haben. Bei den Treffen, die zwischen 2003 und 2006 stattfanden, sollen laut Kartellamt sensible Geschäftsgeheimnisse und -strategien ausgetauscht worden sein. Außerdem seien detaillierte Absprachen über das Vorgehen auf unterschiedlichsten Märkten getroffen worden. Zumindest Branchenführer E.ON soll sogar versucht haben, die Preise für Strom „maßgeblich zu beeinflussen". Das alarmierende Fazit zogen die Wettbewerbshüter nach der Auswertung Zigtausender Beweisstücke, die im vergangenen Jahr bei den Stromkonzernen während diverser Hausdurchsuchungen durch die EU-Wettbewerbskommission entdeckt wurden. Aus den sichergestellten Papieren, so das Bonner Kartellamt in dem Schriftsatz vom 30. November vergangenen Jahres, gehe auf „eindrucksvolle Weise" hervor, dass der Wettbewerb auf dem deutschen Energiemarkt durch „kartellrechtlich unzulässige Kooperationen" weitgehend verhindert werde. Statt sich gegenseitig Konkurrenz zu machen, seien Strategien, Preise und auch Versorgungsgebiete mit Billigung und möglicherweise sogar auf Anweisung der damaligen Chefetagen abgestimmt worden. Auf Nachfrage des SPIEGEL haben alle Konzerne Absprachen, Preismanipulationen und kartellrechtlich bedenkliche Treffen bestritten.[70]

Wie sind diese Sachverhalte kartellrechtlich zu beurteilen?

2.1.1 Kartelle

Kartelle sind *Vereinbarungen* zwischen Unternehmen, *Beschlüsse* von Unternehmensvereinigungen *und aufeinander abgestimmte Verhaltensweisen*, die eine Verhinderung, Einschränkung oder Verfälschung des Wettbewerbs bezwecken oder bewirken. Sie sind grundsätzlich **verboten** (§ 1 GWB).

Von diesem Verbot ausgenommen (§§ 2–3 GWB) sind Vereinbarungen, „die unter angemessener Beteiligung der Verbraucher an dem entstehenden Gewinn zur Verbesserung der Warenerzeugung oder -verteilung oder zur Förderung des

---

[70] Quelle: SPIEGEL ONLINE – 03. November 2007, 11:30.

technischen oder wirtschaftlichen Fortschritts beitragen." Vereinbarungen, „die die Rationalisierung wirtschaftlicher Vorgänge durch zwischenbetriebliche Zusammenarbeit zum Gegenstand haben, erfüllen die Voraussetzungen des § 2 Abs. 1GWB, wenn dadurch der Wettbewerb auf dem Markt nicht wesentlich beeinträchtigt wird und die Vereinbarung oder der Beschluss dazu dient, die Wettbewerbsfähigkeit kleiner oder mittlerer Unternehmen zu verbessern."

Sog. *„Hardcore-Kartelle"* sind insbesondere Absprachen zwischen Unternehmen über die Festsetzung von Preisen oder Absatzquoten sowie über die Aufteilung von Märkten. Sie sind schwerwiegende Wettbewerbsbeschränkungen und in hohem Maße sozialschädlich. Sie werden deshalb von den Kartellbehörden verstärkt verfolgt und sind unter keinen Umständen zulässig.[71]

Die eingangs genannten Beispielsfälle fallen unter diese Kategorie – soweit sich die Vorwürfe beweisen lassen.

Folgen dieser Kartellverstöße sind:

- Unterlassungspflicht (§ 33 GWB),
- Schadenersatz (§ 33 GWB),
- Gewinnabschöpfung durch die Kartellbehörde (§ 34 GWB),
- Geldbuße (bis zu 1 Mio. €), gegen ein Unternehmen kann darüber hinaus eine höhere Geldbuße verhängt werden (bis max. 10% des [Jahres-] Gesamtumsatzes [!] des Unternehmens), § 81 GWB.

Unter das Kartellverbot fallen nicht nur horizontale Vereinbarungen (zwischen miteinander auf gleicher Ebene im Wettbewerb stehenden Unternehmen), sondern auch Vertikalvereinbarungen, z. B. die Absprache zwischen Hersteller und Händler über die Beachtung bestimmter Preise beim Weiterverkauf (Preisbindungen).

---

[71] Pressemeldung des Bundeskartellamtes vom 19.04.2000.

Weitere Beispiele aus der Praxis:

Pressemitteilung B KartA 17. März 2011:

Millionenbuße gegen Konsumgüterhersteller wegen wettbewerbsbeschränkendem Informationsaustausch

Das Bundeskartellamt hat Geldbußen in Höhe von insgesamt rund 38 Mio. € gegen drei Hersteller von Konsumgütern wegen des unzulässigen Austauschs über wettbewerbsrelevante Informationen verhängt.

"Bei den Unternehmen handelt es sich um die Kraft Foods Deutschland AG, Bremen, die Unilever Deutschland Holding AG, Hamburg, und die Dr. August Oetker Nahrungsmittel KG, Bielefeld. Gegen einen vierten großen Konsumgüterhersteller werden die Ermittlungen noch fortgeführt. ... Die Unternehmen haben sich über mehrere Jahre in einem regelmäßig stattfindenden Gesprächskreis getroffen. Hochrangige Vertriebsmitarbeiter haben sich in diesem Rahmen gegenseitig über den Stand und den Verlauf von Verhandlungen ihres Unternehmens mit verschiedenen großen Einzelhändlern informiert. Für einige der betroffenen Produktbereiche tauschten sich einige der Teilnehmer auch über beabsichtigte Preiserhöhungen gegenüber dem Einzelhandel aus.

Neben Absprachen zwischen Marktteilnehmern kann auch der Austausch von wettbewerbsrelevanten Informationen den freien Wettbewerb beschränken und ist deshalb nach deutschem und europäischem Kartellrecht unzulässig. Die an dem Gesprächskreis teilnehmenden Markenartikelhersteller sahen sich in verschiedenen der von ihnen angebotenen Produktgruppen – vor allem Süßwaren, Speiseeis, Trockenfertiggerichte, Tiefkühlpizza, Tiernahrung und Waschmittel – jeweils ihren Hauptwettbewerbern gegenüber. Die Kenntnis über die zu erwartenden Forderungen des Einzelhandels sowie die Reaktionen der maßgeblichen Wettbewerber auf diese Forderungen, konnten das eigene Marktverhalten ebenso entscheidend beeinflussen, wie die Information über beabsichtigte Preiserhöhungen der Konkurrenz. Informationen dieser Art werden von den Unternehmen normalerweise hoch vertraulich behandelt.

Pressemeldung des Bundeskartellamtes vom 09.06.2010

Bundeskartellamt verhängt weitere Geldbußen gegen Kaffeeröster

- 30 Mio. € Bußgeld wegen Preisabsprachen im Außer-Haus-Vertrieb

Das Bundeskartellamt hat gegen acht Kaffeeröster und den Deutschen Kaffeeverband e.V., Hamburg, (DKV) sowie zehn verantwortliche Mitarbeiter Geld-

bußen in Höhe von insgesamt ca. 30 Mio. € wegen Preisabsprachen im sog. Außer-Haus-Bereich (Belieferung von Großverbrauchern) verhängt. Bei den acht Unternehmen handelt es sich um die

- Kraft Foods Außer Haus Service GmbH, Bremen,
- Tchibo GmbH, Hamburg,
- J.J. Darboven GmbH & Co. KG, Hamburg,
- Melitta SystemService GmbH & Co. Kommanditgesellschaft, Minden,
- Luigi Lavazza Deutschland GmbH, Frankfurt,
- Seeberger KG, Ulm,
- Segafredo Zanetti Deutschland GmbH, München, und
- Gebr. Westhoff GmbH & Co. KG, Bremen.

 Übungsfall 23

Der Reiseveranstalter RV schließt mit Reisebüros Agenturverträge ab, die es diesen ausdrücklich verbieten, den Kunden Preisnachlässe oder Rabatte zu gewähren.

Das Reisebüro RB bietet 5% Rabatt auf die über RB gebuchten Flugpauschalreisen von RV. RV verlangt von RB Unterlassung. Zu Recht?

 Übungsfall 24

B stellt hochwertige Motorräder her und vertreibt diese über spezielle Vertragshändler. Sie gibt dabei „unverbindliche Preisempfehlungen" vor. Vertragshändler K unterbietet diese Empfehlungen um bis zu 10%. B mahnt K deshalb ab und kündigt später den Vertrag und stellt die Belieferung des K ein. K wendet sich gegen diese Kündigung, weil das Verhalten der B seiner Ansicht nach gegen das Kartellrecht verstößt. Rechtslage?

2.1.2 Missbräuchliches Wettbewerbsverhalten

Der freie Wettbewerb kann nicht nur durch Kartelle, sondern auch durch einseitige Maßnahmen von Unternehmen beeinträchtigt werden. § 19 GWB bestimmt, dass die missbräuchliche Ausnutzung einer marktbeherrschenden Stellung durch ein oder mehrere Unternehmen verboten ist.

Missbräuchliches Wettbewerbsverhalten liegt vor allem bei wettbewerbsschädigenden Maßnahmen *marktbeherrschender* oder sonstiger marktmächtiger Unternehmen vor. Das Missbrauchsverbot (§§ 19 ff. GWB) bezweckt, Verhaltensweisen von Unternehmen zu unterbinden, die ihnen nur aufgrund ihrer Marktmacht möglich sind.

Abbildung 36: Missbräuchliches Wettbewerbsverhalten

Ein Unternehmen ist marktbeherrschend, soweit es als Anbieter oder Nachfrager einer bestimmten Art von Waren oder gewerblichen Leistungen auf dem sachlich und räumlich relevanten Markt

- ohne Wettbewerber ist oder keinem wesentlichen Wettbewerb ausgesetzt ist oder
- eine im Verhältnis zu seinen Wettbewerbern überragende Marktstellung hat.

Um Marktbeherrschung feststellen zu können, muss zunächst der *relevante Markt* bestimmt werden. Dieser ist sachlich, räumlich und ggf. auch zeitlich einzugrenzen.

- ➢ **Sachlich:** Angebotsmärkte: alle Waren/Dienstleistungen, die aus Sicht des Kunden ohne weiteres austauschbar (ggf. Substitutionsgüter) sind.

    Bei Nachfragemärkten sind Ausweichmöglichkeiten des Anbieters entscheidend.

- ➢ **Räumlich**: entscheidend ist, in welchem Umkreis für die Marktgegenseite sinnvolle Alternativen bestehen (Transportmöglichkeiten und –kosten).

- ➢ **Zeitlich:** nur ausnahmsweise relevant (z.B. Sportveranstaltung, Messe).

III. Gewerblicher Rechtsschutz und Wettbewerbsrecht

Abbildung 37: Marktbeherrschung

Beispiel[72]: Der 1. FC Köln wollte Eintrittskarten für das UEFA-Cup-Spiel gegen Inter Mailand nur zusammen mit Karten für ein Bundesligaspiel (gegen den damaligen Tabellenletzten) verkaufen. Das Landeskartellamt untersagt den gekoppelten Kartenverkauf. Zu Recht?

1. Nach § 32 GWB kann die Kartellbehörde Unternehmen ein Verhalten untersagen, das nach diesem Gesetz verboten ist.
2. Das Verhalten des 1. FCK könnte gegen § 19 Abs. 1 GWB (*seinerzeit: § 22 GWB a.F.*) verstoßen. Voraussetzung hierfür sind:
   - Marktbeherrschenden Stellung: Der relevante Markt war sachlich (Spiel gegen Inter Mailand), räumlich (Müngersdorfer Stadion in Köln) und zeitlich (Datum des Spiels) eingegrenzt. Etwaige andere Fußballspiele am selben Tag waren für echte Fans keine sinnvolle Alternative. Auf diesem relevanten Markt war der 1. FCK keinem Wettbewerb ausgesetzt.
   - Missbrauch: Die Koppelung ist missbräuchlich, wenn keine sachliche Rechtfertigung hierfür erkennbar ist. Jedenfalls dann, wenn überhaupt keine Karten mehr für den ungekoppelten Verkauf zur Verfügung stehen, liegt ein Missbrauch vor.

Ein **Missbrauch** liegt nach § 19 Abs. 4 GWB insbesondere vor, wenn ein marktbeherrschendes Unternehmen als Anbieter oder Nachfrager einer bestimmten Art von Waren oder gewerblichen Leistungen:

1. die Wettbewerbsmöglichkeiten anderer Unternehmen in einer für den Wettbewerb auf dem Markt erheblichen Weise *ohne sachlich gerechtfertigten Grund* beeinträchtigt;

---

[72] Fall nach BGH NJW 1987, S. 3007.

Wettbewerbsrecht 157

👉 **Beispiel:** Die Deutsche Telekom bietet ISDN-Anschlüsse gekoppelt mit einem Internetzugang an. Der BGH[73] sieht hierin eine missbräuchliche Behinderung der Wettbewerbsmöglichkeiten anderer Unternehmen nach § 19 Abs. 1 und Abs. 4 Nr. 1 GWB.

2. Entgelte oder sonstige Geschäftsbedingungen fordert, die von denjenigen abweichen, die sich bei wirksamem Wettbewerb mit hoher Wahrscheinlichkeit ergeben würden;

👉 **Beispiel:** Die Brauerei H hat in Hamburg einen Marktanteil bei Fassbier von 35%. Sie verlangt von den Pächtern von Gaststätten in Hamburg für den Abschluss von Bierlieferungsverträgen wesentlich schlechtere Bedingungen als in Gebieten, in denen ihr Marktanteil wesentlich geringer ist. H verstößt gegen § 19 Abs. 4 Nr. 2 und Nr. 3 GWB.

3. ungünstigere Entgelte oder sonstige Geschäftsbedingungen fordert, als sie das marktbeherrschende Unternehmen selbst auf vergleichbaren Märkten von gleichartigen Abnehmern fordert, es sei denn, dass der Unterschied sachlich gerechtfertigt ist;

👉 **Beispiel:** Die Lufthansa verlangt für den Flug auf der Strecke Berlin-Frankfurt deutlich höhere Preise als auf der – etwas längeren – Strecke Berlin-München. Das Bundeskartellamt vertritt die Auffassung, dass der Lufthansa eine solche Preisgestaltung möglich sei, weil sie auf der Strecke Berlin-Frankfurt wegen der Kapazitätsengpässe des Frankfurter Flughafens eine marktbeherrschende Stellung habe. Denn diese Engpässe führten dazu, dass potentielle Wettbewerber keine oder nur unzureichende Start- und Landerechte (sog. Slots) erhalten könnten. Das Bundeskartellamt untersagte der Lufthansa mit Verfügung vom 19. Februar 1997, auf der Strecke Berlin-Frankfurt (einfacher Flug) ein Entgelt zu fordern, das um mehr als 10 DM über dem entsprechenden Entgelt für die Strecke Berlin-München liegt.

4. sich weigert, einem anderen Unternehmen gegen angemessenes Entgelt Zugang zu den eigenen Netzen oder anderen Infrastruktureinrichtungen zu gewähren, wenn es dem anderen Unternehmen aus rechtlichen oder tatsächlichen Gründen ohne die Mitbenutzung nicht möglich ist,

---

[73] BGH, Urteil vom 30. März 2004 – KZR 1/03.

auf dem vor- oder nachgelagerten Markt als Wettbewerber des marktbeherrschenden Unternehmens tätig zu werden; dies gilt nicht, wenn das marktbeherrschende Unternehmen nachweist, dass die Mitbenutzung aus betriebsbedingten oder sonstigen Gründen nicht möglich oder nicht zumutbar ist.

 Beispiel: Die Scandlines GmbH und ihre Schwestergesellschaft, die Scandlines A/S, betreiben die Fährverbindung auf der Vogelfluglinie zwischen Puttgarden auf Fehmarn und Rødby auf der dänischen Insel Lolland. Der Fährhafen in Puttgarden gehört der Scandlines GmbH. Ein Teil des Hafengeländes besteht aus Gleis- und Rangieranlagen, die überwiegend im Eigentum der der Deutsche Bahn AG stehen. Die Antragsteller wollen unabhängig voneinander einen eigenen Fährdienst zwischen Puttgarden und Rødby aufnehmen und begehren hierfür das Recht zur Mitbenutzung der land- und hafenseitigen Infrastruktur des Fährhafens Puttgarden.

Übungsfall 25

Die Praktiker Bau- und Heimmärkte AG führt ein eigenes Filialnetz von Baumärkten. Daneben verfügt sie über eine Tochtergesellschaft, die Praktiker Baumärkte GmbH, die Franchisegeberin ist. In § 6 des Franchisevertrags wurde den Franchisenehmern eine fast 100%ige Bezugsbindung auferlegt. Die P-GmbH erhält von ihren Lieferanten erhebliche Einkaufsvorteile, die nur zu einem kleinen Teil an die Franchisenehmer weitergeleitet werden. Bitte prüfen Sie die kartellrechtliche Zulässigkeit des Verhaltens der P-GmbH!

Diskriminierungsverbot

Gem. § 20 GWB dürfen marktbeherrschende Unternehmen ein anderes Unternehmen in einem Geschäftsverkehr, der gleichartigen Unternehmen üblicherweise zugänglich ist, weder unmittelbar noch mittelbar unbillig behindern oder gegenüber gleichartigen Unternehmen *ohne sachlich gerechtfertigten Grund* unmittelbar oder mittelbar unterschiedlich behandeln.

Beispiel: Es stellt eine sachlich gerechtfertigte Ungleichbehandlung dar, wenn ein Hersteller eines Markenparfums, der seine Ware über ein selektives Vertriebssystem vertreibt, einerseits seinen Depositären den Verkauf über das Internet unter der Bedingung gestattet, dass die Internetumsätze nicht mehr als die Hälfte der im stationären Handel erzielten Umsätze ausmachen, und andererseits Händler von der Belieferung ausschließt, die ausschließlich über das Internet verkaufen.[74]

Gem. § 20 Abs. 4 dürfen Unternehmen mit gegenüber kleinen und mittleren Wettbewerbern *überlegener Marktmacht* ihre Marktmacht nicht dazu ausnutzen, solche Wettbewerber unmittelbar oder mittelbar unbillig zu behindern. Eine unbillige Behinderung liegt insbesondere vor, wenn ein Unternehmen Lebensmittel unter Einstandspreis oder andere Waren oder gewerbliche Leistungen nicht nur gelegentlich unter Einstandspreis anbietet, es sei denn, dies ist jeweils sachlich gerechtfertigt. Das Anbieten von Lebensmitteln unter Einstandspreis ist sachlich gerechtfertigt, wenn es geeignet ist, den Verderb oder die drohende Unverkäuflichkeit der Waren beim Händler durch rechtzeitigen Verkauf zu verhindern.

 Beispiel: Ab Anfang Juni 2000 senkte Wal-Mart ihre Verkaufspreise für den Liter H-Milch, die damit unter den bis dahin niedrigeren Preisen ihrer beiden marktstärksten Wettbewerber, Aldi Nord und Lidl, lagen. Diese beiden Unternehmen setzten daraufhin am 20. bzw. 26. Juni 2000 ihre Verkaufspreise deutlich herab, und zwar unter ihre eigenen Einstandspreise. Wal-Mart musste ab 1. Juli 2000 für die H-Milch höhere Preise an ihren Lieferanten zahlen, dennoch ließ sie ihren Verkaufspreis unverändert und verkaufte diese Produkte von da an unter Einstandspreis. Der BGH[75] sah hierin eine unbillige Behinderung gem. § 20 Abs. 4 GWB.

Boykottverbot

Unternehmen und Vereinigungen von Unternehmen dürfen gem. § 21 GWB nicht ein anderes Unternehmen in der Absicht, bestimmte Unternehmen unbillig zu beeinträchtigen, zu Liefersperren oder Bezugssperren auffordern.

Übungsfall 26

Der Bund Deutscher Milchbauern (BDM) ruft seine Mitglieder zu Protestaktionen auf, um dem aus seiner Sicht ruinösen Preisverfall entgegen zu wirken; u. a. zu einem Lieferstopp. Zulässig?

---

74 BGH, 04.11.2003 – KZR 2/02 – Depotkosmetik im Internet.
75 BGH, Beschluss vom 12. November 2002 – KVR 5/02.

Sanktionen:

Verstöße gegen das GWB können folgende Rechtsfolgen auslösen (§§ 33 ff., 81 ff. GWB).

- Öffentlich-rechtlich:
  1. Untersagung des Verhaltens durch die Kartellbehörde
  2. Mehrerlösabschöpfung durch die Kartellbehörde
  3. Bußgeld (s. o.)
- Privatrechtlich:
  4. Unterlassungsanspruch des Verletzten
  5. Schadensersatzanspruch des Verletzten (nur bei Verschulden)

2.1.3 Zusammenschlusskontrolle

Die Zusammenschlusskontrolle (§§ 35 ff. GWB, auch Fusionskontrolle genannt) soll verhindern, dass er eine *marktbeherrschende Stellung* begründet oder verstärkt wird, Ein derartiger Unternehmenszusammenschluss ist vom Bundeskartellamt zu untersagen, es sei denn, die beteiligten Unternehmen weisen nach, dass durch den Zusammenschluss auch Verbesserungen der Wettbewerbsbedingungen eintreten und dass diese Verbesserungen die Nachteile der Marktbeherrschung überwiegen.

Ein Zusammenschluss liegt in folgenden Fällen vor:

- Erwerb des Vermögens eines anderen Unternehmens ganz oder zu einem wesentlichen Teil;
- Erwerb der unmittelbaren oder mittelbaren Kontrolle durch ein Unternehmen über die Gesamtheit oder Teile eines anderen Unternehmens;
- Erwerb von Anteilen an einem anderen Unternehmen, wenn die Anteile allein oder zusammen mit sonstigen, dem Unternehmen bereits gehörenden Anteilen
  1. 50 vom Hundert oder
  2. 25 vom Hundert

  des Kapitals oder der Stimmrechte des anderen Unternehmens erreichen.

Voraussetzung für die Fusionskontrolle ist, dass die beteiligten Unternehmen

- insgesamt weltweit Umsatzerlöse von mehr als 500 Millionen € <u>und</u>
- im Inland mindestens ein Unternehmen Umsatzerlöse von mehr als 25 Millionen € und ein anderes beteiligtes Unternehmen Umsatzerlöse von mehr als 5 Millionen € erzielt haben.

2.1.4 EU-Kartellrecht

Im Interesse eines freien, ungehinderten Wettbewerbs innerhalb des gemeinsamen Marktes hat die EU die Kompetenz, den Wettbewerb innerhalb des Binnenmarktes vor Verfälschungen zu schützen. Wettbewerbsbehörde ist die EU-Kommission. Wie im 1. Kapitel bereits erläutert, hat das EUR Vorrang vor dem nationalen Recht. Im EU-Recht (insbesondere Art. 101 ff. AEUV) sind z. T. ähnliche Regelungen enthalten wie im GWB. Soweit Verhaltensweisen von Unternehmen sowohl unter das EGR als auch das GWB fallen, stellt sich die Frage, welches Recht anzuwenden ist. Nach der Rechtsprechung des EuGH ist das EUR bei allen Vereinbarungen und Verhaltensweisen anwendbar, die unmittelbar oder tatsächlich, mittelbar oder potenziell geeignet sind, den Handel zwischen den Mitgliedsstaaten zu gefährden.

EU-Recht	GWB
Beeinträchtigung des Handels zwischen den Mitgliedsstaaten der EG	Auswirkung nur auf Deutschland

Abbildung 38: EUR/GWB

2.2 Unlauterer Wettbewerb

Das Gesetz gegen den unlauteren Wettbewerb (UWG) dient dem Schutz

- der Mitbewerber,
- der Verbraucher sowie
- der sonstigen Marktteilnehmer vor unlauteren geschäftlichen Handlungen.
- Es schützt zugleich das „Interesse der Allgemeinheit an einem unverfälschten Wettbewerb" (§ 1 UWG).

„Mitbewerber" ist jeder Unternehmer, der mit einem oder mehreren Unternehmern als Anbieter oder Nachfrager von Waren oder Dienstleistungen in einem konkreten Wettbewerbsverhältnis steht.

„Marktteilnehmer" neben Mitbewerbern und Verbrauchern alle Personen, die als Anbieter oder Nachfrager von Waren oder Dienstleistungen tätig sind.

„Unternehmer" ist jede natürliche oder juristische Person, die geschäftliche Handlungen im Rahmen ihrer gewerblichen, handwerklichen oder beruflichen Tätigkeit vornimmt, und jede Person, die im Namen oder Auftrag einer solchen Person handelt.

„Verbraucher" ist jede natürliche Person, die ein Rechtsgeschäft zu einem Zwecke abschließt, der weder ihrer gewerblichen noch ihrer selbständigen beruflichen Tätigkeit zugerechnet werden kann (§ 13 BGB). Obwohl Verbraucher gem. § 1 UWG an sich geschützt sind, haben sie nicht die Möglichkeit, bei einem Verstoß gegen das UWG selbst Ansprüche zu stellen. Ihre Interessen können insoweit nur durch bestimmte Verbände (z. B. Verbraucherzentralen) verfolgt werden (§ 8 Abs. 3 Nr. 2 und 3 UWG).

2.2.1 Generalklausel

Nach der Generalklausel des § 3 UWG sind „unlautere" geschäftliche Handlungen unzulässig.

Geschäftliche Handlung ist jedes Verhalten einer Person zugunsten des eigenen oder eines fremden Unternehmens, das mit der Förderung des Absatzes oder des Bezugs von Waren oder Dienstleistungen oder mit dem Abschluss oder der Durchführung eines Vertrags über Waren oder Dienstleistungen objektiv zusammenhängt.

Unlauter ist ein Verhalten, das gegen das Anstandsgefühl aller „billig und gerecht Denkenden" verstößt; maßgebend hierfür ist die Auffassung der beteiligten Verkehrskreise, (Anbieter, Abnehmer, Mitbewerber, Verbraucher, Allgemeinheit) unter Abwägung aller betroffenen schutzwürdigen Interessen, unter Berücksichtigung der Gesamtumstände, der Gesamtzusammenhänge sowie Auswirkungen einer derartigen Handlungsweise.

2.2.2 Regelbeispiele

Die §§ 4–7 UWG stellen Beispiele für unlautere Handlungen dar.

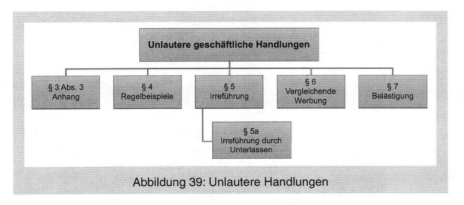

Abbildung 39: Unlautere Handlungen

§ 4 UWG verbietet u. a.:

1. geschäftliche Handlungen, „die geeignet sind, die Entscheidungsfreiheit der Verbraucher oder sonstiger Marktteilnehmer durch *Ausübung von Druck*, in *menschenverachtender Weise* oder durch sonstigen *unangemessenen unsachlichen Einfluss* zu beeinträchtigen;"

☞ Hierunter fällt z. B. die Ausübung physischen oder psychologischen (Kauf-)zwangs, etwa bei Verkaufsveranstaltungen (sog. „Kaffeefahrten").

Der Vertrieb von Likörfläschchen unter den Bezeichnungen „Busengrapscher" und „Schlüpferstürmer" ist nach Ansicht des BGH[76] menschenverachtend.

2. das **Ausnutzen der geschäftlichen Unerfahrenheit, der Leichtgläubigkeit, der Angst oder der Zwangslage von Verbrauchern;**

☞ Die Fa. X führte im Übergangswohnheim für Aussiedler eine Verkaufsveranstaltung für ihre Produkte durch. Dabei unterzeichnete eine Aussiedlerin einen Kaufantrag für ein Topfset zu einem Gesamt-

---

[76] BGH, Urteil vom 18.05.1995, I ZR 91/93.

preis von ca. 2.000 €. Der BGH[77] führt aus, „dass rechtlich und geschäftlich unerfahrene (potentielle) Kunden, wie es bei Aussiedlern, die sich erst kurze Zeit in der Bundesrepublik aufhalten, der Fall ist, eines besonderen Schutzes bedürfen. Dieser Personenkreis ist erfahrungsgemäß häufig nicht in der Lage, die wirtschaftliche Tragweite und die rechtlichen Auswirkungen eines Angebots abzuschätzen, da er in der Regel noch über keinerlei Erfahrungen mit den hiesigen Geschäftsgepflogenheiten verfügt. Ihm ist das bestehende Wirtschafts- und Rechtssystem völlig fremd und auch die Sprache oft noch nicht vertraut. Unter diesen besonderen Umständen kann der in Rede stehende Personenkreis, der zudem in aller Regel nur über begrenzte finanzielle Mittel verfügt, nur allzu leicht der Versuchung erliegen, die bei einer Verkaufsveranstaltung in Wohnheimen angepriesenen Waren zu erwerben." Das Verhalten der Fa. X verstößt somit gegen § 4 Nr. 2 UWG.

Eine Werbung für Handy-Klingeltöne, in der nur der nicht unerhebliche Minutenpreis angegeben wird und nicht die voraussichtlich entstehenden höheren Kosten, ist grundsätzlich geeignet, die geschäftliche Unerfahrenheit Minderjähriger auszunutzen.[78]

3. Verschleierung des Werbecharakters von geschäftlichen Handlungen;

☞ Ein Link, der aus einem redaktionellen Zusammenhang auf eine Werbeseite führt, muss so gestaltet sein, dass dem Nutzer erkennbar ist, dass auf eine Werbeseite verwiesen wird.[79]

Der Kinofilm „Feuer, Eis & Dynamit" erzählt die Geschichte eines exzentrischen Millionärs, der sein in Schwierigkeiten geratenes Finanzimperium durch einen fingierten Selbstmord zu retten versucht; Alleinerbe soll derjenige sein, der in einem dreitägigen, verschiedene Wettbewerbe sportlicher Art umfassenden „Megathon" gewinnt. An ihm nehmen die drei Kinder des Millionärs und seine Gläubiger teil. Diese Gläubiger sind Markenartikelunternehmer. Das „Megathon" muß von Mannschaften bewältigt werden, die jeweils mit drei Teilnehmern eine Staffel bilden. Die Firmenteams sind ihrem Unternehmenszweck entsprechend ausgerüs-

---

77 BGH I ZR 85/96.
78 BGH, Urteil vom 06.04.2006 – I ZR 125/03.
79 KG, Urteil vom 30.06.2006 – 5 U 127/05, NJW-RR 2006, S. 1633.

tet und/oder mit den Produkten und/oder Werbesymbolen der einzelnen Firmen in die Rahmenhandlung eingebaut; Produkte und Werbesymbole werden auch während des „Megathons" und im Verlauf der Rahmenhandlung benutzt (Skier, Fahrräder, Getränke).

Die Produktionskosten dieses Films wurden zumindest in Höhe eines Fünftels durch die im Film auftretenden Unternehmen bezahlt. Darüber hinaus wurden verschiedenen Unternehmen Nutzungsrechte an dem Film für Zwecke der Absatzförderung eingeräumt.

Der BGH[80] hält das für wettbewerbswidrig: Zwar könne und werde der Zuschauer in der heutigen Zeit nicht erwarten, dass solche Filme völlig frei von bezahlter Werbung seien. Die Darstellung eines Geschehens in einem Spielfilm bringe es vielmehr regelmäßig mit sich, dass Namen, Kennzeichen, Produkte, Werbeslogans usw. von Unternehmen zu erkennen seien. Davon könne naturgemäß eine Werbewirkung ausgehen. Dem Zuschauer sei auch bewusst, dass – vor allem aufwendige – Produktionen auf Drittmittel angewiesen sein könnten und dass die Geldgeber sich eine Werbung im und durch den Film erwarteten. Jedoch erwarte der Zuschauer nicht, dass der Hauptfilm in seiner Tendenz auf Werbung ausgerichtet sei oder – was auf das gleiche hinauslaufe – ein Übermaß an bezahlter Werbung enthalte. Ein solches Übermaß sei jedenfalls dann anzunehmen, wenn ein Film – mag dies auch der dramaturgischen Absicht des Filmproduzenten entsprechen – die Namen, Kennzeichen, Produkte, Werbeslogans usw. von Unternehmen nicht bloß flüchtig und vorübergehend, sondern deutlich herausgestellt und wiederkehrend in das Geschehen einbeziehe, so dass sich der Film über weite Strecken wie ein – sei es auch originell gestalteter – Werbefilm präsentiere. Dies treffe für den Film „Feuer, Eis & Dynamit" zu.

4. Intransparenz von Verkaufsförderungsmaßnahmen wie Preisnachlässen, Zugaben oder Geschenken;

☞ „Bedingungen" für die Inanspruchnahme von Verkaufsförderungsmaßnahmen i. S. des § 4 Nr. 4 UWG sind auch zeitliche oder gegenständliche Limitierungen des Angebots. Ist eine Werbeaussage dahin zu verstehen, dass der preisreduzierten Hauptware eine andere Ware gratis solange zugegeben wird, wie der Vorrat der Zugabe reicht, so sind

---

[80] BGH, Urteil v. 06.07.1995, I ZR 58/93.

die Bedingungen für die Inanspruchnahme der Zugabe nicht „klar und eindeutig" angegeben, wenn jedwede Erläuterungen zur Vorratsmenge der Zugabe fehlen.[81]

5. **Intransparenz von Teilnahmebedingungen bei Preisausschreiben oder Gewinnspielen mit Werbecharakter;**

Gem. Nr. 17 der Anlage zu § 3 Abs. 3 UWG ist die unwahre Angabe oder das Erwecken des unzutreffenden Eindrucks unzulässig, der Verbraucher habe bereits einen Preis gewonnen oder werde ihn gewinnen oder werde durch eine bestimmte Handlung einen Preis gewinnen oder einen sonstigen Vorteil erlangen, wenn es einen solchen Preis oder Vorteil tatsächlich nicht gibt, oder wenn jedenfalls die Möglichkeit, einen Preis oder sonstigen Vorteil zu erlangen, von der Zahlung eines Geldbetrags oder der Übernahme von Kosten abhängig gemacht wird;

6. **Abhängigkeit der Teilnahme von Verbrauchern an einem Preisausschreiben oder Gewinnspiel von dem Erwerb einer Ware oder der Inanspruchnahme einer Dienstleistung;**

Die Regeln über unlautere Geschäftspraktiken von Unternehmen gegenüber Verbrauchern sind mit der Richtlinie 2005/29/EG auf EU-Ebene vollständig harmonisiert worden. Daher dürfen die Mitgliedstaaten keine strengeren als die in der Richtlinie festgelegten Maßnahmen erlassen (Art. 4 der Richtlinie), und zwar auch nicht zur Erreichung eines höheren Verbraucherschutzniveaus (EuGH, GRUR 2010, 244 Rn. 41 – Plus; BGH, GRUR 2008, 807 Rn. 17 – Millionen-Chance I). § 4 Nr. 6 UWG ist daher nicht mehr anzuwenden.

7. **Herabsetzung oder Verunglimpfung von Kennzeichen, Waren, Dienstleistungen, Tätigkeiten oder persönlichen oder geschäftlichen Verhältnisse eines Mitbewerbers;**

 Bezeichnung des Konkurrenten t-online als „t-offline".

8. **Behauptung oder Verbreitung von unwahren Tatsachen, die geeignet sind, den Betrieb des Unternehmens oder den Kredit des Unternehmers zu schädigen;**

---

[81] OLG Köln, Urteil vom 09.09.2005 – 6 U 96/05, GRUR-RR 2006, S. 57.

☞ Es wird das Gerücht in Umlauf gebracht, die Warsteiner-Brauerei sei von den Scientologen unterwandert.[82]

9. **Nachahmung von Waren oder Dienstleistungen eines Mitbewerbers unter bestimmten Voraussetzungen:**
   a) **vermeidbare Täuschung der Abnehmer über die betriebliche Herkunft,**
   b) **Ausnutzen oder Beeinträchtigung der Wertschätzung der nachgeahmten Ware oder Dienstleistung**
   c) **unredliches Erlangen der für die Nachahmung erforderlichen Kenntnisse oder Unterlagen**

Im Wettbewerb sind das Ausnutzen fremder Arbeitsergebnisse und das Nachahmen einer fremden Leistung alltäglich. Sofern diese fremde Leistung nicht unter Sonderrechtsschutz (z. B. Patent, Urheberrecht, Markenrecht) steht, ist die Übernahme eines „mit Mühe und Kosten errungenen" fremden Leistungsergebnisses grundsätzlich erlaubt, sofern nicht besondere Umstände vorliegen, die diese Handlungsweise als wettbewerbswidrig („unlauter") erscheinen lassen. Als derartige Umstände werden von der Rechtsprechung insbesondere angesehen:

- **Sklavische Nachahmung**

Ein Gesamterzeugnis wird in allen oder wenigstens in seinen wesentlichen Teilen maßstabgetreu nachgebildet.[83]

☞ Die DeTeMedien (eine Tochtergesellschaft der Deutschen Telekom AG) hatte die Fa D-Info, Anbieterin von elektronischen Teilnehmerverzeichnissen auf CD-ROM auf Unterlassung und Schadensersatz in Anspruch genommen. In einem Fall waren die über 30 Mio. Einträge aus den Telefonbüchern durch Einscannen übernommen worden, im anderen Fall war es zwischen den Parteien des Rechtsstreits unstreitig, dass mehrere hundert Chinesen alle aktuellen Telefonbücher abgeschrieben hatten. Der BGH[84] hat der Klage stattgegeben. Es liege eine

---

82 „Ganz perfide PR-Methode".
83 Vgl. BGH NJW 1992, S. 2700 – Pullovermuster.
84 Urteile des Bundesgerichtshofs vom 6. Mai 1999, Az. I ZR 199/96, I ZR 5/97, I ZR 210/96 und I ZR 211/96; NJW 1999, S. 2898 ff.

Rufausbeutung vor, die – zusammen mit weiteren Merkmalen – die besondere Unlauterkeit des Verhaltens der Beklagten (D-Info) begründe. Diese Rufausbeutung beruhe auf einer verdeckten Anlehnung an die fremde Leistung.

Der BGH hat auch die Geschäftsführer der Fa. D-Info persönlich auf Unterlassung und Schadensersatz verurteilt.

- **Vermeidbare Herkunftstäuschung**

Das fremde Erzeugnis wird unter Übernahme von Merkmalen, mit denen der Verkehr eine betriebliche Herkunftsvorstellung verbindet, nachgeahmt und in den Verkehr gebracht.[85] Wettbewerbswidrig unter diesem Gesichtspunkt war z. B. die nahezu identische Nachahmung von *Rubik's Cube*.[86]

- **Unmittelbare Leistungsübernahme**

Das Originalprodukt wird ohne nennenswerte eigene Anstrengungen 1:1 kopiert, was insbesondere bei Computerprogrammen[87], Musik-CDs, DVDs etc. vorkommt. Als wettbewerbswidrig hat die Rechtsprechung es unter diesem Gesichtspunkt auch angesehen, eine Opernaufführung ohne Zustimmung der beteiligten Künstler auf Tonträger aufzuzeichnen, um sie weiter zu verbreiten.[88]

- **Ausbeuten fremden Rufes**

Die Rechtsprechung sieht es z. B. als wettbewerbswidrig an, wenn exklusive Produkte zur Förderung des eigenen Absatzes an Billigprodukten imitiert werden.[89]

Der ergänzende wettbewerbliche Leistungsschutz setzt weiter eine gewisse „*wettbewerbliche Eigenart*" der fremden Leistung voraus, d. h. mit dem Produkt müssen bei den angesprochenen Verkehrskreisen gewisse Herkunfts- oder Gütevorstellungen verbunden werden.[90]

---

[85] Köhler/Bornkamm UWG § 4, RN 9.41.
[86] OLG Hamburg WRP 1982, S. 232 – Rubik's Cube.
[87] OLG Frankfurt NJW 1989, S. 2631 – PAM-Crash.
[88] BGHZ 33, S. 20 – Figaros Hochzeit.
[89] BGH NJW 1986, S. 381 – Tchibo/Rolex.
[90] OLG Frankfurt NJW 1989, S. 2632 – PAM-Crash.

10. **(Gezielte) Behinderung von Mitbewerbern;**

☞ Aufhetzen der Mitarbeiter des Konkurrenten zu einem wilden (rechtswidrigen) Streik; Überkleben der Werbeplakate des Mitbewerbers.

11. **Vorsprung durch Rechtsbruch:** Verstoß gegen eine gesetzliche Vorschrift, um sich gegenüber gesetzestreuen Mitbewerbern eine Vorsprung zu verschaffen, sofern dieses Gesetz auch dazu bestimmt ist, im Interesse der Marktteilnehmer das Marktverhalten zu regeln;

☞ Werbung für Rechtsberatung ohne die entsprechende Erlaubnis nach dem RDG[91] zu besitzen; Verstöße gegen das HWG.[92]

Im Anhang (zu § 3 Absatz 3)[93] sind bestimmte typische Unzulässige geschäftliche Handlungen aufgeführt.

2.2.3 Irreführung

Gem. § 5 UWG handelt unlauter, wer eine irreführende geschäftliche Handlung vornimmt. Eine geschäftliche Handlung ist irreführend, wenn sie unwahre Angaben enthält oder sonstige zur Täuschung geeignete Angaben über folgende Umstände enthält:

1. die wesentlichen Merkmale der Ware oder Dienstleistung
2. Anlass des Verkaufs
3. Person, Eigenschaften oder Rechte des Unternehmers
4. Sponsoring
5. Notwendigkeit einer Leistung, eines Ersatzteils, eines Austauschs oder einer Reparatur
6. die Einhaltung eines Verhaltenskodexes, auf den sich der Unternehmer verbindlich verpflichtet hat, wenn er auf diese Bindung hinweist
7. Rechte des Verbrauchers, insbesondere solche auf Grund von Garantieversprechen oder Gewährleistungsrechte bei Leistungsstörungen

---

[91] Gesetz über außergerichtliche Rechtsdienstleistungen.
[92] Gesetz über die Werbung auf dem Gebiete des Heilwesens.
[93] Fundstelle: BGBl. I 2010, S. 26–263.

Eine geschäftliche Handlung ist auch irreführend, wenn sie im Zusammenhang mit der Vermarktung von Waren oder Dienstleistungen einschließlich vergleichender Werbung eine Verwechslungsgefahr mit einer anderen Ware oder Dienstleistung oder mit der Marke oder einem anderen Kennzeichen eines Mitbewerbers hervorruft.

 Heute zahlt Deutschland keine MwSt

Der Fachmarkt „MediaMarkt" warb Anfang 2005 damit, dem Kunden die Mehrwertsteuer auf alle Waren zu erlassen. Der Slogan des beklagten Media Markts vom 3. Januar 2005 lautete: „Heute zahlt Deutschland keine MwSt – Alle Produkte dadurch 16 Prozent billiger!"

Ein Konkurrent aus Mannheim wies jedoch darauf hin, der Media Markt habe bei einigen Produkten nicht den versprochenen Preisnachlass gewährt. Bei fünf Produkten seien als Ausgangspreis für den Abzug höhere Preise zugrunde gelegt worden als jene, zu denen die Ware in den Tagen vor der Aktion verkauft worden sei. Dieser Ansicht folgte das OLG Karlsruhe.[94] Es sei „irreführend", mit der Herabsetzung eines Preises zu werben, wenn dieser zuvor gar nicht verlangt worden sei, heißt es in dem Urteil.

Die Bewerbung eines Orangensaftes mit dem Hinweis „aus tagesfrisch gepressten Orangen" ist irreführend wenn der Saft nach dem Pressen pasteurisiert wird.[95]

Lockvogelwerbung/Warenvorrat:

Ein Artikel der besonders bekannt ist, wird günstig angeboten, so dass der Eindruck entsteht, alle anderen Waren sind auch so günstig. Kunden sollen in den Laden gelockt werden, um sie dann zum Kauf einer anderen teureren Ware zu überreden. Bewerbung von Waren, die am Tag des Erscheinens der Werbung nicht vorrätig sind, ist ebenfalls unzulässig. Der Vorrat muss üblicherweise 2 Tage ausreichen Beschränkter Warenvorrat: optisch deutlich und inhaltlich klar (nur solange Vorrat reicht, reicht nicht aus).[96]

---

94 Az. 6 U 227/05.
95 Landgericht Düsseldorf, Urteil vom 12.01.2005, Az. 12 O 147/03.
96 Vgl. auch Anhang (zu § 3 Absatz 3) Ziff. 5 und 6.

2.2.4 Irreführung durch Unterlassen

Auch das Verschweigen von Tatsachen kann nach § 5a UWG irreführend sein.

Unlauter handelt danach, wer die Entscheidungsfähigkeit von Verbrauchern dadurch beeinflusst, dass er eine Information vorenthält, die im konkreten Fall unter Berücksichtigung aller wesentlich ist.

 Werbung mit Testergebnis:

In einem Fernsehspot wird der Rasierapparat „X" beworben, indem gegen Ende des Spots das Logo der Stiftung Warentest vorübergehend bildschirmfüllend gezeigt und dazu angegeben wird: „Gut 2,2 Ausgabe 12/2010". Darüber hinaus enthält diese Einblendung lediglich die weitere Angabe „Im Test: 42 Nassrasierer". Nicht angeben wird in der Werbung, dass der „X" unter den 15 getesteten Nassrasieren mit Wechselklingen – bei den übrigen Testkandidaten handelte es sich um Einwegrasierer – lediglich den sechsten Platz eingenommen hat, wobei zwei Nassrasierer mit „sehr gut 1,4" und „sehr gut 1,5" bewertet wurden und drei weitere – ebenfalls von der Antragstellerin angebotene Rasierer – die Note „Gut" mit einem Notendurchschnitt von 1,7 bzw. 1,9 erhielten.

Das OLG Frankfurt[97] sieht hierin einen Verstoß gegen § 5a UWG:„Die Information darüber, wie die Bewertung des „X" in das Umfeld seiner Konkurrenten einzuordnen ist, ist für den Verbraucher, an den die streitgegenständliche Werbung ausschließlich gerichtet ist, wesentlich für eine Kaufentscheidung. ... Denn durch die Mitteilung, dass ein Produkt bei der Stiftung Warentest mit der Bewertung „gut 2,2" abgeschlossen hat, können die angesprochenen Verkehrskreise nicht nur die Erwartung verbinden, dass das getestete Produkt objektiv, das heißt im Verhältnis zum Stand der Technik „gut" ist, sondern auch im Testfeld einen herausragenden Platz eingenommen hat. Dies folgt bereits aus der für den Verbraucher naheliegenden Überlegung, dass mit einem Testergebnis der Stiftung Warentest regelmäßig nur werben wird, wer in dem Test nicht nur absolut, sondern relativ gut abgeschlossen hat, und gilt unter dem geltenden UWG, das der Aufklärung bei einer an Verbraucher gerichteten geschäftlichen Handlung besondere Bedeutung beimisst, erst recht. Sofern sich der Unternehmer – was ihm unbenommen bleibt – dazu entscheidet, seine Waren oder Dienstleistungen mit Testergebnissen wie denen der Stiftung Waren-

---

[97] Beschl. v. 13.01.2011.

test zu bewerben, kann von ihm deshalb auch verlangt werden, erkennbar zu machen, welchen Rang sein Produkt in dem Test einnimmt."

„So wichtig wie das tägliche Glas Milch"

Das OLG Stuttgart[98] hat entschieden, dass die Aussage „So wichtig wie das tägliche Glas Milch" für zuckerhaltigen Früchtequark irreführend sei. Die Wettbewerbszentrale hatte zuvor moniert, dass der Slogan nach ihrer Auffassung wesentliche Punkte verschleiere: Das Produkt weise wohl den gleichen Calciumgehalt wie Milch auf, enthalte aber gleichzeitig die mehrfache Menge an Zucker. Mit der Werbung, so kritisierten die Wettbewerbshüter, würde den Eltern vorgegaukelt, man könne das „tägliche Glas Milch" auch durch den zuckerhaltigen Früchtequark substituieren.

2.2.5 Vergleichende Werbung

Vergleichende Werbung (eingeschränkt) zulässig, gilt jedoch als unlauter, wenn die Voraussetzungen des § 6 Abs. 2 UWG erfüllt sind:

Unlauter im Sinne von § 3 handelt, wer vergleichend wirbt, wenn der Vergleich

1. sich nicht auf Waren oder Dienstleistungen für den *gleichen Bedarf* oder dieselbe Zweckbestimmung bezieht,
2. nicht *objektiv* auf eine oder mehrere *wesentliche, relevante, nachprüfbare und typische Eigenschaften oder den Preis dieser Waren oder Dienstleistungen* bezogen ist,
3. im geschäftlichen Verkehr zu *Verwechslungen* zwischen dem Werbenden und einem Mitbewerber oder zwischen den von diesen angebotenen Waren oder Dienstleistungen oder den von ihnen verwendeten Kennzeichen führt,
4. die Wertschätzung des von einem Mitbewerber verwendeten *Kennzeichens* in unlauterer Weise *ausnutzt* oder *beeinträchtigt,*
5. die Waren, Dienstleistungen, Tätigkeiten oder persönlichen oder geschäftlichen Verhältnisse eines Mitbewerbers *herabsetzt oder verunglimpft* oder
6. eine Ware oder Dienstleistung als *Imitation* oder Nachahmung einer unter einem geschützten Kennzeichen vertriebenen Ware oder Dienstleistung darstellt.

---

[98] Urteil vom 27.01.2011, Az. 2 U 61/10.

Übungsfall 27

 Ist diese Werbung zu beanstanden?

Anzeige
von „Burger King":
Text:
„62% der Testpersonen schmeckt der Whopper besser als der BigMac"

BURGER KING.
Weil's besser schmeckt

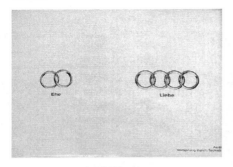
Audi-Werbung

Mercedes-Benz-Werbung

Europcar ./. Sixt

Die Klägerin ist die Porsche AG. Für sie ist das bekannte Porsche-Wappen als Wort-/Bildmarke eingetragen, mit dem sie – entsprechend dem Warenverzeichnis – ihre Automobile sowie Zubehör, darunter auch Aluminiumräder, kennzeichnet: Die Klägerin wendet sich dagegen, dass die Beklagte, eine Herstellerin von Aluminiumrädern, in einem Werbeprospekt und in einer Anzeige im Porsche-Club-Magazin das nachstehend wiedergegebene Porsche-Fahrzeug abbildet, das mit Aluminiumrädern der Beklagten ausgerüstet ist. Die Klägerin sieht hierin eine anlehnende bezugnehmende Werbung und ferner – weil auf der Abbildung des Fahrzeugs das Porsche-Wappen zu erkennen sei – eine Verletzung ihrer Marke. In dem Werbeprospekt heißt es neben der Abbildung u. a.: So wie Mode Menschen macht, so verändern Räder Autos. Wir von R.A. (Beklagte) machen Mode fürs Auto.[99]

---

99   BGH, Urt. v. 15. Juli 2004 – I ZR 37/01.

2.2.6 Unzumutbare Belästigungen

Unzulässig sind gem. § 7 UWG handelt, wer einen Marktteilnehmer in unzumutbarer Weise belästigt. Hierunter fallen insbesondere unerwünschte Telefonanrufe („*cold calling*"), Telefaxwerbung und E-Mail-Spamming.

Eine unzumutbare Belästigung ist stets anzunehmen

1. bei Werbung unter Verwendung eines in den Nummern 2 und 3 nicht aufgeführten, für den Fernabsatz geeigneten Mittels der kommerziellen Kommunikation, durch die ein **Verbraucher** hartnäckig angesprochen wird, obwohl er dies erkennbar nicht wünscht,
2. bei Werbung mit einem **Telefonanruf gegenüber einem Verbraucher** ohne dessen vorherige *ausdrückliche Einwilligung* oder gegenüber einem **sonstigen Marktteilnehmer** ohne dessen zumindest *mutmaßliche Einwilligung*,
3. bei Werbung unter Verwendung einer automatischen Anrufmaschine, eines Faxgerätes oder elektronischer Post, ohne dass eine vorherige *ausdrückliche* Einwilligung des Adressaten vorliegt, oder
4. bei Werbung mit einer Nachricht, bei der die *Identität des Absenders*, in dessen Auftrag die Nachricht übermittelt wird, *verschleiert oder verheimlicht* wird oder bei der keine gültige Adresse vorhanden ist, an die der Empfänger eine Aufforderung zur Einstellung solcher Nachrichten richten kann, ohne dass hierfür andere als die Übermittlungskosten nach den Basistarifen entstehen.

Eine unzumutbare Belästigung bei einer Werbung unter Verwendung elektronischer Post nicht anzunehmen, wenn

- ein Unternehmer im Zusammenhang mit dem Verkauf einer Ware oder Dienstleistung von dem Kunden dessen elektronische Postadresse erhalten hat,
- der Unternehmer die Adresse zur Direktwerbung für *eigene ähnliche Waren oder Dienstleistungen* verwendet,
- der Kunde der Verwendung *nicht widersprochen* hat und
- der Kunde bei Erhebung der Adresse und bei jeder Verwendung klar und deutlich darauf hingewiesen wird, dass er der *Verwendung jederzeit widersprechen kann*, ohne dass hierfür andere als die Übermittlungskosten nach den Basistarifen entstehen.

(Werbe-)Telefonanrufe gegenüber Verbrauchern sind nur mit vorheriger, ausdrücklicher Einwilligung des Angerufenen zulässig. In der Praxis wird hiervon (und insbesondere auch vom Spamming [= unerwünschte E-Mails] trotzdem massenhaft Gebrauch gemacht, weil das Gesetz keinen effektiven Schutz bietet. Allerdings handelt ordnungswidrig, wer vorsätzlich oder fahrlässig entgegen § 7 Absatz 1 in Verbindung mit Absatz 2 Nummer 2 gegenüber einem Verbraucher ohne dessen vorherige ausdrückliche Einwilligung mit einem Telefonanruf wirbt (Geldbuße bis zu 50.000 €).

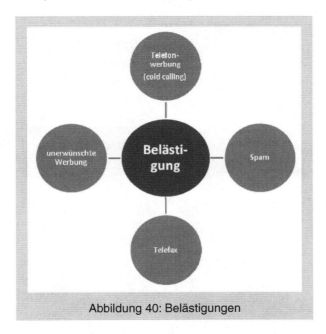

Abbildung 40: Belästigungen

2.2.7 Ansprüche aus dem UWG

Der Verletzte (Mitbewerber) hat zunächst die Möglichkeit, vom Verletzer Unterlassung und Beseitigung zu verlangen. Darüber hinaus hat er Schadensersatzansprüche, wobei er zwischen drei Möglichkeiten der Schadensberechnung, nämlich *entgangenem Gewinn, Lizenzanalogie und Herausgabe des Verletzergewinns*, wählen kann.[100] Bei der Lizenzanalogie erhält der Verletzte eine fiktive Lizenzgebühr, die sogar wegen eines möglichen Prestigeverlustes des nachgeahmten Erzeugnisses noch erhöht werden kann.[101] Außerdem kann gem. § 10

---

100 Ulrich, in: NJW 1994, S. 1201.
101 BGH NJW 1992, S. 2753 – Tchibo/Rolex II.

178   III. Gewerblicher Rechtsschutz und Wettbewerbsrecht

UWG bei Vorsatz verlangt werden, dass der rechtswidrig erlangte Gewinn (an den Bundesfinanzminister!) abgeführt wird.

Die Ansprüche auf Unterlassung, Beseitigung und Gewinnabschöpfung können auch von bestimmten rechtsfähigen Verbänden (§ 8 UWG) erhoben werden.

Verbraucher können selbst keine Ansprüche aus dem UWG geltend machen, obwohl sie in § 1 UWG ausdrücklich geschützt werden sollen: *Der Verbraucher steht im Mittelpunkt. Dort stört er meistens.* Das UWG ist nach h.M. kein Schutzgesetz i.S.v. § 823 Abs. 2 BGB:

> „Einem Anspruch aus § 823 Abs. 2 BGB i.V.m. § 7 UWG steht entgegen, dass wie oben dargelegt, das UWG Verbraucher und sonstige Marktteilnehmer gerade nicht durch Einräumung einer eigenen Klagebefugnis schützen will und insoweit für sie kein Schutzgesetz im Sinne des § 823 Abs. 2 BGB darstellt. Würde man eine solche Interpretation als Schutzgesetz zu Gunsten der einzelnen Verbraucher/Marktteilnehmer zulassen würde die klare ausdrückliche Beschränkung der Klagebefugnis des UWG unterlaufen."[102]

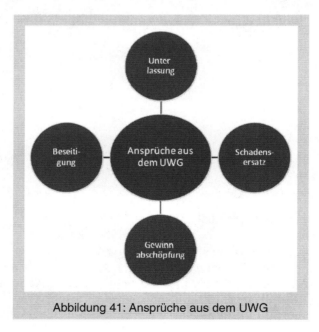

Abbildung 41: Ansprüche aus dem UWG

---

[102] Amtsgericht Hamburg-St. Georg (Az. 918 C 413/05).

Findet sich kein klageberechtigter Anspruchsteller, bleiben Verstöße gegen das UWG ungeahndet:

 Wo kein Kläger, da kein Richter!

 Übungsfall 28

Max Bauer (B) betreibt seit betreibt seit 5 Jahren ein Fachgeschäft für Bürobedarf. Seine Kunden sind sowohl Unternehmen als auch private Endverbraucher. Vorher hat er 20 Jahre ein Möbelgeschäft betrieben.

Zur Steigerung seines Umsatzes plant er folgende Werbemaßnahmen:

1. Werbeanzeigen in der Presse, in der er u. a. auf das 25jährige Bestehen seines Unternehmens hinweist.
2. E-Mails an potentielle Kunden (Unternehmen und Verbraucher) mit Hinweisen auf diverse Sonderangebote.
3. Telefonanrufe bei Unternehmen, bei denen er Bedarf an Büroartikeln vermutet.
4. „Tag der offenen Tür" anlässlich seines 25jährigen Jubiläums, bei dem Besucher kostenlos bewirtet werden und an einem Gewinnspiel teilnehmen können.
5. Sonderaktion „25 Jahre Max Bauer – 25% Rabatt auf alles*"

    * gilt nur am 1.August für vorrätige Ware und nicht für bereits herabgesetzte Artikel

B fragt, ob gegen seine Maßnahmen wettbewerbsrechtliche Bedenken bestehen.

3. Gewerblicher Rechtsschutz und Urheberrecht (GRUR)

Gewerbliche Schutzrechte sind die Rechtsnormen, die die *geistig-gewerbliche Leistung* des Einzelnen schützen, insbesondere das Patentrecht, das Gebrauchsmusterrecht, das Geschmacksmusterrecht, das Markenrecht und das Wettbewerbsrecht. Das **Urheberrecht** schützt ebenfalls geistige Leistungen, nämlich *persönliche geistige Schöpfungen* im Bereich der Literatur, Wissenschaft und Kunst.

Der Inhaber des Schutzrechts soll gegen die unberechtigte Übernahme und Ausbeutung seiner Leistung durch Nachahmer geschützt werden. Auf der anderen Seite besteht ein Interesse der Allgemeinheit daran, dass der aktuelle Stand der Wissenschaft, Technik und Kultur grundsätzlich allen zur Verfügung stehen sollte, um darauf aufbauend etwas Neues zu entwickeln. Der technische und wirtschaftliche Fortschritt einer Gesellschaft erfordert, dasjenige in den Entwicklungsprozess aufzunehmen, was sich als besser und erfolgreicher erwiesen hat. Das Rad muss (kann) nicht immer wieder neu erfunden werden. Der gewerbliche Rechtsschutz versucht, einen gerechten Ausgleich dieser gegensätzlichen Interessen herbeizuführen.

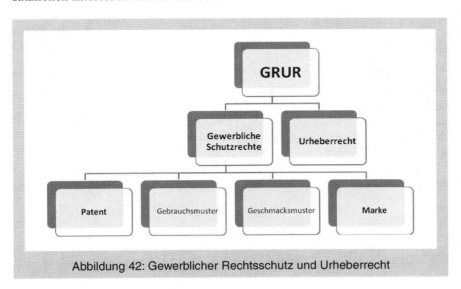

Abbildung 42: Gewerblicher Rechtsschutz und Urheberrecht

3.1 Schutzrechte im technischen Bereich

Im technischen Produktbereich bestehen im Wesentlichen zwei Möglichkeiten der Imitation:

- Nachahmung eines Produktes
- Nachahmung einer Verfahrensweise

3.1.1 Patent

Patente werden für *Erfindungen* erteilt, die – im Vergleich zum bisherigen Stand der Technik – neu sind, auf einer erfinderischen Tätigkeit beruhen und gewerblich anwendbar sind (§ 1 Patentgesetz – PatG). Unterschieden werden Erzeugnispatente (z. B. Maschinen, Werkzeuge, [chemische] Stoffe, Arzneimittel) und Verfahrenspatente (z. B. Herstellungsverfahren).

Schutzgegenstand

Unter einer *Erfindung* in diesem Sinne ist eine „Lehre zum technischen Handeln" zu verstehen, mit der ein technisches Problem gelöst wird.[103]

Technisch ist eine Lehre dann, wenn sie sich zur Erreichung eines kausal übersehbaren Erfolges des Einsatzes beherrschbarer Naturkräfte bedient. Entdeckungen sowie wissenschaftliche Theorien und mathematische Methoden, ästhetische Formschöpfungen, Pläne, Regeln und Verfahren für gedankliche Tätigkeiten, für Spiele oder für geschäftliche Tätigkeiten sowie Programme für Datenverarbeitungsanlagen und die Wiedergabe von Informationen sind insoweit *nicht patentierbar*, als für die genannten Gegenstände oder Tätigkeiten als solche Schutz begehrt wird. Ausgenommen vom Patentschutz sind auch Verfahren zum Klonen von menschlichen Lebewesen. Für Pflanzensorten und Tierrassen werden ebenfalls keine Patente erteilt (§§ 2, 2a PatG).

Gewerblich anwendbar ist eine Erfindung, wenn „ihr Gegenstand auf irgendeinem gewerblichen Gebiet einschließlich der Landwirtschaft hergestellt oder benutzt werden kann" (§ 5 PatG). Das Erfundene muss seiner Art nach

---

[103] BGH GRUR 1985, S. 31.

geeignet sein, „entweder in einem technischen Gewerbebetrieb hergestellt zu werden oder technische Verwendung in einem Gewerbe zu finden."[104]

Eine Erfindung gilt als *neu*, wenn sie nicht zum Stand der Technik gehört. Der Stand der Technik umfasst alle Kenntnisse, die durch schriftliche oder mündliche Beschreibung, durch Benutzung oder in sonstiger Weise der Öffentlichkeit zugänglich gemacht worden sind (§ 3 PatG). Dabei ist unerheblich, ob der Erfinder vom „Stand der Technik" Kenntnis hatte oder nicht (objektiver Neuheitsbegriff). Auch eine Vorbenutzung durch den Erfinder selbst vor der Patentanmeldung ist schädlich, sofern die Erfindung aus der Benutzung heraus erkennbar war, ebenso eigene Veröffentlichungen in Fachzeitschriften, Vorträgen und dergleichen.

Darüber hinaus muss die Erfindung auf einer *erfinderischen Tätigkeit* beruhen: sie darf sich „für den Fachmann nicht in naheliegender Weise aus dem Stand der Technik" ergeben (§ 4 PatG), d.h. sie muss eine gewisse Erfindungshöhe aufweisen. Maßstab hierfür ist ein fiktiver „Durchschnittsfachmann" auf dem einschlägigen Fachgebiet mit durchschnittlichem Fachwissen. Eine Erfindung gilt dann als gegenüber dem Stand der Technik nicht naheliegend, wenn ihre Hervorbringung diesem Durchschnittsfachmann unter Zuhilfenahme seines Fachwissens und der Durchführung etwaiger Routineversuche nicht möglich gewesen wäre.

Verfahren

Um Patentschutz zu erlangen, sind zunächst die Anmeldung der Erfindung bei dem Deutschen Patent- und Markenamt (DPMA) und sodann die Patenterteilung durch das DPMA erforderlich.

Die Erteilung des Patents und die Patentschrift werden im Patentblatt veröffentlicht. Mit der Veröffentlichung im Patentblatt treten die gesetzlichen Wirkungen des Patents ein (§ 58 PatG).

---

[104] BGH GRUR 1986, S. 142.

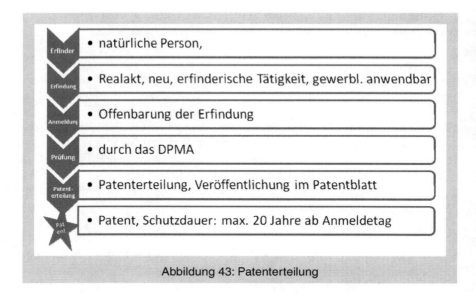

Abbildung 43: Patenterteilung

Wirkungen des Patents

Das Patent hat die Wirkung, dass allein der Patentinhaber befugt ist, die patentierte Erfindung zu benutzen. Jedem Dritten ist es verboten, ohne seine Zustimmung

> ein Erzeugnis, das Gegenstand des Patents ist, herzustellen, anzubieten, in Verkehr zu bringen oder zu gebrauchen oder zu den genannten Zwecken entweder einzuführen oder zu besitzen;
> ein Verfahren, das Gegenstand des Patents ist, anzuwenden;
> zur Anwendung im Geltungsbereich dieses Gesetzes anzubieten;
> das durch ein Verfahren, das Gegenstand des Patents ist, unmittelbar hergestellte Erzeugnis anzubieten, in Verkehr zu bringen oder zu gebrauchen oder zu den genannten Zwecken entweder einzuführen oder zu besitzen (§ 9 PatG).

Rechtsinhaber

Schutzrechtsinhaber ist im Regelfall der in der Patentrolle Eingetragene. Die Patentrolle bietet jedoch keine Gewähr für ihre materielle Richtigkeit; sie besitzt keine Publizitätswirkung. Materiell berechtigt ist vielmehr der Erfinder, also derjenige, der die Erfindung getätigt hat, oder sein Rechtsnachfolger. Haben mehrere gemeinsam eine Erfindung gemacht, so steht ihnen das Recht auf das Patent gemeinschaftlich zu. Haben mehrere die Erfindung unabhängig voneinander gemacht, so steht das Recht dem zu, der die Erfindung zuerst beim Patentamt angemeldet hat (§ 6 PatG). Das Recht auf das Patent, der Anspruch auf Erteilung des Patents und das Recht aus dem Patent gehen auf die Erben über. Sie können beschränkt oder unbeschränkt auf andere übertragen werden. Diese Rechte können ganz oder teilweise Gegenstand von ausschließlichen oder nicht ausschließlichen Lizenzen sein (§ 15 PatG).

Erfindungen werden häufig von Arbeitnehmern gemacht. Sofern sie in der Arbeitszeit gemacht werden oder maßgeblich auf Erfahrungen oder Arbeiten des Betriebes beruhen (Diensterfindungen), sind sie unverzüglich dem Arbeitgeber mitzuteilen; der Arbeitgeber kann sie unbeschränkt oder beschränkt für sich in Anspruch nehmen (§ 18 Arbeitnehmererfindungsgesetz - ArbEG). In diesem Fall besteht eine Vergütungspflicht an den Arbeitnehmer (§ 9 ArbEG). Sonstige Erfindungen des Arbeitnehmers (freie Erfindungen) hat der Arbeitnehmer dem Arbeitgeber zu angemessenen Bedingungen anzubieten.

Internationale Patentabkommen

Der Gewerbliche Rechtsschutz unterliegt starkem internationalem Einfluss, weil ein erhebliches Bedürfnis der Schutzrechtsinhaber daran besteht, das Recht nicht nur in einem Staat, sondern in möglichst vielen Ländern in vergleichbarer Form geschützt zu erhalten.

Demgemäß wurde eine Reihe von internationalen Abkommen abgeschlossen, deren Ziel es ist, einen möglichst einheitlichen, länderübergreifenden Schutz des gewerblichen Eigentums zu gewährleisten. Naturgemäß wirkt dieser Schutz jedoch nur in den Staaten, die dem jeweiligen Abkommen beigetreten sind. Der wichtigste internationale Vertrag zum Schutz des gewerblichen Eigentums ist das Pariser Verbandsübereinkommen (PVÜ) von 1883. Dem PVÜ sind bislang ca. 140 Staaten beigetreten. Das PVÜ enthält den Grundsatz der Inländerbehandlung: Die Angehörigen der Verbandsstaaten werden den gleichen Rechtsvorschriften unterworfen wie die im Verbandsstaat Ansässigen (Art. 2 PVÜ).

Das PVÜ bezieht sich nicht nur auf Patente, sondern hat darüber hinaus auch „die Gebrauchsmuster, die gewerblichen Muster oder Modelle, die Fabrik- oder Handelsmarken, die Dienstleistungsmarken, den Handelsnamen und die Herkunftsangaben oder Ursprungsbezeichnungen sowie die Unterdrückung des unlauteren Wettbewerbs" zum Gegenstand (Art. 1 PVÜ).

Grundsätzlich wirkt der Patentschutz nur im dem Staat, in dem das Patent erteilt wurde, d. h. das Patent muss in jedem Staat, in dem es wirken soll, angemeldet werden.

Auf **EU-Ebene** wurde 1973 das Europäische Patentübereinkommen (EPÜ) verabschiedet, das insbesondere Vorschriften über das Europäische Patentamt, die Harmonisierung des europäischen Patentrechts und die Wirkungen des *europäischen Patents* beinhaltet. Hierbei ist nur eine Patentanmeldung beim Europäischen Patentamt (Sitz: München) erforderlich, um Schutz in mehreren Mitgliedsstaaten der EU zu erhalten. Voraussetzungen, Wirkungen und Verfahrensweise sind dem deutschen Patentrecht ähnlich, weil das PatG dem EU-Recht angepasst worden ist.

3.1.2 Gebrauchsmuster

Als Gebrauchsmuster werden Erfindungen geschützt, die neu sind, auf einem erfinderischen Schritt beruhen und gewerblich anwendbar sind (§ 1 Gebrauchsmustergesetz - GebrMG). Die oben gemachten Ausführungen zum Patent sind weitgehend auf das Gebrauchsmuster zu übertragen, da das GebrMG vollständig an die Regeln des PatG angepasst ist bzw. auf dieses verweist. Im Folgenden wird nur auf die wesentlichen Unterschiede zum PatG eingegangen.

- Im Unterschied zum PatG („erfinderische Tätigkeit") erfordert das Gebrauchsmuster lediglich einen „erfinderischen Schritt". Daraus wird gefolgert, dass lediglich eine gewisse Erfindungsqualität (geringer als die erfinderische Tätigkeit des Patentrechts) vorliegen muss. Als Gebrauchsmuster können auch „kleinere" Erfindungen geschützt werden, die nicht die Erfindungshöhe erreichen, die das PatG voraussetzt.
- Schutzfähig sind nur Erzeugnisse, nicht auch Verfahren (§ 2 Nr. 3 GebrMG).
- Im Anmeldeverfahren prüft das DPA nur die formellen Voraussetzungen der Eintragung in die Gebrauchsmusterrolle, nicht aber die Schutzfähigkeit des Anmeldegegenstandes hinsichtlich Neuheit, Fortschritt und Erfindungshöhe. Diese Schutzvoraussetzungen werden erstmalig im Verletzungsprozess oder im Löschungsverfahren geprüft.
- Der Gebrauchsmusterschutz dauert drei Jahre und kann durch Zahlung einer Gebühr zunächst um drei Jahre, sodann um jeweils zwei Jahre bis auf höchstens zehn Jahre verlängert werden (§ 23 GebrMG).

3.1.3 Geschmacksmuster

Nach dem Geschmacksmustergesetz (GeschmMG) können ästhetisch wirkende Farb- und Formgestaltungen zwei- oder dreidimensionaler gewerblicher Gegenstände geschützt werden (§ 1 GeschmMG). Geschützt wird das Design z. B. von Konsumartikeln, Möbeln, Kraftfahrzeugen, Personalcomputern u. a. m. Nicht geschützt ist der Gebrauchszweck eines Modells, die Idee als solche, sondern nur der sogenannte „ästhetische Überschuss", d. h. die an den Farb- und Formensinn appellierende Gestaltung.[105]

Die Schutzfähigkeit setzt weiter voraus, dass das Muster *neu* und *eigentümlich* ist (§ 1 Abs. 2 GeschmMG). Neu ist ein Muster, wenn es kein identisches bekanntes Muster gibt. Eigentümlichkeit setzt voraus, dass die geistige Leistung zur Schaffung des Musters über das hinausgeht, was ein Durchschnittsmustergestalter schaffen könnte[106].

Rechtsinhaber ist der Mustergestalter (Urheber). Das Recht ist übertragbar (§ 3 GeschmMG).

Bei Mustern und Modellen, die von einem Urheber im Rahmen eines Arbeitsverhältnisses in einer *inländischen gewerblichen Anstalt* im Auftrage oder für Rechnung des Eigentümers der gewerblichen Anstalt angefertigt werden, gilt der letztere, wenn durch Vertrag nichts anderes bestimmt ist, als der Urheber der Muster und Modelle (§ 2 GeschmMG).

Das Musterrecht entsteht durch die Anmeldung und Registrierung im Musterregister beim DPMA (kostenpflichtig). Die Schutzdauer beträgt zunächst fünf Jahre ab Anmeldung und kann um jeweils fünf Jahre auf maximal zwanzig Jahre verlängert werden (§ 9 GeschmMG). Nach altem Recht beträgt die Schutzdauer für Modelle, die vor dem 1. Juli 1988 angemeldet wurden, maximal 15 Jahre (§ 8 GeschmMG a.F.).

Innerhalb dieser Schutzdauer ist jede Nachbildung eines Musters oder Modells, sowie die Verbreitung einer solchen Nachbildung verboten (§ 5 GeschmMG).

3.1.4 Marke

Das Markenrecht gehört zum Kennzeichnungsrecht, also den Rechtsvorschriften, die sich mit dem Schutz von zur Kennzeichnung von Personen, von Unternehmen, aber auch von Waren oder Dienstleistungen verwendeten Bezeichnungen beschäftigen.[107]

Hierzu gehören insbesondere das Namensrecht (§ 12 BGB), die Vorschriften über die handelsrechtliche Firma (§§ 17 ff., 37 HGB) sowie die Vorschriften des Markengesetzes [Gesetz über den Schutz von Marken und sonstigen Kenn-

---

[105] Chrocziel 2002, S. 123.
[106] Ilzhöfer/Engels 2010, S. 78; BGH GRUR 1969, S. 90.
[107] Ilzhöfer/Engels 2010, S. 82.

zeichen (MarkenG) vom 25. Oktober 1994 (BGBl. I S. 3082, letzte Änderung: 31.10.2006], das Markenrecht (früher Warenzeichenrecht), das Recht der geschäftlichen Bezeichnungen und das Recht der geographischen Herkunftsangaben enthält. Alle diese Kennzeichnungsrechte sind untereinander gleichwertig, so dass die Verwendung einer Kennzeichnung (Name, Firma oder Marke) in den Schutzbereich jeder anderen Kennzeichnung eingreifen kann.[108]

Der Schutzgegenstand

Nach dem MarkenG (§ 1) werden geschützt:

1. Marken,
2. geschäftliche Bezeichnungen,
3. geographische Herkunftsangaben.

§ 3 MarkenG enthält den Grundsatz, dass Marken zur Unterscheidung der eigenen Waren oder Dienstleistungen von denjenigen anderer Unternehmen dienen sollen.

Die Marken

Als Marke können gem. § 3 MarkenG „alle Zeichen, insbesondere Wörter einschließlich Personennamen, Abbildungen, Buchstaben, Zahlen, Hörzeichen, dreidimensionale Gestaltungen einschließlich der Form einer Ware oder ihrer Verpackung sowie sonstige Aufmachungen einschließlich Farben und Farbzusammenstellungen geschützt werden, die geeignet sind, Waren oder Dienstleistungen eines Unternehmens von denjenigen anderer Unternehmen zu unterscheiden".

---

[108] Chrocziel 2002, S. 124.

Beispiele:

Wortmarken	NIVEA Audi The Coca-Cola Company
Bildmarken	(Mercedes-Stern) (Puma)
Buchstaben/ Bildmarken/ dreidimensionale Gestaltung	(BMW) (VW)
Buchstaben	**AEG**
Zahlen	№4711
Kombinierte Bild-/Wortmarken	(Krokodil) **LACOSTE**
Hörmarken	··T·· Deutsche Telekom

Abbildung 44: Marken

Dem Schutz als Marke *nicht zugänglich* sind Zeichen, die ausschließlich aus einer Form bestehen,

1. die durch die Art der Ware selbst bedingt ist,
2. die zur Erreichung einer technischen Wirkung erforderlich ist oder
3. die der Ware einen wesentlichen Wert verleiht. (§ 3 Abs. 2 MarkenG).

Entstehung des Markenschutzes

Der Markenschutz entsteht durch

- die *Eintragung* eines Zeichens als Marke in das vom Patentamt geführte Register,

- durch die *Benutzung* eines Zeichens im geschäftlichen Verkehr, soweit das Zeichen innerhalb beteiligter Verkehrskreise als Marke Verkehrsgeltung erworben hat, oder
- durch die „*notorische Bekanntheit*" einer Marke (§ 4 MarkenG).

Registereintragung

Das Markenrecht wird durch Anmeldung und Eintragung in das Markenregister beim DPMA erworben. Die Anmeldung muss die Wiedergabe der Marke und ein Warenverzeichnis enthalten, d. h. die Angabe der Waren und/oder der Dienstleistungen, für die die Marke genutzt werden soll. Inhaber von eingetragenen und angemeldeten Marken können natürliche Personen (auch Privatpersonen), juristische Personen oder Personengesellschaften sein (§ 7 MarkenG).

Das DPMA überprüft lediglich, ob der Eintragung *absolute Eintragungshindernisse* entgegenstehen. Von der Eintragung sind danach Zeichen ausgeschlossen, die sich nicht graphisch darstellen lassen, sowie Marken,

- denen für die Waren oder Dienstleistungen jegliche Unterscheidungskraft fehlt,
- die ausschließlich aus Zeichen oder Angaben bestehen, die im Verkehr zur Bezeichnung der Art, der Beschaffenheit, der Menge, der Bestimmung, des Wertes, der geographischen Herkunft, der Zeit der Herstellung der Waren oder der Erbringung der Dienstleistungen oder zur Bezeichnung sonstiger Merkmale der Waren oder Dienstleistungen dienen können,
- die ausschließlich aus Zeichen oder Angaben bestehen, die im allgemeinen Sprachgebrauch zur Bezeichnung der Waren oder Dienstleistungen üblich geworden sind,
- die geeignet sind, das Publikum insbesondere über die Art, die Beschaffenheit oder die geographische Herkunft der Waren oder Dienstleistungen zu täuschen,
- die gegen die öffentliche Ordnung oder die gegen die guten Sitten verstoßen,
- die Staatswappen, Staatsflaggen oder andere staatliche Hoheitszeichen oder Wappen eines inländischen Ortes oder internationaler zwischenstaatlicher Organisationen enthalten,
- die amtliche Prüf- oder Gewährzeichen enthalten,
- deren Benutzung ersichtlich nach sonstigen Vorschriften im öffentlichen Interesse untersagt werden kann (vgl. § 8 MarkenG).

Falls keine derartigen Hindernisse bestehen, ist die Marke einzutragen (§ 33 Abs. 2 MarkenG). Die Eintragung wird im Markenblatt veröffentlicht (§ 41 MarkenG).

Innerhalb von drei Monaten nach der Veröffentlichung kann von Inhabern einer registrierten Marke oder einer notorisch bekannten Marke mit älterem Zeitrang Widerspruch beim DPMA gegen die Eintragung erhoben werden (§ 42 MarkenG). Inhaber sonstiger älterer Rechte im Sinne von § 13 MarkenG (das sind: Namensrechte, das Recht an der eigenen Abbildung, Urheberrechte, Sortenbezeichnungen, geographische Herkunftsangaben, sonstige gewerbliche Schutzrechte) können diese nicht im patentamtlichen Widerspruchsverfahren, sondern nur durch Löschungsklage bei den ordentlichen Gerichten geltend machen (§ 55 MarkenG).

Relative Schutzhindernisse (§§ 9–13 MarkenG) werden nur auf Antrag (§ 42 MarkenG) bzw. im Klagewege berücksichtigt (§ 55 MarkenG).

jüngere Marke	Waren-/Dienstleistungsgruppe	Bekanntheit der älteren Marke	
identisch	identisch	-	X
identisch	verschieden	-	o.k
identisch oder ähnlich	ähnlich	bekannte Marke	X
ähnlich	nicht ähnlich/ Verwässerungsgefahr	bekannte Marke/hohe Unterscheidungskraft	X
ähnlich	nicht ähnlich	sehr bekannte Marke	X
ähnlich	nicht ähnlich	notorisch bekannte Marke	X

X = Schutzhindernis gegeben (Löschungsanspruch gegen jüngere Marke)
o.k.= kein Schutzhindernis

Abbildung 45: Relative Schutzhindernisse

Benutzung

Durch die Benutzung eines Zeichens im geschäftlichen Verkehr, soweit das Zeichen innerhalb beteiligter Verkehrskreise als Marke Verkehrsgeltung erworben hat, wird – ohne Eintragung im Register – ebenfalls Markenschutz erlangt (§ 4 Nr. 2 MarkenG). Das setzt voraus, dass die betroffenen Verkehrskreise davon ausgehen, dass eine bestimmte Kennzeichnung allein aus einer Herkunftsquelle stammt. Nachgewiesen werden kann dies insbesondere durch

Umfragegutachten von Meinungsforschungsinstituten oder durch die Industrie- und Handelskammern.[109]

Notorische Bekanntheit

Die „notorische" Bekanntheit (vgl. Art. 6bis PVÜ) bezieht sich insbesondere auf nur im Ausland eingetragene („weltbekannte") Marken. Derartige Marken genießen aufgrund ihrer überragenden Bekanntheit auch im Inland Schutz. Gem. § 10 MarkenG ergibt sich hieraus für das DPA ein von Amts wegen zu beachtendes Eintragungshindernis. Die notorische Bekanntheit kann auch dazu genutzt werden, um Widerspruch gegen neu einzutragende Marken einzulegen (§ 42 Abs. 2 Nr. 2 MarkenG).

Schutzinhalt

Der Inhaber der Marke hat das ausschließliches Recht, ein mit der Marke identisches Zeichen oder ein ähnliches Zeichen für Waren oder Dienstleistungen zu benutzen (§ 14 MarkenG).

Jedem Dritten ist es untersagt, ohne Zustimmung des Inhabers der Marke im geschäftlichen Verkehr ein mit der Marke identisches Zeichen für Waren oder Dienstleistungen zu benutzen, die mit denjenigen identisch sind, für die sie Schutz genießt. Dies gilt auch für Zeichen, bei denen für das Publikum die Gefahr von Verwechslungen besteht, einschließlich der Gefahr, dass das Zeichen mit der Marke gedanklich in Verbindung gebracht wird oder die Benutzung des Zeichens die Unterscheidungskraft oder die Wertschätzung der bekannten Marke ohne rechtfertigenden Grund in unlauterer Weise ausnutzt oder beeinträchtigt (§ 14 Abs. 2 MarkenG).

Wer hiergegen verstößt, kann von dem Inhaber der Marke auf Unterlassung in Anspruch genommen werden. Wer die Verletzungshandlung vorsätzlich oder fahrlässig begeht, ist dem Inhaber der Marke zum Schadensersatz verpflichtet. (§ 14 Abs. 5 und 6 MarkenG).

Der Inhaber einer Marke oder einer geschäftlichen Bezeichnung hat jedoch nicht das Recht, einem Dritten zu untersagen, die Marke für Waren zu benutzen, die unter dieser Marke von ihm oder mit seiner Zustimmung im Inland oder in einem der übrigen Mitgliedstaaten der EU in den Verkehr gebracht worden sind (*Erschöpfungsgrundsatz*, § 24 MarkenG).

---

[109] Vgl. Chrocziel 2002, S. 130.

Mangelnde Benutzung

Der Inhaber einer eingetragenen Marke kann gegen Dritte Ansprüche nicht geltend machen, wenn die Marke innerhalb der letzten fünf Jahre vor der Geltendmachung des Anspruchs für die Waren oder Dienstleistungen, auf die er sich zur Begründung seines Anspruchs beruft, nicht benutzt worden ist, sofern die Marke zu diesem Zeitpunkt seit mindestens fünf Jahren eingetragen ist (§§ 25, 26 MarkenG).

Schutzdauer

Die Schutzdauer einer eingetragenen Marke beginnt mit dem Anmeldetag und endet nach zehn Jahren. Die Schutzdauer kann durch Zahlung einer Verlängerungsgebühr beliebig oft um jeweils zehn Jahre verlängert werden (§ 47 MarkenG).

Geschäftliche Bezeichnungen

Nach § 5 MarkenG werden als geschäftliche Bezeichnungen Unternehmenskennzeichen und Werktitel geschützt.

Unternehmenskennzeichen sind:

- **Name:** Der (bürgerliche) Name ist gem. § 12 BGB allgemein geschützt, § 5 MarkenG schützt den Namen speziell im geschäftlichen Verkehr,
- **Firma:** Die Firma ist nach § 17 HGB der Name des kaufmännischen Gewerbebetriebs. Die Firma muss zur Kennzeichnung des Unternehmens geeignet sein und Unterscheidungskraft besitzen (§ 18 HGB),
- die besondere Geschäftsbezeichnung,
- Geschäftsabzeichen und sonstige zur Unterscheidung des Geschäftsbetriebs bestimmte Zeichen, die innerhalb beteiligter Verkehrskreise als Kennzeichen des Geschäftsbetriebs gelten.

Werktitel sind die Namen oder besonderen Bezeichnungen von Druckschriften, Filmwerken, Tonwerken, Bühnenwerken oder sonstigen vergleichbaren Werken.

Die **gewerbliche Bezeichnung** gewährt ihrem Inhaber ein ausschließliches Recht. Dritten ist es untersagt, die geschäftliche Bezeichnung oder ein ähnliches Zeichen im geschäftlichen Verkehr unbefugt in einer Weise zu benutzen, die geeignet ist, Verwechslungen mit der geschützten Bezeichnung hervorzurufen.

Wer eine geschäftliche Bezeichnung oder ein ähnliches Zeichen unbefugt benutzt, kann auf Unterlassung und – bei Verschulden – auch auf Schadensersatz in Anspruch genommen werden (§ 15 MarkenG).

Geographische Herkunftsangaben [§ 126 Abs. 1 MarkenG]

Geographische Herkunftsangaben sind geographische Herkunftsangaben die Namen von Orten, Gegenden, Gebieten oder Ländern sowie sonstige Angaben oder Zeichen, die im geschäftlichen Verkehr zur Kennzeichnung der geographischen Herkunft von Waren oder Dienstleistungen benutzt werden.

Dem Schutz als geographische Herkunftsangaben sind Namen, Angaben oder Zeichen im *nicht* zugänglich, bei denen es sich um Gattungsbezeichnungen handelt. Das sind solche Bezeichnungen, die ihre ursprüngliche Bedeutung verloren haben und als Namen von Waren (z. B. *Wiener Schnitzel*) oder Dienstleistungen dienen.

Geographische Herkunftsangaben dürfen im geschäftlichen Verkehr nicht für Waren oder Dienstleistungen benutzt werden, die nicht aus dem Ort, der Gegend, dem Gebiet oder dem Land stammen, das durch die geographische Herkunftsangabe bezeichnet wird (§ 127 MarkenG).

Anträge auf Eintragung einer geographischen Angabe oder einer Ursprungsbezeichnung in das Verzeichnis der geschützten Ursprungsbezeichnungen und der geschützten geographischen Angaben sind beim DPMA einzureichen.

Abbildung 46: Markenschutz

Rechtsverletzungen

Der Inhaber der Marke hat das ausschließliche Recht an der Marke (§ 15 MarkenG). Bei Verletzung kann er Unterlassung und – bei Verschulden – auch Schadensersatz verlangen. Außerdem kann er Vernichtung der widerrechtlich mit dem Kennzeichen versehenen Gegenstände und Auskunft über deren Herkunft und Vertriebswege verlangen (§§ 14 ff., 18 f. MarkenG). Ein Verstoß gegen das Markenrecht im geschäftlichen Verkehr ist außerdem strafbar (§§ 143 ff. MarkenG: Geldstrafe oder Freiheitsstrafe bis zu 5 Jahren).

Übungsfall 29

Die Klägerin (K) ist Inhaberin der Wort/Bildmarke

Der Beklagte (B) vertreibt T-Shirt mit folgendem Emblem:

Welche Möglichkeiten hat K, gegen B vorzugehen?

3.2 Urheberrecht

3.2.1 Allgemeines

Das Urheberrecht schützt *persönliche geistige Schöpfungen* im Bereich der Kunst, Literatur und Wissenschaft. Anders als die übrigen Schutzrechte entsteht es – ohne weitere Formalitäten – bereits mit der Erschaffung des Werkes. **Urheber** ist der Schöpfer des Werkes und kann nur eine natürliche Person sein. Dies gilt auch, wenn der Urheber das Werk in Erfüllung seiner Verpflichtungen aus einem Arbeits- oder Dienstverhältnis geschaffen hat. Allerdings kann der Arbeitnehmer verpflichtet sein, den Arbeitgeber zur Ausübung der vermögensrechtlichen Befugnisse an dem Werk ganz oder teilweise zu ermächtigen, wenn es der Zweck des Arbeitsvertrages erfordert (sog. „Zweckübertragungstheorie", vgl. § 31 Abs. 5 Urhebergesetz – UrhG).

Haben mehrere ein Werk gemeinsam geschaffen, so sind sie Miturheber des Werkes.

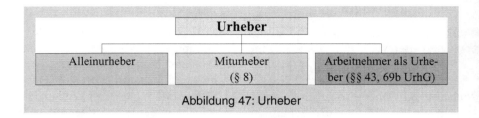

Abbildung 47: Urheber

Voraussetzung für den Schutz ist zunächst eine *persönliche geistige Schöpfung*. Das Werk muss subjektiv neu sein und eine gewisse Eigentümlichkeit aufweisen. Darüber hinaus ist erforderlich, dass die Leistung des Urhebers über das rein Handwerksmäßige hinausgehen muss,[110] wenn auch die Anforderungen – je nach Werkgattung unterschiedlich – insoweit nicht allzu hoch angesetzt werden: auch die sog. „kleine Münze" kann geschützt sein.

Zu den geschützten Werken zählen insbesondere Sprachwerke, Schriftwerke und Reden sowie Programme für die Datenverarbeitung, Werke der Musik, Werke der bildenden Künste einschließlich Werke der Baukunst, Filme, Darstellungen wissenschaftlicher oder technischer Art (Zeichnungen, Pläne, Skizzen, Tabellen und plastische Darstellungen) (§ 2 Abs. 1 UrhG). Die gesetzliche Aufzählung ist nicht abschließend, so dass neu entstehenden Werkarten ebenfalls unter das UrhG fallen können.[111]

Urheberrechtlich schutzfähig können auch Leistungen sein, die prinzipiell auch in den Anwendungsbereich anderer (gewerblicher) Schutzrechte fallen, z. B. Geschmacksmuster, sofern die erforderliche Gestaltungshöhe erreicht ist.

---

[110] BGH GRUR 1985, S. 1041.
[111] Chrocziel 2002, S. 367.

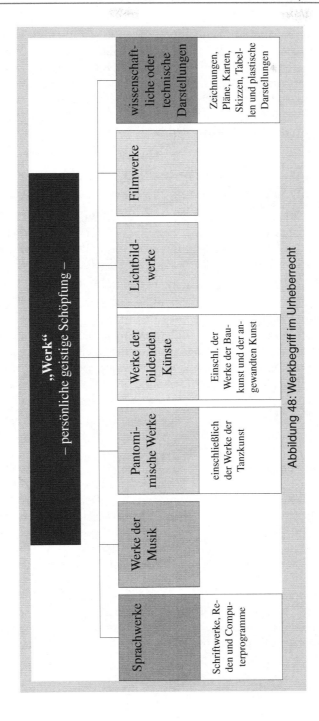

Abbildung 48: Werkbegriff im Urheberrecht

Für Computerprogramme gelten einige Sonderbestimmungen. Sie sind geschützt, wenn sie individuelle Werke in dem Sinne darstellen, dass sie das Ergebnis der eigenen geistigen Schöpfung ihres Urhebers sind. Zur Bestimmung ihrer Schutzfähigkeit sind keine anderen Kriterien, insbesondere nicht qualitative oder ästhetische, anzuwenden. Ideen und Grundsätze, die einem Element eines Computerprogramms zugrunde liegen, einschließlich der den Schnittstellen zugrundeliegenden Ideen und Grundsätze, sind nicht geschützt (§ 69a UrhG).

Der Rechtsinhaber hat das ausschließliche Recht, folgende Handlungen vorzunehmen oder zu gestatten:

- ➢ die dauerhafte oder vorübergehende Vervielfältigung eines Computerprogramms, soweit das Laden, Anzeigen, Ablaufen, Übertragen oder Speichern des Computerprogramms eine Vervielfältigung erfordert, bedürfen diese Handlungen der Zustimmung des Rechtsinhabers;
- ➢ die Übersetzung, die Bearbeitung, das Arrangement und andere Umarbeitungen eines Computerprogramms sowie die Vervielfältigung der erzielten Ergebnisse.

Diese Handlungen bedürfen allerdings nicht der Zustimmung des Rechtsinhabers, wenn sie für eine bestimmungsgemäße Benutzung des Computerprogramms einschließlich der Fehlerberichtigung durch jeden zur Verwendung eines Vervielfältigungsstücks des Programms Berechtigten notwendig sind;

- ➢ jede Form der Verbreitung des Originals eines Computerprogramms oder von Vervielfältigungsstücken, einschließlich der Vermietung.

Wird ein Vervielfältigungsstück eines Computerprogramms mit Zustimmung des Rechtsinhabers im Gebiet der EU im Wege der Veräußerung in Verkehr gebracht, so erschöpft sich das Verbreitungsrecht in Bezug auf dieses Vervielfältigungsstück mit Ausnahme des Vermietrechts (Erschöpfungsgrundsatz).

Die Erstellung einer Sicherungskopie darf nicht vertraglich untersagt werden, wenn sie für die Sicherung künftiger Benutzung erforderlich ist.

Wird ein Computerprogramm von einem Arbeitnehmer in Wahrnehmung seiner Aufgaben oder nach den Anweisungen seines Arbeitgebers geschaffen, so ist ausschließlich der Arbeitgeber zur Ausübung aller vermögensrechtlichen Befugnisse an dem Computerprogramm berechtigt, sofern nichts anderes vereinbart ist.

3.2.2 Entstehung, Übertragung und Schutzdauer

Das Urheberrecht entsteht, wenn das Werk sinnlich wahrnehmbar ist. Eine Veröffentlichung ist hierfür nicht erforderlich. Die Schutzdauer beträgt 70 Jahre nach dem Tod des Urhebers.

Das Urheberrecht ist vererblich (§ 28 UrhG), aber unter Lebenden nicht übertragbar. Der Urheber kann jedoch einem anderen das Recht einräumen, das Werk auf einzelne oder alle Nutzungsarten zu nutzen (Nutzungsrecht, § 31 UrhG). Das Nutzungsrecht kann als einfaches oder ausschließliches Recht eingeräumt werden. Das einfache Nutzungsrecht berechtigt den Inhaber, das Werk neben dem Urheber oder anderen Berechtigten auf die ihm erlaubte Art zu nutzen. Das ausschließliche Nutzungsrecht berechtigt den Inhaber, das Werk unter Ausschluss aller anderen Personen einschließlich des Urhebers auf die ihm erlaubte Art zu nutzen und einfache Nutzungsrechte einzuräumen. Sind bei der Einräumung des Nutzungsrechts die Nutzungsarten, auf die sich das Recht erstrecken soll, nicht einzeln bezeichnet, so bestimmt sich der Umfang des Nutzungsrechts nach dem mit seiner Einräumung verfolgten Zweck („Zweckübertragungstheorie").

3.2.3 Schutzinhalt

Das Urheberrecht schützt den Urheber „in seinen geistigen und persönlichen Beziehungen zum Werk" (Urheberpersönlichkeitsrecht) und in der Nutzung des Werkes (§ 11 UrhG).

Der Urheber hat das ausschließliche Recht, sein Werk in körperlicher Form zu verwerten; das Recht umfasst insbesondere

- ➢ das Vervielfältigungsrecht (§ 16 UrhG),
- ➢ das Verbreitungsrecht (§ 17 UrhG),
- ➢ das Ausstellungsrecht (§ 18 UrhG).

Der Urheber hat ferner das ausschließliche Recht, sein Werk in unkörperlicher Form öffentlich wiederzugeben (Recht der öffentlichen Wiedergabe).

Sind das Original oder Vervielfältigungsstücke des Werkes mit Zustimmung des Urhebers im Gebiet der EU im Wege der Veräußerung in Verkehr gebracht worden, so ist ihre Weiterverbreitung mit Ausnahme der Vermietung zulässig.

Der Inhaber eines Nutzungsrechts darf das Werk nicht ändern (§ 39 UrhG).

3.2.4 Schranken des Urheberrechts

Das Urheberrecht unterliegt bestimmten Beschränkungen zugunsten öffentlicher und privater Interessen.

Zulässig ist z. B. die Vervielfältigung, Verbreitung und öffentliche Zugänglichmachung von Teilen eines Werkes für den Unterrichtsgebrauch in Schulen, in nichtgewerblichen Einrichtungen der Aus- und Weiterbildung oder in Einrichtungen der Berufsbildung oder für den Kirchengebrauch.

Zulässig ist die Vervielfältigung, Verbreitung und öffentliche Wiedergabe eines veröffentlichten Werkes zum Zweck des Zitats. Hierbei ist die Quelle korrekt anzugeben (wichtig z. B. bei Haus- und Abschlussarbeiten!).

Zulässig sind *einzelne* (bis zu sieben) Vervielfältigungen eines Werkes durch eine *natürliche Person zum privaten Gebrauch* auf beliebigen Trägern, sofern sie weder unmittelbar noch mittelbar Erwerbszwecken dienen, soweit nicht zur Vervielfältigung eine offensichtlich rechtswidrig hergestellte oder öffentlich zugänglich gemachte Vorlage verwendet wird.

3.2.5 Ansprüche bei Rechtsverletzungen

Der Urheber kann bei einer Urheberrechtsverletzung Beseitigung der Beeinträchtigung, Unterlassung und bei Verschulden auch Schadensersatz verlangen (§ 97 UrhG). Außerdem kann Vernichtung aller rechtswidrig hergestellten Vervielfältigungsstücke verlangt werden (§ 99 UrhG). Die unerlaubte vorsätzliche Vervielfältigung oder Verbreitung eines geschützten Werk ist außerdem *strafbar* (Geldstrafe oder Freiheitsstrafe bis zu 3 Jahren, bei gewerbsmäßigen Handeln bis zu 5 Jahren).

 Übungsfall 30

Studentin Sabine S. leiht sich von ihrem Freund Mike M. 10 Musik-CDs. Hiervon fertigt sie mittels ihres PCs insgesamt 50 Kopien, die sie teils selbst behält, größtenteils aber an Freunde und Bekannte zu Weihnachten verschenkt. Später hört sie, dass der „Bundesverband Musikindustrie" Aktionen gegen Raubkopien durchführt und befürchtet nunmehr, auch selbst verfolgt zu werden.

Hat S. gegen das UrhG verstoßen? – Welche rechtlichen Folgen könnten auf sie zukommen?

Wiederholungsfragen zu Kapitel 3

1. Welche Rechtsinstitute gehören zum Gewerblicher Rechtsschutz und Wettbewerbsrecht?
2. Wann spricht man von Marktbeherrschung?
3. Was ist ein Geschmacksmuster?
4. Was umfasst der Markenschutz?
5. Wann entsteht ein Urheberrecht?
6. Was ist ein Gebrauchsmuster?
7. Nennen Sie internationale Patentabkommen.
8. Was verstehen Sie unter einem Werk?
9. Was ist ein Kartell?
10. Wann ist die EU-Kommission für das Wettbewerbsrecht zuständig?
11. Ist das „cold calling" zulässig?
12. Welche Ansprüche hat ein Verbraucher bei Verstößen gegen das UWG?
13. Was versteht man unter „*ergänzendem Leistungsschutz*"?
14. Ist vergleichende Werbung zulässig?

IV. Insolvenzrecht

Lernziele

In diesem Kapitel lernen Sie die wichtigsten Grundzüge des Insolvenzrechts. Nach Durcharbeitung dieses Abschnitts kennen Sie

- die Ziele des Insolvenzverfahrens,
- die Eröffnungsvoraussetzungen für ein Insolvenzverfahren,
- die wichtigsten Verfahrensgrundsätze,
- die Rechte und Pflichten der am Verfahren beteiligten Personen und Organe,
- die Grundsätze für die Verwaltung und Verwertung der Insolvenzmasse,
- die Grundsätze für die Verteilung an die Gläubiger,
- die Voraussetzungen für die Restschuldbefreiung.

 Ergänzende Literaturhinweise

Haarmeyer, Hans/ Frank Frind	Insolvenzrecht, 2. Aufl., Stuttgart 2011 [Kohlhammer]
Haarmeyer, Hans (Hrsg.)	Sanierungs- und Insolvenzmanagement I, Remagen 2009 [Ibus-Verlag]
Haarmeyer, Hans (Hrsg.)	Sanierungs- und Insolvenzmanagement II, Remagen 2009 [Ibus-Verlag]
Palandt, Otto	BGB (Kommentar), 69. Aufl., München 2010 [C.H. Beck] (zitiert: Palandt/[*Bearbeiter*])
Zimmermann, Walter	Grundriss des Insolvenzrechts, 10. Aufl., Heidelberg 2015 [C.F. Müller]

Gesetze:

Insolvenzordnung (InsO) vom 5.10.1994 (BGBl. I S. 2866), in Kraft getreten am 1.1.1999, zuletzt geändert am 9.12.2010

Insolvenzrechtliche Vergütungsverordnung (InsVV)

Internet:
https://www.insolvenzbekanntmachungen.de/
http://www.gesetze-im-internet.de/index.html

1. Einführung

Das Insolvenzverfahren dient dazu, die Gläubiger eines Schuldners durch Verwertung und Verteilung seines Vermögens gemeinschaftlich zu befriedigen. Dem redlichen Schuldner wird Gelegenheit gegeben, sich von seinen restlichen Verbindlichkeiten zu befreien (§ 1 InsO). Möglich ist auch eine Sanierung des schuldnerischen Unternehmens durch einen Insolvenzplan (§§ 217–269 InsO).

Die InsO hat die alte Konkursordnung, die Vergleichsordnung sowie die Gesamtvollstreckungsordnung[112] abgelöst. Anlass der Insolvenzreform war vor allem unbefriedigende Ergebnisse der Konkursverfahren mit einer sehr geringen Befriedigungsquote der beteiligten Gläubiger (durchschnittlich 2,5%–7%).[113] Vielfach konnten Konkursverfahren mangels einer die Verfahrenskosten deckenden Masse gar nicht erst eröffnet werden. Bei Unternehmen bedeutete Insolvenz fast immer das Ende.[114]

Der primäre Zweck des Insolvenzverfahrens liegt in der gleichmäßigen (= quotenmäßigen) Gläubigerbefriedigung. Bei der Einzelzwangsvollstreckung (außerhalb des Insolvenzverfahrens) können einzelne Gläubiger zulasten der anderen durch schnelleren Zugriff auf das Schuldnervermögen ihre Forderungen realisieren (sog. „mühlenrechtlicher Grundsatz": *wer zuerst kommt, mahlt zuerst*). Das ist im Insolvenzverfahren nicht möglich, Einzelzwangsvollstreckungsmaßnahmen sind dann unzulässig § 89 InsO).

Wirtschaftliche Bedeutung:

Für das Jahr 2010 meldeten die deutschen Amtsgerichte 31.998 Unternehmensinsolvenzen. Die Verbraucherinsolvenzen stiegen auf 108.798 Fälle. Die Gerichte bezifferten die voraussichtlichen Forderungen der Gläubiger im Jahr 2010 auf rund 39,0 Milliarden €. Zum Zeitpunkt des Insolvenzantrages waren im Jahr 2010 insgesamt rund 131 000 Personen bei den insolventen Unternehmen beschäftigt.[115]

---

112 Galt in den damaligen neuen Bundesländern (Ex-DDR).
113 Haarmeyer I (Riggert) 2009, S. 26.
114 Haarmeyer I (Riggert) 2009, a.a.O.
115 Quelle: Statistische Bundesamt, http://www.destatis.de/.

2. Aufbau der InsO

§§	Abschnitt	Inhalt
§§ 1 - 7	Allgemeine Vorschriften	Ziele, Zuständigkeit, Verfahrensgrundsätze
§§ 11 - 34	Eröffnung	Insolvenzgründe, Verfahrensbeteiligte
§§ 35 - 55	Insolvenzmasse	Insolvenzgläubiger, Massegläubiger
§§ 56 - 79	Insolvenzverwalter	Insolvenzverwalter, Gläubigerversammlung
§§ 80 - 147	Wirkungen des Insolvenzverfahrens	Verfügungsrechte, Insolvenzanfechtung
§§ 148 - 173	Verwaltung und Verwertung der Insolvenzmasse	Sicherung, Verwertung Absonderungsrechte
§§ 174 - 206	Befriedigung der Insolvenzgläubiger	Feststellung der Forderungen, Befriedigung
§§ 207 - 216	Einstellung des Verfahrens	Einstellung mangels Masse
§§ 217 - 269	Insolvenzplan	Inhalt, Annahme, Wirkungen
§§ 270 - 285	Eigenverwaltung	
§§ 286 - 303	Restschuldbefreiung	Grundsätze, Antrag, Entscheidung, Widerruf
§§ 304 - 314	Verbraucherinsolvenz	Grundsatz, Schuldenbereinigung
§§ 315 - 334	Besondere Arten des Insolvenzverfahrens	Nachlaßinsolvenz, Gütergemeinschaft
§§ 335 - 358	Internationales Insolvenzrecht	Grundsätze, ausländische Insolvenzverfahren

3. Wichtige Begriffe des Insolvenzrechts

Das Insolvenzrecht hat eigene Begriffe, deren Kenntnis für das Verstehen der nachstehenden Ausführungen ist. Lesen Sie bitte deshalb diese Erläuterungen durch und schlagen sie bei Bedarf wieder nach.

Begriff	Bedeutung	§§ InsO
Absonderungsrecht	Gibt dem Gläubiger das Recht, bei der Verwertung eines gesicherten Gegenstands der Verwertungserlös unmittelbar an ihn ausgezahlt wird. Ein Absonderungsrecht wird z. B. durch eine Sicherungsübereignung oder ein Grundpfandrecht begründet.	49, 50, 51
Aussonderungsrecht	Gibt dem Gläubiger das Recht, einen ihm gehörenden Gegenstand (z. B. aufgrund von Eigentum, Eigentumsvorbehalt) heraus zu verlangen.	47, 48
Abweisung mangels Masse	Das Insolvenzgericht weist den Antrag auf Eröffnung des Insolvenzverfahrens ab, wenn das Vermögen des Schuldners voraussichtlich nicht ausreichen wird, um die Kosten des Verfahrens zu decken.	26
(Insolvenz-)Anfechtung	Rechtshandlungen, die vor der Eröffnung des Insolvenzverfahrens vorgenommen worden sind und die Insolvenzgläubiger benachteiligen, kann der Insolvenzverwalter nach Maßgabe der §§ 130 bis 146 anfechten.	129 ff.
Berichtstermin	Termin beim Amtsgericht (Insolvenzgericht), in dem der Insolvenzverwalter über die wirtschaftliche Lage des Schuldners und ihre Ursachen zu berichten hat. Teilnehmen können alle Gläubiger, Betriebsrat u. a.	156
Eröffnungsbeschluss	Beschluss des Insolvenzgerichts über die Eröffnung des Insolvenzverfahrens. Gleichzeitig wird der Insolvenzverwalter ernannt.	27
Gläubigerversammlung	Die Gläubigerversammlung ist das höchste Organ der Gläubigerselbstverwaltung und wird vom Insolvenzgericht einberufen. Zur Teilnahme an der Versammlung sind alle absonderungsberechtigten Gläubiger, alle Insolvenzgläubiger, der Insolvenzverwalter, die Mitglieder des Gläubigerausschusses und der Schuldner berechtigt.	74 ff.

Gläubigerausschuss	Der Gläubigerausschuss hat den Insolvenzverwalter bei seiner Geschäftsführung zu unterstützen und zu überwachen. Die Gläubigerversammlung beschließt, ob ein Gläubigerausschuss eingesetzt werden soll. Er wird vom Insolvenzgericht eingesetzt; die Gläubigerversammlung kann die vom Gericht ernannten Mitglieder abwählen und andere oder zusätzliche Mitglieder des Gläubigerausschusses wählen.	67 ff.
Insolvenzantrag	Voraussetzung für die Einleitung des Insolvenzverfahrens. Kann vom Schuldner oder von jedem Gläubiger gestellt werden.	13
Insolvenzgericht	Amtsgericht, in dessen Bezirk der Schuldner seinen Geschäfts- bzw. Wohnsitz hat.	2 Abs. 1, 3
Insolvenzgläubiger	persönliche Gläubiger, die einen zur Zeit der Eröffnung des Insolvenzverfahrens begründeten Vermögensanspruch gegen den Schuldner haben.	38
(Insolvenz-) Schuldner	Natürliche oder juristische Person oder Personengesellschaft, über deren Vermögen das Insolvenzverfahren.	11
Insolvenzmasse	das gesamte Vermögen, das dem Schuldner zur Zeit der Eröffnung des Verfahrens gehört und das er während des Verfahrens erlangt.	35
Insolvenzplan	Kann vom Insolvenzverwalter oder vom Schuldner aufgestellt werden; in ihm können abweichenden Regelungen insbesondere zum Erhalt des Unternehmens getroffen werden.	1, 217 ff.
Insolvenzverwalter	Vom Insolvenzgericht eingesetzte, geeignete, insbesondere geschäftskundige und von den Gläubigern und dem Schuldner unabhängige natürliche Person.	56
Vorläufiger Insolvenzverwalter	Wird im Eröffnungsverfahren vom Insolvenzgericht eingesetzt; je nach seinen Kompetenzen entweder als „starker" oder „schwacher" Verwalter. Er soll das Vermögen des Schuldners bis zur Entscheidung über die Eröffnung sichern und ggf. das Unternehmen fortführen. Außerdem hat er zu prüfen, ob das Vermögen des Schuldners die Kosten des Verfahrens decken wird; das Gericht kann ihn zusätzlich beauftragen, als Sachverständiger zu prüfen, ob ein Eröffnungsgrund vorliegt und welche Aussichten für eine Fortführung des Unternehmens des Schuldners bestehen.	22

Vorläufiger „starker" Insolvenzverwalter	Vorläufiger Insolvenzverwalter mit Verwaltungs- und Verfügungsbefugnis über das Vermögen des Schuldners; dem Schuldner wird zugleich ein allgemeines Verfügungsverbot auferlegt.	22 Abs. 1
Vorläufiger „schwacher" Insolvenzverwalter	vorläufiger Insolvenzverwalter, ohne dass dem Schuldner ein allgemeines Verfügungsverbot auferlegt wird. Das Gericht bestimmt die Pflichten des vorläufigen Insolvenzverwalters.	22 Abs. 2
Insolvenzstraftaten	z. B. Bankrott, Verletzung der Buchführungspflicht, Gläubiger- und Schuldnerbegünstigung; **Insolvenzverschleppung**	§§ 283 ff. StGB; 15a Abs. 4 und 5 InsO
Masse	Siehe Insolvenzmasse	
Massegläubiger	Gläubiger der Masseverbindlichkeiten	53
Masseverbindlichkeiten (Masseschulden)	Kosten des Insolvenzverfahrens (die Gerichtskosten für das Insolvenzverfahren und die Vergütungen und die Auslagen des vorläufigen Insolvenzverwalters, des Insolvenzverwalters und der Mitglieder des Gläubigerausschusses und die Verbindlichkeiten, • die durch Handlungen des Insolvenzverwalters oder in anderer Weise durch die Verwaltung, Verwertung und Verteilung der Insolvenzmasse begründet werden, • aus gegenseitigen Verträgen, soweit deren Erfüllung zur Insolvenzmasse verlangt wird oder für die Zeit nach der Eröffnung des Insolvenzverfahrens erfolgen muss, • aus einer ungerechtfertigten Bereicherung der Masse).	54, 55
Masseunzulänglichkeit	Liegt vor, wenn die Masse nicht ausreicht, um alle Massegläubiger zu befriedigen.	207 ff.
Regelinsolvenzverfahren	Ist das auf Unternehmen anzuwendende Verfahren.	1 ff.
Restschuldbefreiung	Ist der Schuldner eine natürliche Person, kann er unter bestimmten Voraussetzungen von den im Insolvenzverfahren nicht erfüllten Verbindlichkeiten gegenüber den Insolvenzgläubigern befreit.	286 ff.

Treuhänder	Tritt in der Wohlverhaltensperiode und im Verbraucherinsolvenzverfahren an die Stelle des Insolvenzverwalters.	292
Verbraucher	natürliche Person, die keine selbständige wirtschaftliche Tätigkeit ausübt oder ausgeübt hat, außerdem: nat. Person, die selbständige wirtschaftliche Tätigkeit ausgeübt hat, wenn ihre Vermögensverhältnisse überschaubar sind und gegen ihn keine Forderungen aus Arbeitsverhältnissen bestehen.	304
Verbraucherinsolvenz	Vereinfachtes Verfahren mit „Treuhänder" statt Insolvenzverwalter.	304 ff.
Wohlverhaltensperiode	Zeitraum (6 Jahre) nach Aufhebung des Insolvenzverfahrens, während dessen der Schuldner seine pfändbaren Bezüge an den Treuhänder zugunsten seiner Gläubiger abtritt mit dem Ziel der Restschuldbefreiung.	287 Abs. 2
Zahlungsunfähigkeit	Insolvenzantragsgrund. Der Schuldner ist zahlungsunfähig, wenn er nicht in der Lage ist, die fälligen Zahlungspflichten zu erfüllen. Zahlungsunfähigkeit ist in der Regel anzunehmen, wenn der Schuldner seine Zahlungen eingestellt hat oder mindestens 10% der fälligen Verbindlichkeiten innerhalb von 3 Wochen nicht erfüllen kann.	17
Drohende Zahlungsunfähigkeit	Der Schuldner droht zahlungsunfähig zu werden, wenn er voraussichtlich nicht in der Lage sein wird, die bestehenden Zahlungspflichten im Zeitpunkt der Fälligkeit zu erfüllen. Insolvenzantrag kann (nicht: muss) in diesem Fall nur vom Schuldner, nicht aber von den Gläubigern gestellt werden.	18
Überschuldung	Überschuldung liegt vor, wenn das Vermögen des Schuldners die bestehenden Verbindlichkeiten nicht mehr deckt, es sei denn, die Fortführung des Unternehmens ist nach den Umständen überwiegend wahrscheinlich. Insolvenzantragspflicht bei juristischen Personen und GmbH Co. KG	19

4. Ablauf des Insolvenzverfahrens (Übersicht)

Insolvenzantrag
durch Schuldner oder Gläubiger

Eröffnungsverfahren
- Leitung: Insolvenzgericht
- Prüfung der Zulässigkeit
- Einsetzung eines vorläufigen Insolvenzverwalters, Sicherungsmaßnahmen
- Abweisung mangels Masse oder Eröffnung

Bei Eröffnung:
- Bestellung des Insolvenzverwalters
- ggf. Einsetzung eines Gläubigerausschusses
- Anmeldung der Forderungen
- Prüfung der Forderungen

Berichtstermin
- Bericht über die wirtschaftliche Lage des Schuldners
- Gläubigerversammlung stimmt über den Verfahrensfortgang ab (Verwertung (Liquidierung) oder Insolvenzplan)

- Verwertung und Verteilung
- Schlussrechnung und Schlusstermin
- Beendigung des Verfahrens

- Erarbeitung eines Insolvenzplans
- Bestätigung des Plans
- Verwertung und Verteilung gem. Plan

Ggf: Wohlverhaltensperiode + Restschuldbefreiung

5. Einleitung des Insolvenzverfahrens

Ein Insolvenzverfahren kann vom Insolvenzgericht über das Vermögen jeder natürlichen, jeder juristischen Person (auch Gesellschaften ausländischer Rechtsform mit Niederlassung [center of main interest] in Deutschland, z. B. Ltd.) und jeder Personengesellschaft (OHG, KG, GbR, PartG, EWIV) eröffnet werden. Der nicht rechtsfähige Verein steht insoweit einer juristischen Person gleich.

Nicht insolvenzfähig sind juristische Personen des öffentlichen Rechts (insbes. Bund und Länder).

Insolvenzgericht ist das für den Geschäfts- oder Wohnsitz des Schuldners zuständige Amtsgericht.[116]

Das Insolvenzverfahren wird *nur auf (schriftlichen) Antrag* eingeleitet. Antragsberechtigt sind der Schuldner („Eigenantrag") und jeder Gläubiger („Femdantrag"). Der Antrag ist nur zulässig, wenn ein Insolvenzgrund vorliegt.

5.1 Insolvenzgründe

- Zahlungsunfähigkeit
- Überschuldung (nur bei juristischen Personen)
- drohende Zahlungsunfähigkeit

Bei drohender Zahlungsunfähigkeit ist nur der Schuldner zur Antragstellung berechtigt (aber nicht verpflichtet).

Bei juristischen Personen *müssen* die gesetzlichen Vertreter im Falle der Zahlungsunfähigkeit oder Überschuldung unverzüglich, spätestens aber 3 Wochen nach Eintritt der Zahlungsunfähigkeit oder Überschuldung, einen Insolvenzantrag stellen (§ 15a InsO). Anderenfalls machen sie sich strafbar und können außerdem persönlich auf Schadenersatz in Anspruch genommen werden.

Zahlungsunfähigkeit liegt vor, wenn der Schuldner nicht in der Lage ist, die fälligen Zahlungspflichten zu erfüllen. Zahlungsunfähigkeit ist in der Regel anzunehmen, wenn der Schuldner seine Zahlungen eingestellt hat (§ 17 InsO). Sofern eine Zahlungseinstellung nicht festgestellt werden kann, ist zu prüfen, ob

---

116 Das zuständige Gericht kann man auf https://www.insolvenzbekanntmachungen.de/ ermitteln.

der Schuldner zahlungsunfähig ist. Das ist dann gegeben, wenn er nicht in der Lage ist, sich innerhalb von 3 Wochen die zur Begleichung der fälligen Forderungen benötigten finanziellen Mittel zu beschaffen.

Der BGH[117] definiert Zahlungsunfähigkeit wie folgt:

„Beträgt die innerhalb von 3 Wochen nicht zu beseitigende Liquiditätslücke weniger als 10% ihrer fälligen Gesamtverbindlichkeiten, ist regelmäßig von Zahlungsfähigkeit auszugehen, es sei denn, es ist bereits absehbar, dass die Lücke demnächst mehr als 10% erreichen wird. Beträgt die Liquiditätslücke 10% oder mehr, ist dagegen regelmäßig von Zahlungsunfähigkeit auszugehen, sofern nicht ausnahmsweise mit an Sicherheit grenzender Wahrscheinlichkeit zu erwarten ist, dass die Liquiditätslücke demnächst vollständig oder fast vollständig geschlossen wird und den Gläubigern ein Zuwarten nach den besonderen Umständen des Einzelfalls zuzumuten ist."

Drohende Zahlungsunfähigkeit ist gegeben, wenn der Schuldner voraussichtlich nicht in der Lage sein wird, die bestehenden Zahlungspflichten im Zeitpunkt der Fälligkeit zu erfüllen (§ 18 Abs. 2 InsO). Voraussichtlich bedeutet, dass der Eintritt der Zahlungsunfähigkeit wahrscheinlicher (> 50%) ist als der Nichteintritt. Die Länge des Prognosezeitraums ist nicht näher definiert, er dürfte etwa 1 Jahr betragen.[118]

Überschuldung liegt vor, wenn das Vermögen des Schuldners die bestehenden Verbindlichkeiten nicht mehr deckt, es sei denn, die Fortführung des Unternehmens ist nach den Umständen überwiegend wahrscheinlich (§ 19 Abs. 2 InsO).

Eine Gesellschaft ist überschuldet, wenn sich im Falle ihrer Abwicklung eine Quote von unter 100 % für die Gläubiger ergäbe – sog. rechnerische Überschuldung – und keine überwiegende Wahrscheinlichkeit für ein Fortbestehen der Gesellschaft spricht (sog. neuer 2-stufiger Überschuldungsbegriff).[119]

Die Überschuldungsprüfung nach Liquidationswerten stellt nach Ansicht des BGH den Regelfall und die nach Fortführungswerten in Satz 2, der eine positive Fortbestehensprognose voraussetzt, den Ausnahmefall dar. Im Haftungsprozess wegen Insolvenzverschleppung nach § 64 Abs. 2 GmbHG hat die Geschäftsleitung daher die Umstände darzulegen und notfalls zu beweisen, aus

---

117 BGH, Urteil vom 12.10.2006, IX ZR 228/03.
118 Haarmeyer I 2009, S. 30: wenige Monate bis 3 Jahre.
119 OLG Stuttgart, Urteil vom 8.5.2002 – 3 U 146/01.

denen sich eine günstige Prognose für den fraglichen Zeitraum ergibt. Aus dem Gesetzeswortlaut des § 19 Abs. 2 Satz 2 InsO folgt außerdem zweifelsfrei, dass eine günstige Fortführungsprognose sowohl den Fortführungswillen des Schuldners bzw. seiner Organe als auch die objektive – grundsätzlich aus einem aussagekräftigen Unternehmenskonzept (sog. Ertrags- und Finanzplan) herzuleitende – Überlebensfähigkeit des Unternehmens voraussetzt.[120]

5.2 Eröffnungsverfahren

Jeder eingereichte Insolvenzantrag[121] wird zunächst auf formelle Ordnungsgemäßheit überprüft. Bei einem Fremdantrag muss der Gläubiger ein rechtliches Interesse an der Eröffnung des Insolvenzverfahrens und seine Forderung und den Eröffnungsgrund glaubhaft machen (§ 14 InsO). Ist der Antrag zulässig, so hat das Insolvenzgericht den Schuldner zu hören. Der Schuldner hat dem Insolvenzgericht die Auskünfte zu erteilen, die zur Entscheidung über den Antrag erforderlich sind, und es auch sonst bei der Erfüllung seiner Aufgaben zu unterstützen (§ 20 InsO).

Das Insolvenzgericht weist den Antrag auf Eröffnung des Insolvenzverfahrens ab, wenn das Vermögen des Schuldners voraussichtlich nicht ausreichen wird, um die Kosten des Verfahrens zu decken. Die Abweisung unterbleibt, wenn ein ausreichender Geldbetrag vorgeschossen wird (§ 26 InsO).

Die Eröffnung des Verfahrens wird vom Insolvenzgericht öffentlich bekannt gemacht; dieses erfolgt durch eine zentrale und länderübergreifende Veröffentlichung im Internet.[122]

Das Gericht ordnet sodann Sicherungsmaßnahmen an, die eine Veränderung des Schuldnervermögens zu Nachteil der Gläubiger unterbinden sollen, insbesondere:

- Vollstreckungsverbot: den Gläubigern werden Vollstreckungsmaßnahmen untersagt, bereits begonnene Maßnahmen werden einstweilig eingestellt (§ 21 Abs. 2 Nr. 3 InsO),
- Kontensperre, Postsperre, ggf. Schließung des Geschäftsbetriebs (§ 21 Abs. 1 InsO),
- Bestellung eines vorläufigen Insolvenzverwalters (§§ 21, 22 InsO).

---

120 BGH, Beschl. vom 9. Oktober 2006, II ZR 303/05.
121 Vgl. z. B. Formular der Justizverwaltung NRW (Anlage).
122 www.insolvenzbekanntmachungen.de.

5.3 Vorläufiger Insolvenzverwalter

Das Gericht hat einen weiten Spielraum, mit welchen Kompetenzen der vorläufige Insolvenzverwalter ausgestattet wird. Zu unterscheiden sind:

Vorläufiger „starker" Insolvenzverwalter (§ 21 Abs. 1 InsO):

Wird ein vorläufiger Insolvenzverwalter bestellt und dem Schuldner *ein allgemeines Verfügungsverbot* auferlegt, so geht die Verwaltungs- und Verfügungsbefugnis über das Vermögen des Schuldners auf den vorläufigen Insolvenzverwalter über. In diesem Fall hat der vorläufige Insolvenzverwalter:

- das Vermögen des Schuldners zu sichern und zu erhalten;
- ein Unternehmen, das der Schuldner betreibt, bis zur Entscheidung über die Eröffnung des Insolvenzverfahrens fortzuführen, soweit nicht das Insolvenzgericht einer Stilllegung zustimmt, um eine erhebliche Verminderung des Vermögens zu vermeiden;
- zu prüfen, ob das Vermögen des Schuldners die Kosten des Verfahrens decken wird; das Gericht kann ihn zusätzlich beauftragen, als Sachverständiger zu prüfen, ob ein Eröffnungsgrund vorliegt und welche Aussichten für eine Fortführung des Unternehmens des Schuldners bestehen.

Vorläufiger „schwacher" Insolvenzverwalter (§ 21 Abs. 2 InsO):

Vorläufiger Insolvenzverwalter, ohne dass dem Schuldner ein allgemeines Verfügungsverbot auferlegt wird. Der Schuldner hat zwar nach wie vor die Verfügungsbefugnis, kann jedoch nur noch mit Zustimmung des Verwalters handeln. Das Gericht bestimmt die Pflichten des vorläufigen Insolvenzverwalters. Bei stärker ausgeprägten Befugnissen spricht man auch vom „halbstarken" Insolvenzverwalter. In der Praxis ist der „schwache" vorläufige Insolvenzverwalter der Regelfall.

Für die Gläubiger ist der Unterschied durchaus bedeutsam. Die vom „starken" vorläufigen Verwalter begründeten Verbindlichkeiten (gilt auch für bei Einleitung des Verfahrens bereits bestehende Dauerschuldverhältnisse, z. B. Miet-, Leasing- und Arbeitsverträge) werden im Insolvenzverfahren Masseverbindlichkeiten (§ 55 InsO), beim „schwachen" Verwalter ist dies nicht der Fall!

☞ **Beispiel:** Der vorläufige Insolvenzverwalter führt den Geschäftsbetrieb des Schuldners während des Eröffnungsverfahrens fort. Er beauftragt einen Handwerksbetrieb, für die Fortführung des Betriebs dringend notwendige Reparaturen an einer Maschine durchzuführen. Der Auftragnehmer fragt, ob seine Werklohnforderung realisierbar ist.

Die Antwort hängt davon ab, ob es sich um einen „starken" oder „schwachen" Verwalter handelt. Nur bei einem „starken" Verwalter wird die Forderung Masseverbindlichkeit, bei einen „schwachen" wird nur eine einfache Insolvenzforderung begründet, mit deren Realisierung allenfalls mit einer geringen Quote gerechnet werden kann.

5.4 Abschluss des vorläufigen Insolvenzverfahrens

Das Eröffnungsverfahren wird abgeschlossen durch:

- Rücknahme des Insolvenzantrags

   (§ 13 Abs. 2 InsO: Der Antrag kann zurückgenommen werden, bis das Insolvenzverfahren eröffnet oder der Antrag rechtskräftig abgewiesen ist).

- Einstellung mangels Masse

   (§ 26 Abs. 1 InsO: Das Insolvenzgericht weist den Antrag auf Eröffnung des Insolvenzverfahrens ab, wenn das Vermögen des Schuldners voraussichtlich nicht ausreichen wird, um die Kosten des Verfahrens zu decken).

- Eröffnungsbeschluss (§ 27 InsO)

Die Einstellung mangels Masse führt bei der GmbH, der AG und der GmbH Co. KG zur Auflösung der Gesellschaft (vgl. z. B. §§ 262 Abs. 1 Nr. 4 AktG, 60 Abs. 1 Nr. 5 GmbHG, 131 Abs. 2 Nr. 1 HGB). Außerdem wird der Schuldner in das Schuldnerverzeichnis (§§ 26 Abs. 2 InsO, 915 ZPO) eingetragen.

6. Eröffnung des Insolvenzverfahrens

Wird das Insolvenzverfahren eröffnet, so ernennt das Insolvenzgericht einen Insolvenzverwalter.

Der Eröffnungsbeschluss enthält:

- Ernennung des Insolvenzverwalters (meistens den bisherigen vorläufigen Insolvenzverwalter);
- Firma oder Namen und Vornamen, Geburtsjahr, Registergericht und Registernummer, unter der der Schuldner in das Handelsregister eingetragen ist, Geschäftszweig oder Beschäftigung, gewerbliche Niederlassung oder Wohnung des Schuldners;
- Namen und Anschrift des Insolvenzverwalters;
- die Stunde der Eröffnung;
- einen Hinweis, ob der Schuldner einen Antrag auf Restschuldbefreiung gestellt hat.

Der Eröffnungsbeschluss wird öffentlich bekannt gemacht[123] und den Gläubigern sowie dem Schuldner selbst zugestellt.

Beispiel Eröffnungsbeschluss (Original):

Amtsgericht Kiel Geschäftsnummer: 25 IN 209/11

Ausfertigung
Beschluss

In dem Insolvenzverfahren über das Vermögen d. Frau S. 24148 Kiel, geb. (Datum), Inhaberin des ... 24118 Kiel

wird wegen Zahlungsunfähigkeit heute, am 05.08.2011, um 09:30 Uhr das Insolvenzverfahren eröffnet.

Zur Insolvenzverwalterin wird ernannt:

Rechtsanwältin B. (Anschrift)
Forderungen der Insolvenzgläubiger sind bis zum 31.08.2011 unter Beachtung des § 174 InsO bei der Insolvenzverwalterin anzumelden.

---

[123] www.insolvenzbekanntmachungen.de.

Die Gläubiger werden aufgefordert, der Insolvenzverwalterin unverzüglich mitzuteilen, welche Sicherungsrechte sie an beweglichen Sachen oder an Rechten der Schuldnerin in Anspruch nehmen. Der Gegenstand, an dem das Sicherungsrecht beansprucht wird, die Art und der Entstehungsgrund des Sicherungsrechts sowie die gesicherte Forderung sind zu bezeichnen. Wer diese Mitteilungen schuldhaft unterlässt oder verzögert, haftet für den daraus entstehenden Schaden (§ 28 Abs. 2 InsO).

Wer Verpflichtungen gegenüber der Schuldnerin hat, wird aufgefordert, nicht mehr an diese zu leisten, sondern nur noch an die Insolvenzverwalterin.

Die Insolvenzverwalterin wird beauftragt, die Zustellungen durchzuführen, auch soweit es die Zustellung dieses Beschlusses an die Gläubiger und Schuldner des Schuldners betrifft.

Berichtstermin und Termin zur Prüfung der angemeldeten Forderungen wird anberaumt auf

Donnerstag, den 22.09.2011 11:00 Saal 1 Deliusstr. 22

Tagesordnungspunkte:

1. Bericht des Verwalters (§ 156 InsO)
2. Beschlussfassung über
    a) den Fortgang des Verfahrens (§ 157 InsO)
    b) die Beibehaltung oder Neuwahl eines Verwalters
    c) die Beibehaltung oder Wahl eines Gläubigerausschusses
    d) die Zahlung von Unterhalt an den Schuldner aus der Insolvenzmasse (§§ 100, 101 InsO),
    e) die in §§ 66 Abs. 3, 149, 159 bis 163 Abs. 2, 271 und 272 InsO bezeichneten Gegenstände

Verwertung oder Insolvenzplan

Es wird darauf hingewiesen, dass die Zustimmung zu Rechtshandlungen nach § 160 InsO als erteilt gilt, wenn die einberufene Gläubigerversammlung beschlussunfähig ist (§ 160 Abs. 1 S. 3 InsO).

Der Schuldner hat die Erteilung der Restschuldbefreiung beantragt. Der Termin dient auch zur Anhörung der Beteiligten zu diesem Antrag (289, 290 Abs. 2 InsO) sowie zur Beschlussfassung über die Beauftragung des Treuhänders mit der Überwachung des Schuldners (§ 292 Abs. 2 InsO).

Kiel, 05.08.2011
Amtsgericht Kiel, Abt. 25

6.1 Der Insolvenzverwalter

Der Insolvenzverwalter ist eine vom Insolvenzgericht eingesetzte, geeignete, insbesondere geschäftskundige und von den Gläubigern und dem Schuldner unabhängige natürliche Person (§ 56 InsO), die aus dem Kreis aller zur Übernahme von Insolvenzverwaltungen bereiten Personen auszuwählen ist. Der Insolvenzverwalter steht unter der Aufsicht des Insolvenzgerichts. In der Praxis handelt es sich dabei überwiegend um Rechtsanwälte, aber auch Steuerberater und Wirtschaftsprüfer. Er hat Anspruch auf Vergütung für seine Geschäftsführung und auf Erstattung angemessener Auslagen.[124] Die Vergütung richtet sich insbesondere nach der Höhe der Insolvenzmasse und beträgt z. B. bei einer Masse von 25 Mio. € ca. 550.000 € zuzügl. USt. und Auslagen; sie kann je nach Umfang und Schwierigkeit herauf- oder herabgesetzt werden.[125]

Das Insolvenzgericht kann den Insolvenzverwalter aus wichtigem Grund aus dem Amt entlassen. Die Entlassung kann von Amts wegen oder auf Antrag des Verwalters, des Gläubigerausschusses oder der Gläubigerversammlung erfolgen (§ 59 InsO).

Der Insolvenzverwalter ist in Prozessen der Insolvenzmasse „Partei kraft Amtes" (§ 116 S. 1 Nr. 1 ZPO), er handelt im eigenen Namen.

Der Insolvenzverwalter haftet allen Beteiligten bei der Verletzung seiner Pflichten. Er hat für die Sorgfalt eines ordentlichen und gewissenhaften Insolvenzverwalters einzustehen. Soweit er zur Erfüllung der ihm als Verwalter obliegenden Pflichten Angestellte des Schuldners im Rahmen ihrer bisherigen Tätigkeit einsetzen muss und diese Angestellten nicht offensichtlich ungeeignet sind, hat der Verwalter ein Verschulden dieser Personen nicht gemäß § 278 BGB zu vertreten, sondern ist nur für deren Überwachung und für Entscheidungen von besonderer Bedeutung verantwortlich. Für schuldhaftes Verhalten eigener Angestellter haftet er jedoch nach § 278 BGB. Er haftet auch, wenn eine Masseverbindlichkeit, die durch eine Rechtshandlung des Insolvenzverwalters begründet worden ist, aus der Insolvenzmasse nicht voll erfüllt werden kann (§ 61 InsO).

---

[124] Die Vergütung richtet sich nach der InsVV.
[125] Vgl. §§ 1 ff. InsVV.

6.2 Wirkungen des Eröffnungsbeschlusses

- **§ 80 InsO: Übergang des Verwaltungs- und Verfügungsrechts**

Durch die Eröffnung des Insolvenzverfahrens geht das Recht des Schuldners, das zur Insolvenzmasse gehörende Vermögen zu verwalten und über es zu verfügen, auf den Insolvenzverwalter über.

- **§ 81 InsO Verfügungen des Schuldners**

Hat der Schuldner nach der Eröffnung des Insolvenzverfahrens über einen Gegenstand der Insolvenzmasse verfügt, so ist diese Verfügung unwirksam.

- **§ 82 InsO Leistungen an den Schuldner**

Ist nach der Eröffnung des Insolvenzverfahrens zur Erfüllung einer Verbindlichkeit an den Schuldner geleistet worden, obwohl die Verbindlichkeit zur Insolvenzmasse zu erfüllen war, so wird der Leistende befreit, wenn er zur Zeit der Leistung die Eröffnung des Verfahrens nicht kannte. Hat er vor der öffentlichen Bekanntmachung der Eröffnung geleistet, so wird vermutet, dass er die Eröffnung nicht kannte.

- **§ 87 InsO Forderungen der Insolvenzgläubiger**

Die Insolvenzgläubiger können ihre Forderungen nur nach den Vorschriften über das Insolvenzverfahren verfolgen.

- **§ 89 InsO Vollstreckungsverbot**

Zwangsvollstreckungen für einzelne Insolvenzgläubiger sind während der Dauer des Insolvenzverfahrens weder in die Insolvenzmasse noch in das sonstige Vermögen des Schuldners zulässig.

- **§ 90 InsO Vollstreckungsverbot bei Masseverbindlichkeiten**

Zwangsvollstreckungen wegen Masseverbindlichkeiten, die nicht durch eine Rechtshandlung des Insolvenzverwalters begründet worden sind, sind für die Dauer von sechs Monaten seit der Eröffnung des Insolvenzverfahrens unzulässig.

Ausgenommen von diesem Vollstreckungsverbot sind die Verbindlichkeiten

- aus einem gegenseitigen Vertrag, dessen Erfüllung der Verwalter gewählt hat;

- aus einem Dauerschuldverhältnis für die Zeit nach dem ersten Termin, zu dem der Verwalter kündigen konnte;
- aus einem Dauerschuldverhältnis, soweit der Verwalter für die Insolvenzmasse die Gegenleistung in Anspruch nimmt.

- **§ 93 InsO Persönliche Haftung der Gesellschafter**

Ist das Insolvenzverfahren über das Vermögen einer Personengesellschaft oder einer KGaA eröffnet, so kann die persönliche Haftung eines Gesellschafters für die Verbindlichkeiten der Gesellschaft während der Dauer des Insolvenzverfahrens nur vom Insolvenzverwalter geltend gemacht werden.

- **Auflösung von Gesellschaften**

Gesellschaften werden durch die Eröffnung des Insolvenzverfahrens aufgelöst (OHG, KG: § 131 Abs. 1 Nr. 3 HGB, GbR: § 728 BGB, GmbH: § 60 Abs. 1 Nr. 4 GmbHG, AG: § 262 Abs. 1 Nr. 4 AktG).

7. Ablauf des Insolvenzverfahrens

Der Insolvenzverwalter verwaltet ab Verfahrenseröffnung die Insolvenzmasse. Vorbehaltlich der Beschlüsse der Gläubigerversammlung hat er mehrere Möglichkeiten:

- Zerschlagung des Unternehmens und Einzelverwertung der Vermögensgegenstände
- Fortführung des Unternehmens und Veräußerung des gesamten Betriebs an einen Übernehmer (sog. Asset Deal)
- Sanierung des Unternehmens durch ein Insolvenzplanverfahren

Welche dieser Möglichkeiten gewählt wird, muss die Gläubigerversammlung im Berichtstermin beschließen (§ 157 InsO).

Zu den *Aufgaben des Insolvenzverwalters* gehören insbesondere:

- Inbesitznahme der Insolvenzmasse (§ 148 Abs. 1 InsO)
- Aufstellen eines Verzeichnisses der Massegegenstände mit ihrem Wert (§ 151 InsO)
- Aufstellen eines Gläubigerverzeichnisses (§ 152 InsO)
- Erstellung einer Vermögensübersicht, bezogen auf der Eröffnungszeitpunkt (§ 153 InsO)
- Vornahme von Insolvenzanfechtungen (§§ 129 ff. InsO)
- Erfüllung von Verträgen (§§ 103 ff. InsO)

7.1 Forderungsanmeldungen

Die Insolvenzgläubiger haben ihre Forderungen schriftlich beim Insolvenzverwalter anzumelden (§ 174 InsO). Der Insolvenzverwalter hat jede angemeldete Forderung in eine Tabelle einzutragen. Im Prüfungstermin werden die angemeldeten Forderungen ihrem Betrag und ihrem Rang nach geprüft. Im Prüfungstermin werden die angemeldeten Forderungen ihrem Betrag und ihrem Rang nach geprüft. Die Forderungen, die vom Insolvenzverwalter, vom Schuldner oder von einem Insolvenzgläubiger bestritten werden, sind einzeln zu erörtern (§ 176 InsO). Die Eintragung in die Tabelle wirkt für die festgestellten Forderungen ihrem Betrag und ihrem Rang nach wie ein rechtskräftiges Urteil gegenüber dem Insolvenzverwalter und allen Insolvenzgläubigern (§ 178 InsO).

7.2 Bestehende Verträge in der Insolvenz

Der Insolvenzverwalter hat bei gegenseitigen Verträgen, die zur Zeit der Eröffnung des Insolvenzverfahrens vom Schuldner und vom anderen Teil nicht oder nicht vollständig erfüllt sind, ein Wahlrecht: er kann anstelle des Schuldners den Vertrag erfüllen und die Erfüllung vom anderen Teil verlangen oder die Erfüllung ablehnen. In diesem Fall kann der andere Teil eine Forderung wegen der Nichterfüllung nur als Insolvenzgläubiger geltend machen (§ 103 InsO).

Miet- und Pachtverhältnisse des Schuldners über unbewegliche Gegenstände oder Räume sowie Dienstverhältnisse des Schuldners bestehen mit Wirkung für die Insolvenzmasse fort. Ein Miet- oder Pachtverhältnis über einen unbeweglichen Gegenstand oder über Räume, das der Schuldner als Mieter oder Pächter eingegangen war, kann der Insolvenzverwalter ohne Rücksicht auf die vereinbarte Vertragsdauer oder einen vereinbarten Ausschluss des Rechts zur ordentlichen Kündigung kündigen; die Kündigungsfrist beträgt drei Monate zum Monatsende, wenn nicht eine kürzere Frist maßgeblich ist (§ 109 InsO). Der Vermieter hat kein Sonderkündigungsrecht.

7.3 Arbeitsverhältnisse in der Insolvenz

Ein *Dienstverhältnis (Arbeitsverhältnis)*, bei dem der Schuldner der Dienstberechtigte (Arbeitgeber) ist, kann vom Insolvenzverwalter und vom anderen Teil ohne Rücksicht auf eine vereinbarte Vertragsdauer oder einen vereinbarten Ausschluss des Rechts zur ordentlichen Kündigung gekündigt werden. Die Kündigungsfrist beträgt drei Monate zum Monatsende, wenn nicht eine kürzere Frist maßgeblich ist. Kündigt der Verwalter, so kann der andere Teil wegen der vorzeitigen Beendigung des Dienstverhältnisses als Insolvenzgläubiger Schadenersatz verlangen (§ 113 InsO). Das Sonderkündigungsrecht setzt aber bestehende Kündigungsschutzbestimmungen nicht außer Kraft (insbesondere §§ 1 ff. KüSchG, § 9 MuSchG, § 102 BetrVG, Schwerbehindertenschutz).

Lohn- und Gehaltsforderungen aus der Zeit vor der Insolvenzeröffnung können nur als einfache (nicht bevorrechtigte) Insolvenzforderungen zur Insolvenztabelle angemeldet werden. Arbeitnehmer können für Rückstände aus den letzten 3 Monaten vor Insolvenzeröffnung Insolvenzgeld bei der Bundesagentur für Arbeit[126] beantragen (§§ 183 ff. SGB III). In der Praxis wird das Insolvenzgeld während des Eröffnungsverfahrens meistens vorfinanziert (§ 188 SGB III),

---

[126] www.arbeitsagentur.de; Antragsformular siehe Anhang.

damit die Arbeitnehmer weiterarbeiten und die Insolvenzmasse von den in diesem Zeitraum fällig werdenden Gehaltsforderungen entlastet wird.

☞ **Beispiel:** Der Insolvenzantrag wird am 1.4.2011 gestellt. Der vorläufige (schwache) Insolvenzverwalter führt das Unternehmen fort. Das Insolvenzverfahren wird am 1.7.2011 eröffnet. Für die Monate April bis Juni haben die Arbeitnehmer Anspruch auf Insolvenzgeld. Der Verwalter lässt das Insolvenzgeld über eine Bank vorfinanzieren und zahlt es an die Arbeitnehmer aus; das Bankdarlehen wird durch das Insolvenzgeld getilgt. Für die Zeit nach der Insolvenzeröffnung sind die Gehaltsansprüche der Arbeitnehmer Masseforderungen.

Veräußert der Insolvenzverwalter den Betrieb oder Betriebsteile, gehen die im Veräußerungszeitpunkt bestehenden Arbeitsverhältnisse auf den Erwerber über (§ 613a BGB). Der Erwerber haftet aber nicht für die vor der Insolvenzeröffnung begründeten Verbindlichkeiten.[127]

7.4 Aussonderungsrechte

Ein Aussonderungsrecht gewährt dem Gläubiger das Recht, einen ihm gehörenden Gegenstand heraus zu verlangen (§ 47 InsO). Der Verwalter hat den betreffenden Gegenstand herauszugeben.

☞ **Beispiel:** Der Gläubiger hat dem Schuldner eine bewegliche Sache geliehen oder vermietet.

Eigentumsvorbehalt:

Im Insolvenzverfahren des *Käufers* steht dem Insolvenzverwalter das Wahlrecht gem. § 103 InsO zu. Der Verkäufer kann den Insolvenzverwalter zur Ausübung des Wahlrechtes auffordern. Wählt der Insolvenzverwalter Erfüllung, so wandeln sich die noch verbliebenen offenen Kaufpreisraten in Masseschulden um, die der Verwalter zu erfüllen hat. Der Kaufgegenstand fällt mit Zahlung der letzten Rate in die Insolvenzmasse. Der Insolvenzverwalter wird regelmäßig Erfüllung wählen, wenn nur noch wenige Raten offen sind und die Verwertung einen über den noch zu zahlenden Kaufpreis hinausgehenden Erlös erwarten lässt.

---

[127] Palandt/*Weidenkaff* 2010, § 613a RN 8.

Lehnt der Verwalter die Erfüllung ab, erlischt das Anwartschaftsrecht des Käufers, der Verwalter hat den Kaufgegenstand herauszugeben. Gleichzeitig kann der Verwalter die bisher seitens des Käufers an den Verkäufer gezahlten Raten heraus verlangen, muss sich jedoch den Schadensersatzanspruch des Verkäufers aus § 103 Abs. 2 InsO gegenrechnen lassen.

Ein verlängerter Eigentumsvorbehalt gibt dem Gläubiger demgegenüber lediglich ein Absonderungsrecht.

7.5 Absonderungsrechte

Ein Absonderungsrecht gibt dem Gläubiger das Recht, bei der Verwertung eines gesicherten Gegenstands der Verwertungserlös unmittelbar an ihn ausgezahlt wird.

Absonderungsrechte ergeben sich insbesondere aus:

- (Sicherungs-)abtretungen
- Sicherungsübereignungen
- Pfandrechten (z. B. Grundpfandrechte, Vermieterpfandrecht)

Der Insolvenzverwalter darf eine bewegliche Sache, an der ein Absonderungsrecht besteht, freihändig verwerten, wenn er die Sache in seinem Besitz hat. Nach der Verwertung einer beweglichen Sache oder einer Forderung durch den Insolvenzverwalter sind aus dem Verwertungserlös die Kosten der Feststellung (pauschal 4% des Verwertungserlöses) und der Verwertung des Gegenstands (pauschal 5% des Verwertungserlöses) vorweg für die Insolvenzmasse zu entnehmen. Aus dem verbleibenden Betrag ist unverzüglich der absonderungsberechtigte Gläubiger zu befriedigen (§§ 165 ff. InsO).

 Beispiele:

Der Insolvenzverwalter zieht eine Forderung (10.000 €) des Schuldners aus einer Lieferung ein, die an eine Bank abgetreten worden ist. Der Verwalter kann 4% + 5% (= 900 €) für die Insolvenzmasse einbehalten und hat den Restbetrag an die Bank abzuführen.

Das Grundstück des Schuldners ist mit einer Grundschuld zugunsten der Sparkasse in Höhe von 500.000 € belastet. Der Insolvenzverwalter kann beim zuständigen Gericht die Zwangsversteigerung betreiben. Er kann aber auch im Einvernehmen mit der Sparkasse das Grundstück freihändig veräußern. Ein gesetzlicher Massebeitrag besteht hier nicht, wird aber in der Praxis zwischen Verwalter und Kreditinstitut frei ausgehandelt.

7.6 Insolvenzanfechtung

Rechtshandlungen, die vor der Eröffnung des Insolvenzverfahrens vorgenommen worden sind und die Insolvenzgläubiger benachteiligen, kann der Insolvenzverwalter nach Maßgabe der §§ 130 bis 146 anfechten (§ 129 InsO). Die wichtigsten Anfechtungsgründe sind:

7.6.1 Kongruente Deckung

Anfechtbar ist gem. § 130 InsO eine Rechtshandlung, die einem Insolvenzgläubiger eine Sicherung oder Befriedigung gewährt oder ermöglicht hat,

- wenn sie *in den letzten drei Monaten* vor dem Antrag auf Eröffnung des Insolvenzverfahrens vorgenommen worden ist, wenn zur Zeit der Handlung der Schuldner zahlungsunfähig war und wenn der Gläubiger zu dieser Zeit die Zahlungsunfähigkeit kannte oder
- wenn sie *nach dem Eröffnungsantrag* vorgenommen worden ist und wenn der Gläubiger zur Zeit der Handlung die Zahlungsunfähigkeit oder den Eröffnungsantrag kannte.

7.6.2 Inkongruente Deckung

Anfechtbar ist weiter gem. § 131 InsO eine Rechtshandlung, die einem Insolvenzgläubiger eine Sicherung oder Befriedigung gewährt oder ermöglicht hat, die er nicht oder nicht in der Art oder nicht zu der Zeit zu beanspruchen hatte,

- wenn die Handlung *im letzten Monat* vor dem Antrag auf Eröffnung des Insolvenzverfahrens oder nach diesem Antrag vorgenommen worden ist,
- wenn die Handlung innerhalb *des zweiten oder dritten Monats* vor dem Eröffnungsantrag vorgenommen worden ist und der Schuldner zur Zeit der Handlung zahlungsunfähig war oder
- wenn die Handlung innerhalb *des zweiten oder dritten Monats* vor dem Eröffnungsantrag vorgenommen worden ist und dem Gläubiger zur Zeit der Handlung bekannt war, dass sie die Insolvenzgläubiger benachteiligte.

Gegenüber einer dem Schuldner nahestehende Person (§ 138 InsO) wird vermutet, dass sie die Benachteiligung der Insolvenzgläubiger kannte.

7.6.3 Vorsätzliche Benachteiligung

Anfechtbar ist eine Rechtshandlung, die der Schuldner *in den letzten zehn Jahren* vor dem Antrag auf Eröffnung des Insolvenzverfahrens oder nach diesem Antrag mit dem Vorsatz, seine Gläubiger zu benachteiligen, vorgenommen hat, wenn der andere Teil zur Zeit der Handlung den Vorsatz des Schuldners kannte (§ 133 InsO). Diese Kenntnis wird vermutet, wenn der andere Teil wusste, dass die Zahlungsunfähigkeit des Schuldners drohte und dass die Handlung die Gläubiger benachteiligte.

Anfechtbar ist auch ein vom Schuldner mit einer *nahestehenden Person* (§ 138) innerhalb von zwei Jahren vor dem Eröffnungsantraggeschlossener entgeltlicher Vertrag, durch den die Insolvenzgläubiger unmittelbar benachteiligt werden. Dies gilt nicht, wenn dem anderen Teil zur Zeit des Vertragsschlusses ein Vorsatz des Schuldners, die Gläubiger zu benachteiligen, nicht bekannt war.

Anfechtbar ist eine **unentgeltliche Leistung** des Schuldners, es sei denn, sie ist früher als vier Jahre vor dem Antrag auf Eröffnung des Insolvenzverfahrens vorgenommen worden.

7.6.4 Gesellschafterdarlehen

Anfechtbar ist eine Rechtshandlung, die für die Forderung eines Gesellschafters auf Rückgewähr eines Darlehens oder für eine gleichgestellte Forderung

- Sicherung gewährt hat, wenn die Handlung *in den letzten zehn Jahren* vor dem Antrag auf Eröffnung des Insolvenzverfahrens oder nach diesem Antrag vorgenommen worden ist, oder
- Befriedigung gewährt hat, wenn die Handlung *im letzten Jahr* vor dem Eröffnungsantrag oder nach diesem Antrag vorgenommen worden ist. (§ 135 InsO).

Bargeschäft

Eine Leistung des Schuldners, für die unmittelbar eine gleichwertige Gegenleistung in sein Vermögen gelangt, ist nur anfechtbar, wenn die Voraussetzungen des § 133 Abs. 1InsO gegeben sind (§ 142 InsO).

Übungsfall 31

Kann der Insolvenzverwalter folgende Rechthandlungen des Schuldners anfechten?
1. Der Schuldner S. beauftragt seinen Steuerberater B. 3 Wochen vor Stellung des Insolvenzantrags, ihm eine Vermögensübersicht zu erstellen. B. fürchtet um sein Honorar und verlangt einen (angemessenen) Kostenvorschuss von 1.500 €, der ihm auch gezahlt wird. Er erstellt sodann die angeforderte Vermögensübersicht.
2. S hat seiner Frau 3 Jahre vor Stellung des Insolvenzantrags zum Hochzeitstag einen Brillantring im Werte von 10.000 € geschenkt § 135 InsO.
3. S hat seinem Sohn ein Grundstück (Verkehrswert: 350.000 €) 1 Jahr vor Stellung des Insolvenzantrags zum Kaufpreis von 200.000 € verkauft.
4. Gesellschafter G. hat der Schuldnerin S GmbH in der Vergangenheit ein Gesellschafterdarlehen in Höhe von 100.000 € gewährt, das ihm 10 Monate vor Stellung des Insolvenzantrags zurückgezahlt worden ist.
5. 4 Wochen vor Stellung des Insolvenzantrags informiert die Geschäftsleitung der Schuldnerin S die Mitarbeiter auf einer Betriebsversammlung über die prekäre wirtschaftliche Situation und bewegt die Mitarbeiter, auf 10% ihres rückständigen Gehalts zu verzichten. Die Restgehälter werden danach ausgezahlt.

8. Organe der Gläubiger

8.1 Gläubigerversammlung

Die Gläubigerversammlung (§§ 74 ff. InsO) ist das höchste Organ der Gläubigerselbstverwaltung und wird vom Insolvenzgericht einberufen. Zur Teilnahme an der Versammlung sind alle absonderungsberechtigten Gläubiger, alle Insolvenzgläubiger, der Insolvenzverwalter, die Mitglieder des Gläubigerausschusses und der Schuldner berechtigt. Sie wird vom Insolvenzgericht auf Antrag des Insolvenzverwalters, des Gläubigerausschusses oder von mindestens 5 Gläubigern einberufen. Ein Beschluss der Gläubigerversammlung kommt zustande, wenn die Summe der Forderungsbeträge der zustimmenden Gläubiger mehr als die Hälfte der Summe der Forderungsbeträge der abstimmenden Gläubiger beträgt. Die Gläubigerversammlung ist berechtigt, vom Insolvenzverwalter einzelne Auskünfte und einen Bericht über den Sachstand und die Geschäftsführung zu verlangen. Die Gläubigerversammlung beschließt, ob das Unternehmen des Schuldners stillgelegt oder vorläufig fortgeführt werden soll. Sie kann den Verwalter beauftragen, einen Insolvenzplan auszuarbeiten, und ihm das Ziel des Plans vorgeben (§ 157 InsO).

8.2 Gläubigerausschuss

Der Gläubigerausschuss (§§ 67 ff. InsO) hat den Insolvenzverwalter bei seiner Geschäftsführung zu unterstützen und zu überwachen. Die Gläubigerversammlung beschließt, ob ein Gläubigerausschuss eingesetzt werden soll. Er wird vom Insolvenzgericht eingesetzt; die Gläubigerversammlung kann die vom Gericht ernannten Mitglieder abwählen und andere oder zusätzliche Mitglieder des Gläubigerausschusses wählen. Im Gläubigerausschuss sollen die absonderungsberechtigten Gläubiger, die Insolvenzgläubiger mit den höchsten Forderungen und die Kleingläubiger vertreten sein. Dem Ausschuss soll ein Vertreter der Arbeitnehmer angehören, wenn diese als Insolvenzgläubiger mit nicht unerheblichen Forderungen beteiligt sind. Zu Mitgliedern des Gläubigerausschusses können auch Personen bestellt werden, die keine Gläubiger sind. Ein Beschluss des Gläubigerausschusses ist gültig, wenn die Mehrheit der Mitglieder an der Beschlussfassung teilgenommen hat und der Beschluss mit der Mehrheit der abgegebenen Stimmen gefasst worden ist. Die Mitglieder des Gläubigerausschusses haben Anspruch auf Vergütung für ihre Tätigkeit und auf Erstattung angemessener Auslagen.

Der Insolvenzverwalter hat die Zustimmung des Gläubigerausschusses einzuholen, wenn er Rechtshandlungen vornehmen will, die für das Insolvenzverfahren von besonderer Bedeutung sind (§ 160 InsO).

Die Zustimmung ist insbesondere erforderlich,

- wenn das Unternehmen stillgelegt werden soll;
- wenn das Unternehmen oder ein Betrieb, das Warenlager im Ganzen, ein unbeweglicher Gegenstand aus freier Hand, die Beteiligung des Schuldners an einem anderen Unternehmen veräußert werden soll;
- wenn ein Darlehen aufgenommen werden soll, das die Insolvenzmasse erheblich belasten würde;
- wenn ein Rechtsstreit mit erheblichem Streitwert anhängig gemacht oder aufgenommen, die Aufnahme eines solchen Rechtsstreits abgelehnt werden soll.

9. Berichtstermin

Der Berichtstermin wird vom Insolvenzgericht anberaumt. Im Berichtstermin hat der Insolvenzverwalter über die wirtschaftliche Lage des Schuldners und ihre Ursachen zu berichten. Er hat darzulegen, ob Aussichten bestehen, das Unternehmen des Schuldners im ganzen oder in Teilen zu erhalten, welche Möglichkeiten für einen Insolvenzplan bestehen und welche Auswirkungen jeweils für die Befriedigung der Gläubiger eintreten würden. Der Schuldner, der Gläubigerausschuss, der Betriebsrat und der Sprecherausschuss der leitenden Angestellten haben die Möglichkeit, zu dem Bericht des Verwalters Stellung zu nehmen. Die Gläubigerversammlung beschließt im Berichtstermin, ob das Unternehmen des Schuldners stillgelegt oder vorläufig fortgeführt werden soll.

10. Verwertung und Verteilung

Nach dem Berichtstermin hat der Insolvenzverwalter unverzüglich das zur Insolvenzmasse gehörende Vermögen zu verwerten, soweit die Beschlüsse der Gläubigerversammlung nicht entgegenstehen.

Aus der Insolvenzmasse sind vorab die Kosten des Insolvenzverfahrens und die sonstigen Masseverbindlichkeiten zu berichtigen (§ 53 InsO). Kosten des Insolvenzverfahrens sind Kosten des Insolvenzverfahrens sind die Gerichtskosten für das Insolvenzverfahren und die Vergütungen und die Auslagen des vorläufigen Insolvenzverwalters, des Insolvenzverwalters und der Mitglieder des Gläubigerausschusses.

Nach dem allgemeinen Prüfungstermin (§ 187 InsO) kann der Insolvenzverwalter die Insolvenzgläubiger befriedigen.

Verteilungen an die Insolvenzgläubiger können stattfinden, sooft hinreichende Barmittel in der Insolvenzmasse vorhanden sind. Vor jeder Verteilung hat der Insolvenzverwalter die Zustimmung des Gläubigerausschusses einzuholen. Vor einer Verteilung hat der Insolvenzverwalter ein Verzeichnis der Forderungen (Verteilungsverzeichnis) aufzustellen, die bei der Verteilung zu berücksichtigen sind. Die Schlussverteilung erfolgt, sobald die Verwertung der Insolvenzmasse mit Ausnahme eines laufenden Einkommens beendet ist. Das Insolvenzgericht muss der Schlussverteilung zustimmen und bestimmt dazu den Termin für eine abschließende Gläubigerversammlung (Schlusstermin).

Der **Schlusstermin** dient

- zur Erörterung der Schlussrechnung des Insolvenzverwalters,
- zur Erhebung von Einwendungen gegen das Schlussverzeichnis und
- zur Entscheidung der Gläubiger über die nicht verwertbaren Gegenstände der Insolvenzmasse.

11. Aufhebung des Insolvenzverfahrens

Sobald die Schlussverteilung vollzogen ist, beschließt das Insolvenzgericht die Aufhebung des Insolvenzverfahrens (§ 200 InsO).

12. Restschuldbefreiung

Obwohl die im Insolvenzverfahren nicht (vollständig) befriedigten Gläubiger die Möglichkeit haben, ihre restlichen Forderungen gegen den Schuldner unbeschränkt geltend zu machen (§ 201 InsO), wird der Schuldner (sofern er eine natürliche Person ist) unter bestimmten Voraussetzungen von den im Insolvenzverfahren nicht erfüllten Verbindlichkeiten gegenüber den Insolvenzgläubigern befreit (Restschuldbefreiung, §§ 286 ff. InsO). Die Restschuldbefreiung setzt einen Antrag des Schuldners voraus.

Dem Antrag ist die Erklärung beizufügen, dass der Schuldner seine pfändbaren Forderungen auf Bezüge aus einem Dienstverhältnis oder an deren Stelle tretende laufende Bezüge für die Zeit von sechs Jahren (sog. Wohlverhaltensperiode) nach der Eröffnung des Insolvenzverfahrens an einen vom Gericht zu bestimmenden Treuhänder abtritt. Die Restschuldbefreiung kann vom Gericht auf Antrag eines Gläubigers versagt werden, wenn sich der Schuldner vor oder in dem Insolvenzverfahren unredlich verhalten hat (Einzelheiten: § 290 InsO). Der Schuldner hat während der Wohlverhaltensperiode eine Reihe von Obliegenheiten zu erfüllen, insbesondere eine angemessene Erwerbstätigkeit auszuüben und, wenn er ohne Beschäftigung ist, sich um eine solche zu bemühen und keine zumutbare Tätigkeit abzulehnen (§ 295 InsO). Nach Ablauf der Wohlverhaltensperiode entscheidet das Insolvenzgericht nach Anhörung der Insolvenzgläubiger, des Treuhänders und des Schuldners durch Beschluss über die Erteilung der Restschuldbefreiung (§ 300 InsO). Wird die Restschuldbefreiung erteilt, so wirkt sie gegen alle Insolvenzgläubiger. Dies gilt auch für Gläubiger, die ihre Forderungen nicht angemeldet haben. Ausgenommen hiervon sind Verbindlichkeiten des Schuldners aus einer *vorsätzlich* begangenen unerlaubten Handlung, sofern der Gläubiger die entsprechende Forderung unter Angabe dieses Rechtsgrundes angemeldet hatte. Auf Antrag eines Insolvenzgläubigers widerruft das Insolvenzgericht die Erteilung der Restschuldbefreiung, wenn sich nachträglich herausstellt, daß der Schuldner eine seiner Obliegenheiten vorsätzlich verletzt und dadurch die Befriedigung der Insolvenzgläubiger erheblich beeinträchtigt hat (§ 303 InsO).

13. Insolvenzplanverfahren

Das Insolvenzplanverfahren (§§ 217 InsO) spielt bisher in der Praxis keine bedeutende Rolle, nur in ca. 1% der Verfahren wird ein Plan vorgeschlagen.[128] Das Verfahren soll in erster Linie dazu dienen, eine Sanierung des insolventen Unternehmens unter Mitwirkung der Gläubiger durch teilweisen Forderungsverzicht zu ermöglichen. Das wäre zwar auch außerhalb eines Insolvenzverfahrens möglich, jedoch ist dann die Zustimmung aller Gläubiger erforderlich, während im Insolvenzplanverfahren eine Mehrheit (Kopf- und Summenmehrheit) ausreicht. Der Plan bedarf zu seiner Wirksamkeit der Zustimmung der Gläubiger und des Schuldners sowie einer Bestätigung durch das Insolvenzgericht (§ 248 InsO).

Nach der Bestätigung ist das Insolvenzverfahren aufzuheben (§ 258). Der Schuldner wird, sofern der Plan nichts anderes vorsieht, von seinen restlichen Schulden befreit.

---

[128] Haarmeyer/Frind 2011, RN 271.

14. Verbraucherinsolvenz

Ist der Schuldner eine natürliche Person, die keine selbständige wirtschaftliche Tätigkeit ausübt oder ausgeübt hat, so gelten für das Verfahren die allgemeinen Vorschriften mit einigen Besonderheiten (§§ 304 ff.). Ein entscheidendes Element des Verbraucherinsolvenzverfahrens ist der Versuch einer gütlichen Einigung zwischen Gläubigern und Schuldner über eine Schuldenbereinigung. Erst wenn das nicht gelingt, wird das eigentliche Insolvenzverfahren durchgeführt. Der Antrag ist auf einem amtlichen Formular[129] einzureichen. Zu den Verfahrensbesonderheiten gehört, dass anstelle des Insolvenzverwalters ein Treuhänder (§ 313 InsO) bestellt wird.

Übungsfall 32

1. Wie unterscheiden sich aussonderungsberechtigte Gläubiger und absonderungsberechtige Gläubiger?
2. Die X-KG ist überschuldet. Muss der geschäftsführende Gesellschafter Insolvenzantrag stellen?
3. Am 1.8.2011 tritt bei der X-GmbH Überschuldung ein, die Gesellschaft ist aber noch zahlungsfähig. Muss der Geschäftsführer Insolvenzantrag stellen, ggf. innerhalb welchen Zeitraums?
4. Welche Arten von vorläufigen Insolvenzverwaltern werden unterschieden? – Wie wirken sich diese Unterschiede aus?
5. Leasinggeber LG holt am Tag nach der Insolvenzantragstellung der Leasingnehmerin LN ein geleastes Firmenfahrzeug ab. Kann der vorläufige Insolvenzverwalter dagegen vorgehen?
6. Wann liegt Masseunzulänglichkeit vor, und welche Folgen sind daran geknüpft?
7. Unter welchen Voraussetzungen kann der Insolvenzschuldner Restschuldbefreiung erlangen?

---

[129] Siehe Anlage Verbraucherinsolvenz.

Lösungshinweise zu den Übungsfällen

Handelsrecht

Lösung 1

a. A betreibt ein Handelsgewerbe gem. § 1 II HGB. Sein Unternehmen benötigt eine kaufmännische Einrichtung (hoher Umsatz, Zahl der Beschäftigten, zwei Filialen).

b. B betreibt ein Gewerbe, dürfte jedoch nach Art und Umfang keine kaufmännische Einrichtung benötigen. Er wäre Kaufmann gem. § 2 HGB, wenn er im HR eingetragen wäre.

c. E betreibt wohl eher *kein Gewerbe* (kein Kaufmann) auch wenn sich nach dem „Prostitutionsgesetz" vom 20. Dezember 2001 (BGBl. I S. 3983) aus ihrer Betätigung einklagbare Ansprüche ergeben.

d. H selbst ist *nicht selbständig* tätig (Angestellter „seiner" GmbH). Die GmbH ist Kaufmann gem. §§ 6 HGB, 13 GmbHG.

e. Flicks Gewerbebetrieb dürfte nach Art und Umfang keine kfm. Einrichtung benötigen(sonst: § 1 HGB). Er ist aber *Kaufmann* gem. § 2 HGB.

f. J betreibt ein Gewerbe – kein Freiberufler! – (vgl. §§ 92, 84 ff. HGB), könnte unter § 1oder § 2 HGB fallen (je nach Art/ Umfang seines Unternehmens.

g. K ist kein Kaufmann nach den §§ 1 und 2 HGB, auch soweit er Korn herstellt (§ 3 I und III HGB). Er kann sich aber in das Handelsregister eintragen lassen.

[Anm.: Wenn in einem Klausurfall nichts über die Eintragung im Handelsregister gesagt ist, sollte im Zweifel davon ausgegangen werden, dass keine Eintragung vorgenommen wurde. Anders ist es aber, wenn ein Unternehmen ausdrücklich als „AG", „GmbH" etc. bezeichnet wird: Es ist dann auch im Handelsregister eingetragen.]

Lösung 2

a. Der Anspruch der D gegen X ergibt sich aus § 488 BGB i.V.m. § 49 HGB. Als Prokurist wäre P berechtigt gewesen, für X ein Darlehen aufzunehmen. Auf das Erlöschen der Prokura (einzutragende Tatsache: § 53 III HGB) kann X sich gem. § 15 I HGB nicht berufen.

b. Wie Lösung a.

Die Prokura ist auch ohne Eintragung im Handelsregister wirksam (die Eintragung wirkt nur *deklaratorisch*). Die Anwendung des § 15 I HGB setzt keine Voreintragung der Tatsache voraus, deren Änderung einzutragen war[130]. Das Erlöschen der Prokura hätte also trotz ihrer fehlenden Eintragung im Handelsregister eingetragen werden müssen.

c. § 15 II HGB: D muss das Erlöschen der Prokura gegen sich gelten lassen. Die Rechtshandlung des P ist zwar innerhalb der 15-Tage-Frist vorgenommen worden, dennoch hätte D hiervon Kenntnis haben können. Der Ausfall der EDV ändert hieran nichts (D hätte im HR nachsehen können.

Lösung 3

a. Finanzamt ./. Weiß wg. USt.

(1) Gem. § 75 I AO haftet der Übernehmer eines Unternehmens für die *betrieblichen* Steuern, die in dem Kalenderjahr vor der Übernahme fällig geworden sind. W. muss daher die Umsatzsteuer (USt) 2010 an das Finanzamt zahlen.

Diese Vorschrift beschränkt die Haftung aus anderen Verpflichtungsgründen nicht. In Betracht kommen:

(2) § 25 HGB:

Voraussetzungen:

> Erwerb (Kauf, Pacht, Nießbrauch, Schenkung)   (+)
> unter Lebenden [sonst: § 27 HGB]   (+)
> eines Handelsgeschäfts (§§ 1,2,3,6 HGB)   (+)
> Fortführung des Geschäfts (nicht: Stilllegung)   (+)
> Fortführung der Firma (mit oder ohne Zusatz)   (+)

Folge: W. haftet für die betrieblichen Verbindlichkeiten des S., also auch für die USt (ohne zeitliche Beschränkung).

Gegen diese Haftung hätte er sich gem. § 25 II HGB durch Eintragung des Haftungsausschlusses im Handelsregister (eintragungsfähige Tatsache) schützen können.

Die Haftung nach § 25 HGB ist der Höhe nach *unbeschränkt*.

---

[130] St. RSpr., BGH NJW 1983, S. 2259.

b. B. ./. W. wg. Zahlung der 100.000 €

Als Anspruchsgrundlagen kommt § 25 HGB in Frage (vgl. oben a.).

Bei § 25 HGB ist problematisch, ob es sich bei dem Abfindungsanspruch um eine *betriebliche* Verbindlichkeit handelt. Abfindungen für ausgeschiedene Gesellschafter sind nicht Gesellschafts-, sondern Gesellschafterschulden. Die RSpr. rechnet die Abfindung jedoch ebenfalls zu den betrieblichen Verbindlichkeiten[131].

c. Arbeitnehmer ./. W. wg. Lohnzahlung

Neben § 25 HGB kommt hier als weitere Anspruchsgrundlage § 613a BGB in Betracht. Die Haftung knüpft hier an den Übergang eines Betriebes oder Betriebsteils durch Rechtsgeschäft auf einen anderen Inhaber an. Ein Haftungsausschluss ist *nicht* möglich.

W. könnte die Haftung auch durch Rückgängigmachung der Übernahme (z. B. Anfechtung gem. § 123 BGB oder Rücktritt gem. §§ 437 ff. BGB) nicht beseitigen, weil sie nicht auf Rechtsgeschäft, sondern auf dem in der Öffentlichkeit erweckten Rechtsschein beruht.

Lösung 4

1. Eine Geschäftsveräußerung ist formlos möglich.
2. Die Prokura des T. ist durch den Tod des G. nicht erloschen (§ 52 III HGB), sondern besteht fort.
3. Die Prokura ermächtigt zu allen Rechtshandlungen, die der Betrieb eines Handelsgewerbes mit sich bringt (§ 49 I HGB). Hierzu gehört nicht die Aufgabe oder Veräußerung des Betriebes insgesamt. Der Vertrag ist also (schwebend) unwirksam (§ 177 I BGB).

Lösung 5

Alt ./. Glück wg. Herausgabe

Dieser Anspruch könnte sich aus § 985 BGB ergeben. A. könnte sein Eigentum an dem Sekretär jedoch durch Übereignung an G (§§ 929, 185, 164 BGB) verloren haben. Voraussetzung hierfür ist, dass Jung den A bei diesem Rechtsgeschäft vertreten konnte. Diese Vertretungsmacht könnte sich aus §§ 48 ff. HGB ergeben, wenn A dem J wirksam Prokura erteilt hat.

---

[131] Vgl. RGZ 154, S. 334 ff.

a. Die Eintragung der Prokura im Handelsregister wirkt nur *deklaratorisch* (vgl. § 48 I HGB).

b. Als Nichtkaufmann kann A jedoch keine Prokura erteilen. A ist kein Kaufmann (§ 1 II HGB: mäßiger Umsatz, nur ein Angestellter). Allerdings kann die unwirksame Prokura in eine Handlungsvollmacht (§ 54 HGB) umgedeutet werden (§ 140 BGB): A wollte dem J eine möglichst umfassende handelsrechtliche Vollmacht erteilen. Hätte er gewusst, dass er keine Prokura erteilen konnte, hätte er mutmaßlich eine Handlungsvollmacht gewollt. Auch als Handlungsbevollmächtigter konnte J den Sekretär veräußern (gewöhnlich im Antiquitätenhandel vorkommendes Geschäft). Allerdings ist umstritten, ob § 54 HGB auf Kleingewerbetreibende angewendet werden kann, da auch in § 54 von einem „Handelsgewerbe" die Rede ist. Jedenfalls ergibt sich die Möglichkeit der Veräußerung aus § 56 HGB (Ladenvollmacht). Die Übereignung ist deshalb *wirksam*.

Auch aus § 812 BGB ergibt sich kein Herausgabeanspruch: Rechtsgrund für die Übereignung ist der von J wirksam abgeschlossene Kaufvertrag (s.o.).

Lösung 6

H ist zwar kein Kaufmann. Gem. §§ 84 IV, 92, 92b HGB ist das Handelsvertreterrecht des HGB jedoch auch auf nebenberufliche Versicherungsvertreter anzuwenden. Gem. § 86 III HGB hat H also seine Pflichten mit der „Sorgfalt eines ordentlichen Kaufmanns" wahrzunehmen. Dazu gehört, dass er der Versicherung von jeder Geschäftsvermittlung unverzüglich Mitteilung zu machen (§ 86 II HGB). Das hat er unterlassen.

Lösung 7

§ 98 HGB: M ist als „ehrlicher Makler" verpflichtet, sich neutral zu verhalten und nicht einseitig die Interessen nur einer Partei zu vertreten. Auch treffen ihn die Nebenpflichten des § 241 II BGB. M muss Schadensersatz leisten.

Lösung 8

Der Provisionsanspruch könnte sich aus §§ 383, 406 I S.2, 396, 354 HGB ergeben:

Zwar ist A kein Kommissionär. Jedoch gelten die Vorschriften der §§ 383 ff. HGB auch für den sog. „Gelegenheitskommissionär" (§ 406 I 2 HGB). § 383 II 2 HGB verweist auf die §§ 343 ff. HGB. Eine besondere Provisionsvereinbarung ist daher nicht erforderlich (vgl. § 354 HGB: *„Ein Kaufmann macht nichts* *umsonst*"). Diese Vorschriften gelten unabhängig davon, ob A Kaufmann oder nur Kleingewerbetreibender ist (§ 383 II HGB).

Lösung 9

a. E GmbH ./. A AG

Keine Ansprüche, da Versendungskauf (Gefahr geht mit Übergabe an den Frachtführer auf E über (§ 447 BGB).

b. A AG ./. F KG

A hat zwar grundsätzlich Schadensersatzansprüche gegen F, es fehlt jedoch an einem Schaden, da A gem. § 447 BGB den Kaufpreisanspruch gegen E GmbH behält.

c. E GmbH ./. F KG

E hat zwar selbst keinen Vertrag mit F, kann jedoch gem. § 421 HGB die Ansprüche aus dem Frachtvertrag (A/F) im eigenen Namen geltend machen.

Lösung 10

Der Anspruch der Bank könnte sich aus § 765 BGB ergeben, wenn der Bürgschaftsvertrag wirksam wäre. Dem könnte allerdings § 766 BGB entgegenstehen, da die Schriftform nicht eingehalten wurde. Wenn die Bürgschaft des B aber als Handelsgeschäft anzusehen wäre, kann die Bürgschaft auch mündlich wirksam erteilt werden. B ist Kaufmann, nach der Vermutung des § 344 HGB würde die Bürgschaft als zu seinem Handelsgewerbe gehörend gelten. Da B sich bereit erklärt hat, aufgrund der *verwandtschaftlichen Verbindung* zu S als Bürge einzustehen, greift die Vermutung nicht. B kann sich also auf § 766 BGB berufen; die Bürgschaft ist <u>nicht</u> wirksam.

Lösung 11

Der Anspruch des A könnte sich aus § 280 BGB ergeben: Hätte B den Auftrag unverzüglich ausgeführt, hätte A einen Gewinn von 5.000 € gemacht (vgl. § 252 BGB). Voraussetzung für diesen Anspruch ist, dass zwischen A und B wirksam ein Kommissionsvertrag (Einkaufskommission) gem. §§ 383 ff. HGB zustande gekommen ist. Hier hat A ein Angebot auf Abschluss eines derartigen Vertrages unterbreitet, das von B nicht ausdrücklich angenommen wurde. *Grundsätzlich* bedeutet *Schweigen* auf einen Antrag *Ablehnung.*

Hier könnte jedoch **§ 362 HGB** eingreifen: B ist Kaufmann (§ 1 HGB), dessen Gewerbebetrieb die Besorgung von Geschäften für andere mit sich bringt. B steht mit A in Geschäftsverbindung (Hausbank). B hätte deshalb, wenn sie den

Antrag nicht hätte annehmen wollen, *unverzüglich* (vgl. Def. in § 121 I S.1 BGB) antworten müssen. Ihr *Schweigen ist Zustimmung*. Der Schadensersatzanspruch ist begründet.

Lösung 12

a. Wenn Z. weiterhin auf Erfüllung bestehen will, müsste er dies S&B sofort nach Ablauf des Liefertermins anzeigen (§ 376 I S. 2 HGB).

b. Z. kann stattdessen auch Schadensersatz wegen Nichterfüllung gem. § 376 I S.1 HGB (ohne Nachfristsetzung!) verlangen, wenn S&B in *Verzug* (§ 286 BGB) ist. Die Schadensberechnung kann gem. § 376 II HGB abstrakt oder gem. Abs. 3 konkret vorgenommen werden.

Lösung 13

a. Meyer ./. Pampel wg. Nacherfüllung

Anspruchsgrundlage: §§ 437 ff. BGB[132]

Voraussetzungen:

(1) Wirksamer Kaufvertrag   (+)

(2) Fehler gem. § 434 BGB   (+)

(3) Nacherfüllungsverlangen des Meyer   (+)

Die Wandlung (bzw. der Anspruch auf Neulieferung) könnte gem. § 377 II HGB ausgeschlossen sein, wenn ein *beiderseitiger Handelskauf* vorliegen würde und M. den Mangel nicht rechtzeitig gerügt hätte.

(4.1) Beide Parteien sind Kaufleute (gem. § 1 bzw. § 6 HGB i.V.m. § 13 III GmbHG). Der Kaufvertrag ist für beide Parteien ein Handelsgeschäft gem. §§ 343 HGB.

(4.2) Die Untersuchung und Mängelanzeige erst nach einer Woche sind verspätet. Insbesondere müssen verderbliche Waren schneller untersucht werden als nicht verderbliche.

Ergebnis: M. hat seine Ansprüche aus den §§ 437 ff. BGB verloren.

---

132 Anm.: Die Anspruchsgrundlagen ergeben sich bei der Gewährleistung auch beim Handelskauf aus dem BGB, die §§ 377 f. HGB können diese Ansprüche jedoch ausschließen.

b. Die Lieferung von israelischen statt kalifornischen Grapefruits stellt eine Falschlieferung (*aliud*) dar. Gem. § 434 III BGB steht diese einer mangelhaften Lieferung gleich.

   Ergebnis: M. hat *keinen* Anspruch auf Ersatzlieferung.

c. Hier liegt eine (genehmigungsfähige) mengenmäßige Falschlieferung vor. Die Abweichung ist *nicht* so erheblich, dass P. eine Billigung als *ausgeschlossen* betrachten musste. Umstritten ist, ob M. die bestellte oder nur die gelieferte Menge bezahlen muss: Bei „offener" Minderlieferung (ersichtlich aus dem Lieferschein oder ähnlicher Mitteilung) muss nur die tatsächlich gelieferte Menge bezahlt werden[133]. Verborgene Minderlieferung muss der Käufer sofort rügen, sonst schuldet er den Preis der vollen Vertragsmenge[134].

d. Hier liegt ebenfalls eine Falschlieferung vor (wie b).

Lösung 14

Gem. Art. 4 Rom I - VO[135] gilt das Recht des Staates, an dem der Verkäufer seinen Sitz hat, also deutsches Recht. Gem. Art. 1 I b) CISG ist die CISG anzuwenden. Die Rechte des K bestimmen sich daherher nach den Art. 45 ff. CISG.

1.	Das HGB
	1. ist nur bei beiderseitigen Handelsgeschäften anwendbar
	2. gilt nur unter Kaufleuten
	3. gilt grundsätzlich nicht, wenn ein Verbraucher beteiligt ist
	4. setzt im Regelfall voraus, dass mindestens ein Beteiligter Kaufmann ist ■
2.	Kaufmann i.S.d. HGB ist:
	1. wer ein Handelsgewerbe betreibt ■
	2. wer eine einschlägige Berufsausbildung erfolgreich abgeschlossen hat
	3. jeder Gesellschafter einer GmbH
	4. nur wer im Handelsregister eingetragen ist
3.	Die Eintragung im Handelsregister
	1. wirkt immer konstitutiv
	2. ist grundsätzlich deklaratorisch, in einigen Fällen konstitutiv ■

---

[133] BGHZ 91, S. 300 ff.
[134] BGH, a.a.O.
[135] VO (EG) 593/2008, abgedruckt z.B. in „Aktuelle Wirtschaftsgesetze" Nr. 2a.

	3. wirkt immer deklaratorisch	
	4. ist reine Formsache ohne rechtliche Bedeutung	
4.	**Die Prokura**	
	1. kann nur von einem Kaufmann oder seinem gesetzlichen Vertreter erteilt werden	■
	2. ist erst mit Eintragung im Handelsregister wirksam	
	3. berechtigt nicht zum Kauf eines Grundstücks	
	4. berechtigt nicht zur Kreditaufnahme	
5.	**Ein nicht im Handelsregister eingetragener, nebenberuflich tätiger Versicherungsvertreter**	
	1. unterliegt dem Handelsvertreterrecht des HGB	■
	2. gilt als Kaufmann	
	3. ist freiberuflich tätig	
	4. ist sog. „Zivilmakler" im Sinne des BGB	
6.	**Der Prokurist**	
	1. ist gesetzlicher Vertreter des Kaufmanns	
	2. kann für das von ihm vertretene Unternehmen Grundstücke kaufen	■
	3. hat dieselben Vertretungsbefugnisse wie ein Generalhandlungsbevollmächtigter	
	4. darf nur bei Abwesenheit des Geschäftsführers tätig werden	
7.	**Der Kommissionär**	
	1. handelt im eigenen Namen für fremde Rechnung	■
	2. handelt im fremden Namen für fremde Rechnung	
	3. handelt im eigenen Namen für eigene Rechnung	
	4. handelt im fremden Namen für eigene Rechnung	
8.	**Der Frachtführer**	
	1. ist immer Kaufmann	
	2. kann auch Unternehmer ohne Kaufmannseigenschaft sein	■
	3. transportiert Güter zu Lande, zur See oder auf Binnengewässern	
	4. haftet nur bei Vorsatz und Leichtfertigkeit	
9.	**Der Spediteur**	
	1. hat dieselben Aufgaben wie ein Frachtführer	
	2. ist immer – auch als Nichtkaufmann – zur kaufmännischen Sorgfalt verpflichtet	■
	3. handelt im fremden Namen für fremde Rechnung	
	4. wird wie ein Makler im Frachtgeschäft tätig	
10.	**Annahmeverzug des Käufers beim Handelskauf**	
	1. berechtigt den Verkäufer zum sofortigen Rücktritt vom Vertrag	

	2. setzt Verschulden des Käufers voraus
	3. berechtigt den Verkäufer, die Ware in einem öffentlichen Lagerhaus zu hinterlegen
	4. setzt einen Fixhandelskauf voraus
11.	**Die kaufmännische Untersuchungs- und Rügepflicht**
	1. kann vertraglich – außer in AGB – abbedungen werden ■
	2. gilt auch bei einseitigen Handelsgeschäften, wenn der Käufer Kaufmann ist
	3. kann vertraglich nicht abbedungen werden
	4. gilt nur bei verderblicher Handelsware
12.	**Das Schweigen des Kaufmanns auf einen Antrag**
	1. gilt immer als Annahme des Antrags
	2. gilt nie als Annahme des Antrags
	3. gilt nur bei beiderseitigen Handelsgeschäften als Annahme des Antrags
	4. gilt unter den Voraussetzungen des § 362 HGB als Annahme des Antrags ■
13.	**Das UN – Kaufrecht (CISG)**
	1. gilt zwingend, wenn die Vertragspartner in verschiedenen Staaten ansässig sind
	2. gilt nur unter Kaufleuten
	3. kann vertraglich abbedungen werden ■
	4. gilt nur bei besonderer Vereinbarung
14.	**Wer ist kein Kaufmann i.S.d. HGB?**
	1. Apotheker mit einem Umsatz von 600.000€
	2. Steuerberatungsgesellschaft mbH
	3. Architekt mit einem Umsatz von 600.000€ ■
	4. Im Handelsregister eingetragener Landwirt
15.	**Wo müssen die Handelsregistereitragungen veröffentlicht werden?**
	1. im „Bundesanzeiger"
	2. im „Handelsblatt"
	3. im „elektronischen Informations- und Kommunikationssystem" ■
	4. im jeweiligen Amtsblatt des zuständigen Registergerichts

Gesellschaftsrecht

Lösung 15

(Lösungshinweise befinden sich im Text.)

Lösung 16

M könnte gegen R einen Anspruch auf Zahlung der 72.000 € gemäß § 812 I 1 Alt. 1 BGB i.V.m. §§ 130, 128 HGB analog haben. Gemäß § 130 HGB haftet der in eine bestehende OHG eintretende Gesellschafter nach § 128 HGB persönlich für die Verbindlichkeiten der Gesellschaft, und zwar auch für Verbindlichkeiten, die vor seinem Eintritt begründet wurden. Eine Verbindlichkeit der Gesellschaft liegt hier vor, denn M hat die 72.000 € ohne Rechtsgrund an die A+B GbR gezahlt und daher gemäß § 812 I 1 Alt. 1 BGB einen Anspruch auf Rückzahlung. Dieser Anspruch ist im Juli 2007, also vor Eintritt des R in die GbR, entstanden.

Allerdings handelt es sich hier nicht um eine OHG, sondern um eine GbR. § 130 HGB ist daher direkt nicht anwendbar.

Möglicherweise könnte § 130 HGB aber analog (= entsprechend) anwendbar sein.

Erforderlich für eine Analogie sind zum einen das Vorliegen einer planwidrigen Gesetzeslücke und zum anderen eine vergleichbare Interessenlage.

Früher galt für die Haftung des eintretenden Gesellschafters die sog. Doppelverpflichtungslehre. Danach werden die Gesellschafter einer GbR nicht automatisch ebenfalls verpflichtet, wenn die GbR selbst eine Verbindlichkeit eingeht, so wie es bei § 128 HGB der Fall ist. Vielmehr musste ein Vertrag sowohl mit den einzelnen Gesellschaftern als auch mit der GbR geschlossen werden. Der eintretende Gesellschafter wurde daher ebenfalls nicht automatisch mit dem Beitritt in die GbR mit verpflichtet, sondern es müsste ein gesonderter Vertrag mit ihm geschlossen werden. Dies wurde als unbillig empfunden, denn insbesondere bei Dauerschuldverhältnissen können unbillige Ergebnisse entstehen. Die Verbindlichkeit aus einem Dauerschuldverhältnis (z. B. Mietvertrag, Kreditvertrag) wird nämlich begründet, wenn der zugrunde liegende Vertrag geschlossen wird. Scheiden danach alle alten Gesellschafter aus und treten neue ein, kann es im Extremfall dazu kommen, dass keiner der Gesellschafter zur Zahlung der Miete oder Rückzahlung des Kredits verpflichtet ist. Wenn die Gesellschaft selbst zahlungsunfähig ist, kann der Gläubiger sich nicht befriedigen.

Da eine dem § 130 HGB entsprechende Regelung für die GbR fehlt, liegt also eine Lücke im Gesetz vor. Eine vergleichbare Interessenlage von OHG und

GbR ist ebenfalls gegeben: Beide sind Personengesellschaften, die sich stark ähneln. Es kann sogar passieren, dass eine kleingewerbliche GbR, die nicht in das Handelsregister eingetragen ist, zum Handelsgewerbe heranwächst und damit automatisch zu einer OHG wird (Eintragung nur deklaratorisch). Die Grenzen zwischen GbR und OHG sind folglich fließend. Es ist daher nur konsequent, wenn innerhalb der Gesellschaft auch die gleichen Haftungsregeln gelten, um Rechtsunsicherheiten zu vermeiden (Gläubiger- und Verkehrsschutz). Deswegen wendet der BGH nun § 130 HGB analog auch auf die GbR an.

Dafür spricht (nach Ansicht des BGH) des Weiteren: Der eintretende Gesellschafter erlangt auch dieselben Zugriffsmöglichkeiten auf das Gesellschaftsvermögen wie die Altgesellschafter. Er erhält einen Anteil an dem Vermögen, der Marktstellung der Gesellschaft, dem Kundenstamm. Daher ist es auch nur gerechtfertigt, wenn der eintretende Gesellschafter auch für alle Verbindlichkeiten der Gesellschaft haftet.

In § 130 HGB ist die sog. Akzessorietätstheorie verankert: Die Gesellschafter haften akzessorisch, also unmittelbar für die Verbindlichkeiten der Gesellschaft.

Folglich kann hier M den R auf Rückzahlung der 72.000 € gemäß § 812 I 1 Alt. 1 BGB i.V.m. §§ 130, 128 HGB analog in Anspruch nehmen.

Dagegen spricht jedoch, dass die GbR eben keine OHG ist. Die Vorschriften des HGB gelten nur für Kaufleute und Handelsgesellschaften. Analogie verbietet sich m.E. BGH hat hier in freier Rechtsfindung Verbindlichkeiten konstruiert, die im Gesetz keine Grundlage finden.

Lösung 17

1. E GmbH ./. OHG:

    Agr. **§ 433 II BGB**

    Problem: wurde die OHG durch C. wirksam vertreten?

    C. hatte keine spezielle Vollmacht, aber Prokura?

    Gem. **§ 116 III HGB** bedarf es für die Bestellung eines Prokuristen der Zustimmung aller geschäftsführenden Gesellschafter; B&B haben nicht zugestimmt. § 116 betrifft aber nur das Innenverhältnis, im Außenverhältnis greift **§ 126 I HGB**, danach ist die Erteilung der Prokura wirksam. Als Prokuristin konnte sie den Kaufvertrag tätigen (**§ 49 I HGB**). OHG muss zahlen.

2. E./. Albert, Bernhard und Bianca

Anspruch ergibt sich jeweils aus § 128 HGB. OHG, Albert, Bernhard und Bianca haften als Gesamtschuldner.

3. M./. OHG, Albert, Bernhard und Bianca

Agr.: **§ 631 BGB**, sonst wie oben.

4. Bernhard und Bianca ./. Albert

Agr. **§ 280 BGB**

A hat gegen seine Pflichten aus dem Gesellschaftsvertrag verstoßen (§ 116 III HGB); er hätte wissen müssen, dass er zuvor einen einstimmigen Gesellschafterbeschluss einholen muss.

Haftungsbeschränkung auf *diligentia quam in suis* (**§ 708 BGB i.V.m. § 105 III HGB**)?

M.E. handelt A grob fahrlässig, wenn nicht vorsätzlich, sodass gem. § 277 BGB ihn von der Haftung nicht befreit.

Schaden? – liegt in der Verwendung des Gesellschaftsvermögens ohne Zustimmung von Albert, Bernhard und Bianca (fraglich).

Problem: Wer kann den Schadensersatzanspruch geltend machen? OHG oder Gesellschafter (actio pro socii)?

Lösung 18

Als Kommanditist haftet T an sich nur bis zur Höhe seiner Einlage. Da diese in voller Höhe geleistet wurde, wäre die Haftung gem. § 171 HGB ausgeschlossen. Da er aber in eine bestehende Gesellschaft eingetreten ist, haftet er jedoch für die in der Zeit zwischen seinem Eintritt und dessen Eintragung in das HR begründeten Verbindlichkeiten der Ges. unbeschränkt (§ 176 Abs. 2 HGB).

Lösung 19

1. Anspruchsgrundlage: § 31 BGB

R ist Vorstandsmitglied, hat unerlaubte Handlung (§ 823 I) begangen, und zwar in Ausübung der ihm zustehenden Verrichtungen für den Verein. Der Verein haftet.

2. Anspruchsgrundlage: § 280 BGB

R hat im Rahmen eines Schuldverhältnisses (§ 27 Abs. 3 i.V.m. §§ 662 ff. BGB) die Pflicht verletzt, sorgfältig mit dem ihm anvertrauten Vereinseigentum umzugehen. Er haftet aber nur bei Vorsatz und grober Fahrlässigkeit (§ 31a BGB), die hier nicht vorliegt.

3. Anspruchsgrundlage: § 27 III, 664 ff., 280 BGB

Auf die Vorstandtätigkeit findet Auftragsrecht Anwendung. R hat gegen Nebenpflichten (§ 241 II BGB) verstoßen, er haftet aber nur bei Vorsatz und grober Fahrlässigkeit (§ 31a BGB).

4. Anspruchsgrundlage: § 823 I BGB

R hat fahrlässig das Eigentum des F beschädigt. Er haftet dem F gegenüber, ohne sich auf das Haftungsprivileg des § 31a BGB berufen zu können (das Haftungsprivileg gilt nur gegenüber dem Verein und Vereinsmitgliedern).

R kann aber vom Verein die Befreiung von dieser Verbindlichkeit verlangen (§ 31a Abs. 2 BGB).

Lösung 20

InsV ./. F auf Zahlung von 250.000 €

Anspruchsgrundlage: Bareinlagepflicht des GmbH-Gesellschafters (vorausgesetzt in §§ 5 und 19 GmbHG)

1. ursprünglich (+) in Höhe von 250.000 €

2. Erfüllt durch Einzahlung auf das Gesellschaftskonto (§ 362 I BGB)?

    a. verdeckte Sacheinlage durch Hin- und Herzahlen

    b. keine Umgehung des Verfahrens für Sacheinlage (vgl. § 5 IV GmbHG)

Aber § 19 IV GmbHG:

Fraglich ist, ob der Insolvenzverwalter einen der GmbH zustehenden Anspruch auf Zahlung in Höhe von 250.000 € gegen F geltend machen kann. Anspruchsgrundlage für diesen Zahlungsanspruch könnte die Bareinlagepflicht des GmbH-Gesellschafters sein, die zwar anders als bei der AG (vgl. § 54 II AktG) nicht ausdrücklich im Gesetz bestimmt ist, dort aber als selbstverständlich vorausgesetzt wird (vgl. §§ 5 und 19 GmbHG). Fraglich ist, ob die ursprüngliche Bareinlagepflicht in Höhe von 250.000 € durch die Einzahlung auf das Gesellschaftskonto wirksam i.S.v. § 362 I BGB erfüllt worden ist.

Zwar hat F zunächst den vollen Betrag eingezahlt, ihn aber wenig später als Kaufpreis für die LKW und die Büroeinrichtung zurückerhalten. Auf diese Weise hat er tatsächlich gar kein Bargeld für die Gründung aufgebracht, sondern eine verdeckte Sacheinlage erbracht. Bei ordnungsgemäßer Gründung hätte er die Baufahrzeuge und die Geschäftseinrichtung als Sacheinlage einbringen und das dafür erforderliche Verfahren (vgl. § 5 IV GmbHG) einhalten müssen.

Nunmehr bestimmt aber § 19 (4) GmbHG:

„*Ist eine Geldeinlage eines Gesellschafters bei wirtschaftlicher Betrachtung und aufgrund einer im Zusammenhang mit der Übernahme der Geldeinlage getroffenen Abrede vollständig oder teilweise als Sacheinlage zu bewerten (verdeckte Sacheinlage), so befreit dies den Gesellschafter nicht von seiner Einlageverpflichtung. Jedoch sind die Verträge über die Sacheinlage und die Rechtshandlungen zu ihrer Ausführung nicht unwirksam. <u>Auf die fortbestehende Geldeinlagepflicht des Gesellschafters wird der Wert des Vermögensgegenstandes</u> im Zeitpunkt der Anmeldung der Gesellschaft zur Eintragung in das Handelsregister oder im Zeitpunkt seiner Überlassung an die Gesellschaft, falls diese später erfolgt, <u>angerechnet</u>. Die Anrechnung erfolgt nicht vor Eintragung der Gesellschaft in das Handelsregister. Die Beweislast für die Werthaltigkeit des Vermögensgegenstandes trägt der Gesellschafter.*"

D.h., da die LKW/Büroeinrichtung tatsächlich eine Wert von > 250T € hatten, muss F die Einlage nicht nochmals leisten.

Lösung 21

zu 1.: Verstoß gegen § 93 AktG, Dr. F. hat seine Pflicht, zum Wohle der AG zu handeln, verletzt. Er hat nicht mit der Sorgfalt eines „ordentlichen und gewissenhaften Geschäftsleiters" gehandelt. Er ist gem. § 93 AktG zum Schadensersatz verpflichtet.

zu 2.: Der AR muss ebenfalls Wohle der AG handeln; er ist verpflichtet, berechtigte Ansprüche der AG gegenüber dem Vorstand durchzusetzen (§§ 112, 111, 116 AktG).

Lösung 22

1.	**Eine GbR**
	1. kann kein Gewerbe betreiben
	2. ist nicht rechtsfähig
	3. ist eine Körperschaft
	4. muss mindestens 2 Gesellschafter haben
2.	**Die Gesellschafter einer GbR**
	1. haften nur mit der „diligentia quam in suis"
	2. haften beschränkt auf ihre Einlage
	3. haften gar nicht

	4. haften den Gläubigern der GbR zusammen mit der GbR als Gesamtschuldner ■
3.	**Die Gesellschafter einer oHG**
	1. sind alleine geschäftsführungsbefugt ■
	2. sind nur gemeinschaftlich geschäftsführungsbefugt.
	3. sind nur vertretungsbefugt, wenn das im HR eingetragen ist
	4. sind nur gemeinschaftlich vertretungsbefugt
4.	**Das Stammkapital einer UG haftungsbeschränkt**
	1. beträgt mindestens 25.000,00 €.
	2. muss nicht vor Anmeldung der Gesellschaft zum Handelsregister eingezahlt werden.
	3. kann auch als Sacheinlage geleistet werden.
	4. beträgt maximal 24.999 €. ■
5.	**Der Kommanditist haftet für die Verbindlichkeiten der KG**
	1. mit seinem Privatvermögen unbeschränkt
	2. gar nicht
	3. den Gläubigern bis zur Höhe seiner Kommanditeinlage persönlich ■
	4. nur gegenüber der KG bis zur Höhe seiner Kommanditeinlage
6.	**Die Eintragung einer Gesellschaft im Handelsregister**
	1. wirkt immer konstitutiv
	2. wirkt bei Kapitalgesellschaften konstitutiv ■
	3. wirkt immer deklaratorisch
	4. ist reine Formsache ohne rechtliche Bedeutung
7.	**Der Geschäftsführer einer GmbH**
	1. haftet nie für die Schulden der GmbH.
	2. haftet bei Pflichtverletzungen persönlich. ■
	3. haftet nur bei vorsätzlichen Pflichtverletzungen persönlich.
	4. haftet neben der GmbH als Gesamtschuldner persönlich.
8.	**Keine juristische Person ist**
	1. die KG ■
	2. der eingetragene Verein (e.V.)
	3. die Kommanditgesellschaft auf Aktien
	4. die Unternehmergesellschaft (haftungsbeschränkt)
9.	**Notwendige Organe der GmbH sind**
	1. Hauptversammlung und Geschäftsführer
	2. Gesellschafterversammlung, Aufsichtsrat und Vorstand
	3. Gesellschafterversammlung und Geschäftsführer ■
	4. Gesellschafterversammlung, Beirat und Geschäftsführer

10.	Vor Eintragung der GmbH im Handelsregister	
	1. haften die Handelnden persönlich	■
	2. haftet nur das Gesellschaftsvermögen	
	3. haften nur die Gesellschafter persönlich	
	4. haftet niemand, da die GmbH noch nicht rechtsfähig ist	
11.	Eine GmbH	
	1. hat ein Stammkapital von mindestens 10.000 €	
	2. hat ein Stammkapital von mindestens 12.500 €	
	3. hat ein Stammkapital von mindestens 25.000 €	■
	4. hat ein Stammkapital von mindestens 50.000 €	
12.	Notwendige Organe der AG sind	
	1. Vorstand, Geschäftsführung und Vertreterversammlung	
	2. Hauptversammlung, Aufsichtsrat und Betriebsrat	
	3. Hauptversammlung, Aufsichtsrat und Vorstand	■
	4. Gesellschafterversammlung und Vorstand	
13.	Der Vorstand einer AG	
	1. besteht aus mindestens 2 Personen	
	2. besteht aus mindestens 5 Personen	
	3. kann aus einer oder mehreren Personen bestehen	■
	4. kann auch eine juristische Person sein	
14.	Die AG	
	1. hat ein Mindestgrundkapital von 1 €	
	2. hat ein Mindestgrundkapital von 100.000 €	
	3. hat ein Mindestgrundkapital von 50.000 €	■
	4. hat ein Mindestgrundkapital von 1.000.000 €	
15.	Die KGaA	
	1. ist eine Personengesellschaft	
	2. ist eine Mischform zwischen KG und AG und gehört zu den Kapitalgesellschaften	■
	3. ist dasselbe wie eine AG & Co.KG	
	4. muss mindestens eine natürliche Person als Komplementär haben	
16.	Ein Konzern	
	1. besteht aus mindestens 2 Unternehmen unter einheitlicher Leitung	■
	2. ist ein Unternehmenszusammenschluss	
	3. ist in Deutschland verboten	
	4. kann nur aus Aktiengesellschaften bestehen	

Gewerblicher Rechtsschutz und Wettbewerbsrecht

Lösung 23

Der Agenturvertrag stellt eine wettbewerbsbeschränkende Vereinbarung zwischen Unternehmen dar, die gem. § 1 GWB verboten ist. Daraus folgt auch die zivilrechtliche Unwirksamkeit der Klausel (§ 139 BGB).

Lösung 24

Preisbindungen fallen unter § 1 GWB (Verbot). Es ist nicht zulässig, eine rechtswidrige Preisbindung mit Druck durchzusetzen. Die Kündigung ist unwirksam.

Lösung 25

Entgegen der Ansicht des BKartA (B9 – 149/04) hat der BGH keine unbillige Behinderung i.S. des § 20 I GWB angenommen.[136]

Lösung 26

Das BKartA hat mit Beschluss vom 12.11.2008[137] festgestellt, dass der Bundesverband Deutscher Milchviehhalter e.V., Freising, im Rahmen der „Milchpreisoffensive 2008" zum Boykott der Molkereien aufgerufen hat, die von Milchviehhaltern in Deutschland mit Rohmilch beliefert werden, und dass dieser Aufruf einen Verstoß gegen das Boykottverbot des § 21 Absatz 1 GWB darstellte.

Der BDM hat nach Auffassung des BKartA andere Unternehmen (die Milchviehhalter) zu einer Liefersperre aufgefordert, um bestimmte Unternehmen (die Molkereien) unbillig zu beeinträchtigen. Auffordernder ist der BDM. Adressat der Aufforderung des BDM sind sowohl seine eigenen Mitglieder, als auch Nicht-Mitglieder, soweit sie Milchviehhalter in Deutschland sind, die Molkereien mit Rohmilch beliefern. Verrufene sind die Molkereien, die von Milchviehhaltern in Deutschland mit Rohmilch beliefert werden. Der BDM ist als Wirtschaftsverband eine Unternehmensvereinigung im Sinne des § 21 Absatz 1 GWB. Der BDM hatte die Absicht, die Molkereien, die in Deutschland von Milchviehhaltern mit Rohmilch beliefert werden, unbillig zu beeinträchtigen.

---

[136] BGH, Beschl. v. 11.11.2008, KVR 17/08.
[137] B2 – 100/08.

Lösung 27

Unzulässige vergleichende Werbung, da der Geschmack keine nachprüfbare Eigenschaft ist (§ 6 Abs. 2 Nr. 2 UWG).

Lösung 28

1. Unzulässig, da irreführend (§ 5 UWG). Die Werbung erweckt den unrichtigen Eindruck, dass B seit 25 Jahren ein Fachgeschäft für Bürobedarf betreibt.
2. Unzumutbare Belästigung, § 7 Abs. 2 Nr. 3 UWG. Es liegt keine ausdrückliche Einwilligung der Beworbenen vor.
3. § 7 Abs. 2 Nr. 2 UWG: kritisch, es kann aber evtl. eine „mutmaßliche Einwilligung unterstellt werden.
4. 25jähriges Jubiläum irreführend, s. o. Ansonsten zulässig.
5. Verstoß gegen § 4 Nr. 4 und § 5 Abs. 1 Nr. 2 UWG.

Lösung 29

Bei LACOSTE handelt es sich um eine sehr bekannte Marke mit hoher Verkehrsgeltung, die erhöhten Schutz gegen Nachahmungen genießt. Durch die Ähnlichkeit des Coccodrillo-Krokodils besteht Verwässerungsgefahr (§ 9 Nr. 3 MarkenG).

K kann gem. § 16 MarkenG Unterlassung und Schadensersatz verlangen, außerdem Vernichtung der widerrechtlich gekennzeichneten Waren.

Lösung 30

Musik-CDs sind gem. § 2 Abs. 1 Nr. 2 UrhG geschützte Werke, auf eine bestimmte Qualität kommt es dabei nicht an. Grundsätzlich hat der Urheber das alleinige Recht der Vervielfältigung (§ 16 Abs. 2 UrhG). Zulässig sind jedoch einzelne (bis zu **sieben**) Vervielfältigungen eines Werkes durch eine natürliche Person zum privaten Gebrauch auf beliebigen Trägern, sofern sie weder unmittelbar noch mittelbar Erwerbszwecken dienen, soweit nicht zur Vervielfältigung eine offensichtlich rechtswidrig hergestellte oder öffentlich zugänglich gemachte Vorlage verwendet wird (§ 53 Abs. 1 UrhG). Die Zahl wurde hier jedoch überschritten. S. hat gegen das UrhG verstoßen.

Der Rechtsinhaber (Urheber oder Musikverlag, in der Praxis meist auf die GEMA übertragen), kann Unterlassung und Schadensersatz verlangen, außerdem Vernichtung der rechtswidrig hergestellten Kopien (§ 98 UrhG). Schließlich kann S. auch strafrechtlich verfolgt werden (§ 106 UrhG).

Insolvenzrecht

Lösung 31

1. § 130 InsO: Die Zahlung wurde innerhalb von 3 Monaten vor Stellung des Insolvenzantrags vorgenommen; B. wusste um die Zahlungsunfähigkeit. Anfechtung möglich.[138]

2. § 134 InsO: Unentgeltliche Leistung an nahestehende Person innerhalb von 4 Jahren vor Stellung des Insolvenzantrags. Anfechtung möglich.

3. §§ 133, 138 InsO: Der Vertrag benachteiligt die Gläubiger, da das Vermögen des S. zum Nachteil seiner Gläubiger vermindert wurde. Sohn ist „nahestehende Person" i.S. des § 138 InsO. Anfechtung möglich, sofern der Sohn nicht beweisen kann, vom Benachteiligungsvorsatz des S. keine Kenntnis gehabt zu haben.

4. § 135 Abs. 1 Nr. 2 InsO: Rückzahlung des Gesellschafterdarlehens innerhalb eines Jahres vor Stellung des Insolvenzantrags. Anfechtung möglich.

5. § 130 InsO: Die Zahlung wurde innerhalb von 3 Monaten vor Stellung des Insolvenzantrags vorgenommen; die Arbeitnehmer wussten um die Zahlungsunfähigkeit. Anfechtung möglich.

Lösung 32

1. Aussonderungsberechtigte Gläubiger sind nicht Insolvenzgläubiger; der Insolvenzverwalter hat den betreffenden Gegenstand herauszugeben (Beisp. Unter Eigentumsvorbehalt gelieferte Ware).

    Ein absonderungsberechtige Gläubiger hat das Recht, bei der Verwertung eines gesicherten Gegenstands der Verwertungserlös unmittelbar an ihn ausgezahlt wird. (Einzelheiten siehe oben IV. 7.5.)

2. Keine Antragspflicht, da die KG keine Körperschaft ist (anders bei GmbH & Co. KG, § 177a HGB).

3. §§ 15a, 19 InsO: Insolvenzantragspflicht, unverzüglich, spätestens bis um 21.08.

---

[138] Vgl. BGH, Urt. v. 6.12.2007 – IX ZR 113/06.

4. Vorläufiger „starker" Insolvenzverwalter (§ 21 Abs. 1 InsO) und vorläufiger „schwacher" Insolvenzverwalter (§ 21 Abs. 2 InsO); Einzelheiten s. o. IV 5.3.

5. LG ist aussonderungsberechtigter Gläubiger (Eigentum), kann aber nicht durch verbotene Eigenmacht (§ 858 BGB) den Besitz gegen den Willen des Verwalters an sich nehmen (ggf. Klage auf Herausgabe).

6. Masseunzulänglichkeit liegt vor, wenn die Insolvenzmasse nicht ausreicht, um sämtliche Gläubiger von Masseverbindlichkeiten zu befriedigen (§ 208 InsO). Nach Verteilung der Masse wird das Verfahren dann eingestellt (§ 211 InsO).

7. Vgl. oben IV 12.

Literaturhinweise

Lehrbücher

Führich, Ernst	Wirtschaftsprivatrecht, 11. Aufl., München 2012 [Verlag Vahlen]
Haarmeyer, Hans/ Frank Frind	Insolvenzrecht, 2. Aufl., Stuttgart 2011 [Kohlhammer]
Klunzinger, Eugen	Grundzüge des Gesellschaftsrechts, 16. Aufl., München 2012 [Verlag Vahlen]
Mehrings, Jos	Grundzüge des Wirtschaftsprivatrechts, 2. Aufl., München 2010 [Verlag Vahlen]
Pierson, Matthias/ Thomas Ahrens/ Karsten R. Fischer	Recht des geistigen Eigentums, 3. Aufl., Baden-Baden 2014 [Nomos]
Reese, Jürgen	Grundlagen des allgemeinen Wirtschaftsrechts, Berlin 2012 [Berliner Wissenschafts-Verlag]
Tegen, Tomas/ Adolf Reul/ Andreas Heidinger/ Jens Terstegen	Unternehmensrecht, München 2011 [Verlag Vahlen]
Wörlen, Rainer/ Axel Kokemoor	Handelsrecht, 10. Aufl., Köln u. a. 2012 [Carl Heymanns Verlag]
Zimmermann, Walter	Grundriss des Insolvenzrechts, 10. Aufl., Heidelberg 2015 [C.F. Müller]

Kommentare

Palandt, Otto	BGB, 74. Aufl., München 2015 [C.H. Beck]

Autorenhinweis

Prof. Dr. jur. Jürgen Reese, geb. 1947, studierte Rechtswissenschaften an der Universität Göttingen und war anschließend Wissenschaftlicher Assistent an der Universität Kiel. Promotion 1975, nach seinem Referendariat und 2. Staatsexamen war er 10 Jahre als Rechtsanwalt tätig. Seit 1986 ist er Professor für Wirtschafts- und Steuerrecht an der FH Kiel.

Stichwortverzeichnis

A

Abschlussvollmacht 30
AG 14, 17, 20–24, 30, 33, 35, 40, 48, 63–66, 85, 92-93, 109, 118, 123–124, 126, 129–130, 132–133, 135, 141, 143–144, 153, 158, 167, 175, 219, 225, 249, 253, 261–262, 264
Aktiengesellschaft 22, 94, 109, 111–114, 122, 124, 138
Anspruchsgrundlage 46, 251, 254, 260, 261
Arbeitnehmer 43, 66, 103, 108, 117, 122, 195–196, 198, 228–229, 235, 251, 267

B

Belästigung 163, 176–177, 266

C

cold calling 176, 201
Computerprogramme 197–198

D

deklaratorisch 12, 14, 18, 58, 142, 252, 255–256, 259, 263
Dienstleistung 41, 150, 155, 162, 166–167, 169–172, 176, 187–188, 190, 192–194
DPMA 183, 187, 190–191, 194

E

Eigentümlichkeit 187, 196
Erfinder 1183–184

F

Erfindung 182–184
Firma 3, 12–13, 15–17, 21–26, 34, 70, 78–79, 82, 85, 88, 91, 99, 112–113, 118, 122, 150, 165, 187–188, 193, 221, 250
Firmenausschließlichkeit 21–22
Firmenbeständigkeit 21, 23
Firmeneinheit 21–22
Firmenfortführung 23–25
Firmenwahrheit 21, 23
Frachtgeschäft 37, 39–41, 59, 256
Freiberufliche Tätigkeit 9

G

Gebrauchsmuster 147, 186, 201
geographische Herkunftsangaben 188, 191, 194
Gesamtprokura 28
geschäftliche Verhältnisse 166, 172
Geschäftsbetrieb 11–14, 33–34, 70, 91, 93–94, 102, 115, 219
Gesellschaft 14–15, 17, 25, 61, 63–64, 67–77, 79–84, 87–89, 93–94, 98–105, 107, 109–110, 112–118, 121–122, 124, 126–127, 129–132, 138, 142, 147, 181, 216, 219, 225, 247, 258–260, 262–263
Gesetz 9, 14, 18, 23, 27, 71, 75–77, 86, 98–99, 101, 109, 116, 125, 131, 145, 149, 156, 161, 169, 177, 187, 258–259, 261
Gewerbe 7–11, 14–16, 68, 71, 142, 183, 249, 262
Gewerbebetrieb 7, 9, 11, 48, 183, 249
gewerblicher Rechtsschutz 147, 181
GmbH 14, 17, 21–23, 40, 53, 58, 64–66, 82–83, 85, 87, 92–94, 98–101, 103–108, 113, 118, 126, 129–130, 141–143, 154, 158, 212, 219, 225, 233, 247, 249, 253, 255, 259, 261, 263–264, 267
gute Sitten 190

H

Haftungsbeschränkung 14, 73, 86, 260
Handelsgesellschaft 5, 7, 13, 68, 78, 78–80, 84, 87, 98, 108–109, 113, 115, 259
Handelsgewerbe 7, 11–12, 14–16, 18, 29, 58, 67–68, 94, 108, 117, 249, 252–253, 255, 259
Handelskauf 1, 3–4, 51–52, 57, 59, 254, 256
Handelsmakler 1, 4, 33–34, 48, 57
Handelsrecht 1, 3–4, 48, 57, 61, 249
Handelsregister (HR) 3,7, 12–22, 25–26, 28–32, 34–35, 46, 49 56, 58, 60, 65, 67–68, 70, 79, 82–85, 88, 91–92, 100–102, 109, 111–112, 116, 121, 141–142, 149–250, 252, 255–257, 259–260, 262–264
Handelsvertreter 1, 31–33, 35, 48–49, 57
Handlungsvollmacht 1, 27, 29–30, 56, 84
HR 15, 16, 17, 18, 19, 22, 24, 25, 29, 43, 71, 107, 108, 180, 181, 188, 190, 196

K

Kaufmann 1, 3, 7, 11–18, 22, 27–29, 31, 37, 40, 43, 46–50, 56, 58–60, 70, 249, 252–253, 255–257
kaufmännische Einrichtung 12, 249
kaufmännische Hilfspersonen 27
Kennzeichnung 21, 38, 41, 187–188, 191, 193–194
KG 13–15, 17, 22–23, 25, 40, 64–67, 70, 74, 84–85, 87–89, 117, 142–144, 153–154, 164, 212, 215, 219, 225, 247, 253, 263–264, 267
Kommanditisten 14, 65, 84–85, 88

Kommissionär 34–35, 40, 57, 59, 252, 256
Kommissionsagent 35, 57
Kommittenten 34
konstitutiv 13–14, 18, 58, 118, 142, 255, 263

L

Land- und Forstwirtschaft 9, 13
Leistungsschutz 168, 201

M

Makler 4, 10, 31, 33, 59, 252, 256
Marke 147, 170, 175, 187–193, 195, 266
MarkenG 5, 24, 132, 188–195, 266
Markenrecht 145–147, 167, 181, 187–188, 190, 195
Markenregister 190, 194
Marktbeherrschung 155–156, 160, 201
Mitbewerber 161
Miturheber 195–196

N

Nachahmer 147, 181
Nachahmung 167–168, 172, 182
Nutzungsrecht 199

O

OHG 13–15, 17, 22–24, 52, 64, 66–67, 70, 74, 78–80, 82–89, 94, 215, 225, 258–260

P

Patent 5, 147, 167, 182, 184–186
Patentamt 185–186
Patentanmeldung 183, 186
Patentrecht 147, 181, 181
Patentrolle 184
Patentschutz 182–183, 185

Personenhandelsgesellschaften 17, 22, 67–68, 141
Prinzipalgeschäfte 28
Produkt 168, 172–172
Programme für die Datenverarbeitung 196
Prokura 1, 17, 20, 27–29, 31, 56, 58, 79, 82, 84, 249–252, 256, 259
Provisionsanspruch 32, 34, 252
Publizität 3, 18–19, 56
PVÜ 185, 192

R

Rechtsform 11, 13–14, 21–22, 28, 61, 63–68, 74, 78, 99, 106, 109, 113, 122–123, 135, 137, 139, 141, 215
Rechtsprechung 9, 28, 36, 53, 74, 93, 104, 113, 125, 161, 167–168
Rechtsschein 15, 251
Rechtsscheinhaftung 15, 56

S

Schadensberechnung 177
Schadensersatzansprüche 69, 150, 177, 253
Scheinkaufmann 15
Schöpfungen 147, 181,195
Schriftwerke 196–197
Schutzdauer 187, 193, 199
Schutzfähigkeit 186–187, 198
Schutzrechtsinhaber 184–185
Sprachwerke 196–167
Stand der Technik 171, 182–183

T

Transportrecht 1, 37

U

Unlauter 162, 167, 169, 171–172
Unterlassung 132, 154, 167–168, 177–178, 192, 194–195, 200, 266

Unternehmen 1, 7, 11–13, 17, 21–23, 26–27, 30–31, 33–34, 43, 50, 58, 61, 65–69, 87, 100, 103, 109, 113, 122–123, 126–128,131, 135–139, 141, 144, 149–161, 165–166, 179, 187–188, 205, 210–211, 218, 229, 235–237, 249, 256, 264–265
Unternehmensregister 18, 121
Unternehmer 8, 12, 25, 27, 31–32, 34–35, 50, 59, 61, 162, 169, 171, 176, 256
Urheber 187, 195–196, 199–200, 266
Urheberrecht 5, 147, 167, 181, 195,3 197, 199–201
UrhG 5, 132, 195–196, 198, 199–200, 266–267
Ursprungsbezeichnung 191
UWG 4–5, 22, 24, 147, 161–166, 168–169, 171–172, 176, 177–179,201, 266

V

Verbraucher 39, 54, 58, 151, 161–163, 166, 171, 176–179, 201, 212, 255
Verbreitung 166, 187, 198, 200
Verein 14, 66, 91–97, 109, 143, 215, 260–261, 263
Vertragshändler 36, 57, 154
Vertretung 4, 12, 17, 32, 65, 71–72, 82, 84, 86–88, 93, 102, 113, 115, 117–118, 120
Vervielfältigung 198, 200, 260

W

Waren 33–34, 36, 51, 54, 86, 115, 155–156, 159, 162, 164, 166–167, 170–172, 176, 187–188, 190–194, 254, 266
Weiterverbreitung 199
Werbung 163–165, 169–176, 201, 266

Wettbewerb 55, 145, 147, 149–157, 161, 167
wettbewerbliche Eigenart 168
Wettbewerbsrecht 4–5, 138, 145, 147, 149, 201, 265

Z

Zeichen 70, 188–194
Zweckübertragungstheorie 195
Zweigniederlassung 17, 22, 121–122

Werner Pepels (Hrsg.)
BWL-Wissen zur Existenzgründung

Die Inhalte umfassen die Entwicklung einer Geschäftsidee, die Aufstellung eines Businessplans, die Wahl der Rechtsform, die Steuerung der Finanzierung und Investition, den Aufbau der Buchhaltung und Bilanzierung, die Strukturierung der Kostenrechnung, das Personalmanagement, geringfügige Beschäftigungsverhältnisse und Scheinselbstständigkeit, Gestaltung des Controllings, den IT-Einsatz im Gründungsvorhaben, das Marketingkonzept, die Einführungswerbung, die Besteuerung des Gründungsvorgangs und das Persönlichkeitsprofil des Unternehmers.

2. Aufl. 2014, 476 S., 77 s/w Abb., 57 Tab., kart., 42,– €, 978-3-8305-3252-1
eBook PDF 37,– €, 978-3-8305-2951-4
ePUB 37,– €, 978-3-8305-2058-1

Werner Pepels (Hrsg.)
Prüfungstraining für Wirtschaftsstudierende – 4. Auflage

- Erfolgreiche Prüfungsvorbereitung mit realen Klausuraufgaben
- Ideal für alle Studierenden in Bachelor- und Master-Studiengängen der BWL sowie Studierende in anspruchsvollen Weiterbildungs-Studiengängen

Die vierte, erweiterte Auflage enthält wiederum repräsentative Klausuraufgaben zu den zentralen Themen wirtschaftswissenschaftlicher Studiengänge. Durch Angaben zu Bearbeitungsdauer, Fachsemester, Schwierigkeitsgrad und Hilfsmitteln können Leserinnen und Leser ihr eigenes Klausurtraining perfekt auf die jeweiligen Randbedingungen abstimmen.

Zu jeder Klausuraufgabe werden detaillierte Lösungshinweise bzw. Musterlösungen gegeben. Neben der Bearbeitung konkreter Prüfungsinhalte wird so auch das Erarbeiten von Lösungstaktiken eingeübt – der Schlüssel zum Erfolg selbst bei inhaltlich anders gelagerten Fragestellungen. Hinzu kommt ein Einleitungsbeitrag zur „Strategie und Technik der erfolgreichen Klausurteilnahme".

2015, 440 S., 44 s/w Abb., 62 Tab., kart., 48,– €, 978-3-8305-3596-6

BWV • BERLINER WISSENSCHAFTS-VERLAG
Markgrafenstraße 12–14 • 10969 Berlin • Tel. 030 / 841770-0 • Fax 030 / 841770-21
E-Mail: bwv@bwv-verlag.de • Internet: http://www.bwv-verlag.de

Jürgen Reese

Grundlagen des allgemeinen Wirtschaftsrechts

In praktisch allen wirtschaftswissenschaftlichen Bachelor- und Masterprogrammen sind die Grundzüge des Wirtschaftsprivatrechts Pflichtfach. Dieses Buch bietet in vielen Fallbeispielen und Aufgaben die Möglichkeit, theoretische Rechtskenntnisse zu gewinnen und diese in der Praxis anzuwenden. Erörtert werden insbesondere die Bereiche

- allgemeines Vertragsrecht,
- Recht der Leistungsstörungen,
- Kaufrecht, ausgewählte spezielle Vertragsarten,
- außervertragliche Schuldverhältnisse.

Im Vordergrund steht dabei die problem- und entscheidungsrelevante Betrachtung rechtlicher Themen. Diese Themen werden verständlich präsentiert, ohne dabei das notwendige wissenschaftliche Niveau aus den Augen zu verlieren. 82 Abbildungen und zahlreiche Musterfälle mit Lösungen betonen den Anwendungscharakter und erleichtern das Verständnis. Zielgruppe des Buches sind Studierende an Hochschulen und Praktiker, die sich für rechtliche Zusammenhänge und Probleme interessieren.

2. Aufl. 2012, 321 S., 82 s/w Abb., kart., 28,– €, 978-3-8305-1994-2

BWV • BERLINER WISSENSCHAFTS-VERLAG
Markgrafenstraße 12–14 • 10969 Berlin • Tel. 030 / 841770-0 • Fax 030 / 841770-21
E-Mail: bwv@bwv-verlag.de • Internet: http://www.bwv-verlag.de